Wencke H.

Leid, Gewalt und stumme Tränen

Geschichten aus deutschen Frauenhäusern

Wencke H.

Leid, Gewalt und stumme Tränen

Geschichten aus deutschen Frauenhäusern

Rediroma-Verlag

Bibliografische Information der Deutschen Nationalbibliothek:
Die Deutsche Nationalbibliothek verzeichnet diese Publikation in der Deutschen Nationalbibliografie; detaillierte bibliografische Daten sind im Internet über http://dnb.ddb.de abrufbar.

ISBN 978-3-96103-157-3

Umschlagillustration: Wencke H.

www.rediroma-verlag.de
12,95 Euro (D)

Vorwort

Im vergangenen Jahr veröffentlichte ich bereits mein erstes Buch unter dem Titel: *„Es wurde ja nicht gefragt - wenn Schreie nach Liebe verhallen“*. Es beschreibt meine eigene Vergangenheit, die unverstandene Kindheit, die elterliche Gewalt, die ungeliebte Jugend. Mein überstürzter Auszug aus dem gleichgültigen und überforderten Elternhaus und die ständig falschen Partner, denen ich ausgesetzt war. Es beschreibt eben so die traumatischen Schilderungen meines Absturzes, der Teufelskreis aus Bedrohung, Prostitution, Obdachlosigkeit, häuslicher Gewalt bis hin zu meinen Aufenthalten in verschiedenen autonomen Frauenhäusern, in denen ich Abstand gewann, zur Ruhe kam und Frieden fand. In diesem ersten Buch ist meine persönliche Geschichte beschrieben.

Dieses zweite Buch nun beschreibt anonyme Frauenschicksale, die sich hier in Deutschland vor über dreißig Jahren zugetragen haben. Ich selbst habe durch eigene Frauenhausaufenthalte diese Frauen, von denen hier die Rede ist, persönlich kennengelernt und ging während einer gewissen Zeit mit ihnen einen Teil meines eigenen Lebens. Einige dieser Geschichten sind kurz, Andere dagegen haben eine längere Vorgeschichte. Einige Wenige davon sind Ihnen bereits aus meinem ersten Buch in Erinnerung, dieses Mal jedoch deutlich ausführlicher berichtet - *von den Befreiten als auch den Gescheiterten und Unbelehrbaren!* Es sind Schicksale, die manche Leserinnen und Leser kaum glauben mögen - *und die doch so grausam real sind!* Es beschreibt eben so das Leben in der Frauenhausgemeinschaft.

Zum persönlichen Schutze dieser ehemaligen Kameradinnen sind sämtliche Namen geändert und auch Orte unkenntlich gemacht. Die geschilderten Vorkommnisse aber sind real. Eben so die drei beigefügten Geschichten, die ausnahmsweise ein Mal Nichts mit dem Frauenhaus zu tun haben, aber dennoch vom Leid der Frauen erzählen.

Anzuführen ist, dass die in diesem zweiten Buch geschilderten Erlebnisse *(auch zur heutigen Zeit!)* absolut keine Ausnahmen sind. Gewalt in der

Partnerschaft existiert nach wie vor und spielt sich in sämtlichen sozialen Schichten ab. 80-85 Prozent der Fälle von häuslicher Gewalt gehen - *auch heute noch!* - vom Mann aus. Der Missbrauch und die damit einher gehenden Demütigungen an Frauen haben eine breite Facette. Hier erfahren Sie ungeschminkt von den verschiedenen Schicksalen, die die Opfer von häuslicher Gewalt in die Frauenhäuser knüppeln. Manch ein aktuelles oder ehemaliges Opfer von häuslicher Gewalt wird während des Lesens vielleicht Parallelen seines eigenen Lebens entdecken.

Die männliche Leserschaft soll sich während des Lesens auch ein Mal Gedanken darüber machen, was jede dritte Frau auf dieser Welt - *die Hälfte der gesamten Menschheit!* - in latenter Todesangst, anerzogenem Kadavergehorsam und stummer Verzweiflung erduldet.

Wir Frauen haben ein Recht auf körperliche und seelische Unversehrtheit. Vielleicht trägt dieses Buch dazu bei, die Menschen nachdenklicher zu machen und ihnen das nötige Einfühlungsvermögen für die Opfer von häuslicher Gewalt zu vermitteln.

Herzlichst
Wencke H.,
im Dezember 2016

Inhalt

Frauke - in den Kreißsaal gedroschen

Zu den ersten Eindrücken, die ich generell von einem Frauenhaus bekam, gehörte eine frisch gebackene Mutter namens Frauke. Es war im Sommer 1983, noch in meiner Heimatstadt P. Einen Tag zuvor war ich Hidir, meinem kurdischen Bräutigam, nur mit knapper Not entkommen. Ich stand noch völlig unter dem Einfluss des Schocks und hatte ein riesiges Brillenhämatom. Fast hätte ich die Trennung mit dem Leben bezahlt. Herr V., der Leiter der Jugendherberge, in der ich die vergangene Nacht verbrachte, hatte mich zum Frauenhaus gefahren. Neu angekommen und kaum, dass ich den Wohnraum betrat, sah ich Frauke in einem Sessel sitzen, mit einem winzigen Bündelchen im Arm und entblößter Brust. Die Strapazen der Geburt waren ihr noch deutlich anzusehen. Ihr totenbleiches Gesicht, das mit zahlreichen, roten Flecken übersät war, sagte mehr als genug. Sie saß da, stillte hingebungsvoll mit mütterlicher Liebe und Geduld ihre gerade erst wenige Tage alte Tochter – *und war bereits in einem Frauenhaus!*

Ich nahm im ihr gegenüber stehenden Sessel Platz und nickte ihr verstehend zu. Frauke antwortete mir mit einem Lächeln.

„Ein kleines Deernchen!", sagte sie stolz.

„Aha…", lächelte ich mühsam durch meine aufgeplatzten Lippen.

„Du bist aber auch noch sehr jung.", meinte sie nach einem prüfenden Blick auf mich, „Naja, wir Frauen machen recht frühzeitig schon eine ganze Menge durch…"

Ich nickte.

„Dein erstes Mal im Frauenhaus?", wollte sie wissen.

„Ja.", antwortete ich knapp. *Meine Hacke - in was waren wir da nur hinein geraten?*

Frauke stillte ihre neugeborene Tochter weiter und schwieg erst ein Mal. Nur von Zeit zu Zeit warf sie mir verstohlene Blicke zu. Sie verstand, dass ich jetzt selbst erst ein Mal dringlich zur Ruhe kommen musste…

Die erste Reaktion, die der sich lösende Schock bei mir zeigte, war ein hektischer, fieberhafter Betätigungsdrang. Ich war kribbelig bis in die Haarspitzen, konnte einfach nicht mehr ruhig sitzen, musste mich jetzt irgendwie beschäftigen. Da es ein brütend heißer Sommertag war, packte ich die Koffer aus und wusch meine gesamte Wäsche, die ich im Garten auf die Leine hängen konnte. So schnell, wie die Plünnen trockneten, hätte es ein Wäschetrockner auch nicht machen können. Eine der Frauen stellte ein Bügelbrett für mich auf. Sehr sorgfältig bügelte und faltete ich meine gesamte Wäsche. Am kommenden Tag sollte es nämlich nach M. ins Frauenhaus gehen, meiner eigenen Sicherheit wegen. Da wollte ich, wenn schon nicht mein zerschlagenes Gesicht, aber doch zu Mindest meine Bekleidung in Ordnung haben…

Nach dem Abendbrot kam ich erneut mit Frauke ins Gespräch. Sie wollte wissen, was mir zugestoßen war. Also erzählte ich ihr meine Geschichte. Frauke nickte nachfühlend.

Dann erfuhr ich ihre eigene Geschichte. Frauke war gerade ein Mal Mitte Zwanzig. Sie hatte sehr früh geheiratet; kaum dem Teenageralter entwachsen, war sie aus einem kaputten Elternhaus in eine unselige Ehe geschlittert. Ihr Mann hatte sich bereits ziemlich zu Beginn der Ehe als Unhold gezeigt. Ganz besonders grausam war es, was den Sex anging. Sehr bald war Frauke die unentwegte Libido ihres Mannes nur noch zuwider. Jedes körperliche Beisammensein wurde zu einer akrobatischen Kür. Bis zu mehrmals am Tage hatte sie die Torturen ertragen. Sie war seelisch geschlaucht, wie paralysiert. Oft genug war Frauke im Anschluss ins Bad gerannt, weil sie sich übergeben musste…

Irgendwann hatten die brutalen Übergriffe ihres Mannes Folgen. Frauke wurde schwanger. Sie hatte gehofft, ihr Mann würde die Attacken nun wenigstens einige Zeit unterlassen. Doch nicht ein Mal die Morgenübelkeit seiner Frau hielt ihn davon ab, das zu tun, was er tun wollte. Irgendwann, in der Mitte des vierten Monats, ließ der morgendliche Brechreiz nach. Dafür begann Fraukes Bauch sich nun zu wölben. Anfang des sechsten Monats bekam sie leichte Blutungen. Sie begab sich in die Klinik, wo man ihr neben den entsprechenden Medikamenten zwei Wochen strengste Bettruhe verordnete. Die Ärzte rieten ihr noch an ihrem Entlassungstag dringend, sich bis zur Geburt zu schonen. Endlich ließ ihr Mann eine Weile von ihr ab. Doch kurz vor dem errechneten Geburtstermin, in der neununddreißigsten Woche, bestand er erneut auf seinem ehelichen *„Anrecht"*. Frauke bat ihn um etwas Geduld. Das Kleine würde doch bald kommen. Ihr Mann hatte sie grob am Arm gepackt und ihre Proteste mit wilden, ekelhaft gierigen Küssen erstickt. Frauke wollte ihn von sich weg schieben, doch da traf sie auch schon seine Faust vor die Schläfe!

„Glaubst du, ich lebe als keuscher Klosterbruder?", hatte ihr Mann gebrüllt, *„So lange werd' ich nicht warten! Ich schwitz' es mir doch nicht Monate lang durch die Rippen! Nee, mein Deern - das schmink' dir aber man ganz schnell ab!"*

Ein neuer Fausthieb traf Frauke. In ihrem Schädel drehte sich Alles. Ehe sie sich versah, zerrte ihr Mann sie an den Haaren grob ins Schlafzimmer und versuchte, ihr das Umstandskleid vom Leibe zu reißen. Frauke gelang es, wenige Meter zu entkommen. Plötzlich aber spürte sie einen heftigen Tritt in die Seite. Vor ihren Augen explodierte ein Feuerwerk an Farben. Ihr wurde übel wie noch nie in ihrem Leben! Sie sackte auf dem Teppich zusammen und bekam die brutale Vergewaltigung jetzt nur noch am Rande mit. Das Monster fiel im Korridor über Frauke her, ging ihr an die Gurgel und verging sich in einer Art und Weise an ihr, für die die Ausrichtung des weiblichen Beckens praktisch gar nicht geschaffen ist - *erst recht nicht während der Schwangerschaft!*

Als der Unhold endlich von ihr abließ, begannen die heftigsten Kontraktionen. Unter Qualen rappelte sie sich keuchend und würgend hoch und stellte fest, dass ihre Beine klebrig von Blut und Fruchtwasser waren. *Während der brutalen Vergewaltigung hatte sie einen Blasensprung erlitten!*

Das Monster schlüpfte bei dem Anblick der sich krümmenden, stark blutenden Frau blitzschnell in seine Sachen, zerrte den bereits gepackten Klinikkoffer hervor, schleppte die Schwangere in aller Eile hinunter zum Wagen und heizte los. Wenige Minuten später erreichten sie die Notaufnahme. Dort lud der brutale Unmensch seine Frau ab, schwang sich wieder zurück in den Wagen und verschwand!

Frauke wurde sofort in den Kreißsaal gebracht. Sie befand sich im tiefen Schockzustand. Im Wehenschmerz nahm sie ihre Umgebung kaum noch wahr, hatte keinen Sinn mehr für das, was um sie herum geschah. Die Wehen kamen schon fast im Minutentakt. Glühende Schmerzen peinigten ihren Leib, gellende Schreie quälten sich aus ihrer Kehle. Erst im Anschluss an die Entbindung stellte sie fest, dass ihr brutaler Mann sich längst wieder aus dem Staub gemacht hatte…

Doch dann, als sie ihr neugeborenes Töchterchen zum ersten Mal in den Armen hielt, kam der Kick wie mit einem Paukenschlag!

Sie musste das Baby vor seinem brutalen Erzeuger schützen! *Es musste ein Ende haben!*

Also ließ Frauke über die Hebamme den Stationsarzt kommen und berichtete ihm schluchzend von den Brutalitäten ihres Mannes und auch darüber, was an eben diesem Tage geschehen war. Ja, die massiven, körperlichen Blessuren waren dem Personal in der Tat bereits deutlich aufgefallen. Der Stationsarzt hatte sich sofort ans Telefon gehängt. Nach dem Telefonat hatte er Frauke gefragt, ob sie bereit sei, sich gegebenenfalls, nach der erforderlichen Untersuchung, noch am selben Tage ins Frauenhaus versetzen zu lassen.

„Ja!“, keuchte sie heiser und erschöpft, aber gleichermaßen entschlossen, *„Und zwar auf dem schnellsten Wege! Meine Tochter darf er gar nicht erst in die Hände bekommen…“*

Frauke musste noch eine Weile im Kreißsaal bleiben und wurde währenddessen eingehend untersucht. Bei dieser Gelegenheit wurde auch gleich ein medizinisches Gutachten für den Rechtsbeistand erstellt. Außer etlichen Hämatomen hatte sie zum Glück keine ernsthaften Verletzungen. Erneut führte der Stationsarzt ein Telefonat. Kurz darauf stand ein Krankentransport bereit. Frauke wurde in einem Rollstuhl nach Unten gefahren. Eine Schwester hielt ihr Töchterchen im Arm, ein Sanitäter trug ihren Koffer. Man half Frauke in das Innere des Gefährts und ab ging die Fahrt in Richtung Frauenhaus, wo sie und ihr neugeborenes Baby endgültig in Sicherheit waren…

Nun, vier Tage später, saßen wir uns in Wohnraum gegenüber. Frauke hatte über die Vereinsdamen bereits eine Anwältin konsultieren lassen, die auf Grund dieser besonderen Umstände auch ins Frauenhaus gekommen war. Die Scheidung war bereits eingereicht, eben so ein Antrag für das alleinige Sorge- und Aufenthaltsbestimmungsrecht. Auf Grund des Gutachtens aus der Klinik, so hatte die Anwältin gemeint, würde Frauke den Prozess am Ende mit Sicherheit auch gewinnen!

Was weiter aus Frauke und ihrem kleinen Töchterchen wurde, ist mir leider nicht bekannt, denn bereits am kommenden Tag ging meine eigene Reise in eine andere Stadt, zum Frauenhaus in M…

Frauke - du warst eine ganz wundervolle Mama, die entschlossen ihren Weg ging! Ich hoffe, dass es deiner Tochter heute besser geht als es dir damals erging. Vielleicht hat sie ja mittlerweile einen liebevollen Mann an ihrer Seite. *Einen Mann, der sie von ganzem Herzen liebt!*

Danke, Frauke - für diesen einen gemeinsamen Tag! Bleibe auch weiter so stark und entschlossen wie damals…

Nellie - eine starke Kämpferin

Während ich mich gerade im Frauenhaus L. eingelebt hatte, kam eines Tages Nellie zu uns. Sie war dreiundvierzig Jahre alt, schleppte mehrere schwere Koffer und hatte ihre beiden kleinen Zwillingstöchter dabei, Jette und Natalie. Die Beiden waren gerade ein Mal im Kindergartenalter.

Nellie wurde mit zu mir aufs Zimmer gelegt. Sie war körperlich in einem fürchterlichen Zustand. Ein Auge war dunkelviolett marmoriert und fast zugeschwollen, die oberen Frontzähne ausgeschlagen, die Lippe aufgeplatzt und verkrustet, die Haare büschelweise ausgerissen. *Donnerhacke*, schoss mir durch den Kopf, *was ist der denn passiert?*

Nachdem wir uns vorgestellt worden waren, zeigte ich Nellie und den Kindern ihre Betten und half ihr, den Inhalt ihrer Koffer in den Schrank zu räumen. Dann holte ich den Zwillingsmädels eine Limonade aus der Küche und für Nellie und mich erst mal einen heißen Kaffee. Schließlich saßen wir auf der Bettkante. Sehr erstaunt betrachtete ich Nellies zerschlagenes Gesicht. Es erinnerte mich irgendwie an mein Eigenes, nachdem ich von Hidir, meinem brutalen Expartner, aus meiner Heimatstadt P. geflohen war. Bei meinem Gestarre musste Nellie unweigerlich lachen. Sofort kamen wir ins Gespräch und sie erzählte mir ihre Lebensgeschichte.

Nellie war in den Niederlanden geboren, aber als kleines Kind bereits nach Deutschland gekommen. Ihren eigenen Erzeuger hatte sie nicht gekannt und ihre Mutter war eine allein stehende Alkoholikerin, die sich nur unzureichend und halbherzig um die Tochter kümmern konnte. Sehr frühzeitig und völlig überstürzt war sie mit ihrem ersten Mann, einem Gastronom, die Ehe eingegangen, hatte eine Tochter bekommen. Die kleine Annemieke war schwerst behindert und musste etliche Male am Tage und in der Nacht Schleim aus den Atemwegen abgesaugt bekommen. Kurz hintereinander bekam Nellie dann noch zwei Kinder, einen Sohn namens Joost und eine Tochter namens Marejke. Annemieke wurde nur neun Jahre alt. Sie erstickte eines Nachts im Schlaf.

Doch erneut schlug das Schicksal grausam zu: Joost und Marejke, damals vier und fünf Jahre alt, hatten Hand in Hand eine Straße überquert. Ein herankommender Wagen hatte die beiden Kinder übersehen. Das kleine Mädel war auf der Stelle tot, der Junge starb auf dem Wege in die Klinik an seinen inneren Verletzungen. *Nellie hatte kurz hintereinander durch eine böse Fügung drei Kinder verloren!*

Im Alter von Neununddreißig dann hatte sie ganz spontan entschieden: *Ich will noch ein Kind!* Innerhalb kurzer Zeit nach dem Absetzen der Pille wurde sie erneut schwanger. Bei der Untersuchung stellte sich dann heraus, dass es sich dieses Mal um Zwillinge handelte. Nellie hätte glücklicher nicht sein können!

Doch erneut schlug das Schicksal erbarmungslos zu: Als Nellie sich im sechsten Monat der Schwangerschaft befand, starb ihr Mann an Leberkrebs. Nun hatte sie eine kleine Kneipe zu führen, die Geburt der Kinder stand an - *und sie war Witwe!*

Nellie wurstelte sich - *bis zum Tage der Niederkunft* - zwischen Kneipe und Haushalt durch, völlig auf sich alleine gestellt. Als die ersten leichten Wehen einsetzten, verabschiedete sie die Gäste, schloss die Gaststube, holte ihren Koffer nach Unten und fuhr mit dem Taxi zur Klinik, wo sie von ihren beiden kleinen, süßen Mädeln entbunden wurde. Kaum aus dem Wochenbett, schlug Nellie sich nun zwischen Gaststätte, Haushalt und Säuglingen durch…

Dann, eines Tages *(die Kinder waren bereits einige Monate alt)*, lernte sie in ihrer Gaststätte ihren zweiten Mann kennen. Nach einiger Zeit ging sie mit ihm die zweite Ehe ein. Nach kurzer Ehephase aber zeigte sich, dass ihr neuer Ehemann sehr dem Alkohol zusprach und dann zu massiven Gewaltausbrüchen neigte. Seine niederländische Frau und die Kinder bezeichnete er abwertenderweise noch als *„Grachten-Kacker“*!

Bevor er Nellie finanziell ruinieren konnte, schloss sie die Kneipe und eröffnete statt dessen einen Backfischstand, der auf ihren alleinigen Namen lief. Sie gab ihrem zweiten Ehemann trotz seiner Ausbrüche eine Chance und ließ ihn in ihrem Betrieb arbeiten, um bei den Kindern bleiben zu können. Was ihren neuen Mann zwar zwang, auf Grund der Beschäftigung tagsüber nüchtern zu bleiben - *ihn jedoch nicht von weiteren, ganz privaten Zechgelagen und familiären Gewaltausbrüchen abhielt!* Das Geschäft lief Jahre lang sehr gut; die Kundschaft ahnte Nichts von den privaten, fast allabendlichen Attacken, die sich hinter verschlossenen Türen abgespielt hatten. Mehrmals musste Nellie ihren gewaltbereiten

Mann schon unter Polizeieinsatz abholen lassen…

Irgendwann aber vermochte sie die Gewaltausbrüche nicht mehr zu ertragen und floh nach einer erneuten ehelichen Attacke gemeinsam mit ihren beiden Töchtern ins Frauenhaus. Nun saß sie in unserer Kammer auf der Bettkante - *trotz ihrer schweren Blessuren stolz und aufrecht* - und erzählte mir aus ihrem mehr als harten Leben!

Wenige Tage später schmunzelte sie mich plötzlich an und fragte, ob ich Lust hätte, mit ihr in die Innenstadt zu fahren.

„Was machen wir dort?“, wollte ich wissen.

„Ich lade dich ein zu Kaffee und Kuchen. Es gibt was zu feiern!“, schmunzelte Nellie.

„Hast du Geburtstag oder im Lotto gewonnen?“, fragte ich.

„Nee, aber es gibt trotzdem was zu feiern!“, gluckste Nellie verschmitzt.

„Ach… und was gibt es denn zu feiern?“

„Die Abmeldung meines Imbisses. Erst fahren wir mal beim Gewerbeamt vorbei. Ich werde meinen Noch-Ehemann brotlos machen, bevor der mir noch das Geschäft ruiniert! Mich hätte dieser Bluthund ja immerhin fast ruiniert!“

Ich war sofort Feuer und Flamme. Schnell machten wir uns fertig. Jette und Natalie blieben bei den übrigen Frauen und Kindern. Nellie und ich schwangen uns in den Bus und fuhren los. Beim Amt schilderte Nellie dann die gesamte Sachlage. Als der zuständige Mitarbeiter des Gewerbeamtes fragte, ab wann der Backfischstand denn geschlossen werden solle, funkelte Nellie: *„Ab dem heutigen Tage!“*

„Gut“, meinte der Beamte, „dann schicke ich gleich mal zwei Kollegen los…“

Nellie unterzeichnete die entsprechenden Formulare und wir verabschiedeten uns. Draußen auf der Straße atmete meine Kameradin erst ein Mal tief durch und zischte durch die Zahnlücke: *„Dieser Schmierfink wird sich gleich noch richtig wundern…“*

Auf dem Wege zum Café kamen wir am Rathaus vorbei. Auf den steinernen Treppenstufen stand, umringt von einer fröhlichen Gesellschaft, ein junges Brautpaar. Er im Anzug mit einer weißen Nelke am Revers, sie im schneeweißen Brautkleid und Schleier. Nellie und ich mussten an ihnen vorbei. Die entsetzten Blicke der jungen Braut blieben an Nellies zerschlagenem Gesicht hängen!

Meine Kameradin, selbst noch immer unter gehörigem Schock, platzte beim Anblick der strahlenden Braut plötzlich los!

„Ja“, rief sie mit zitternder Stimme über den Platz, *„präg´ dir das dicke Auge und die zerschlagene Fresse gut ein! Schau´ genau hin! In ein paar Jahren wirst du auch so herum laufen! Du kriegst von deinem Kerl nämlich auch noch nach Strich und Faden Einen verplättet! Der verarbeitet dich zu Möwenfutter! Schau´ mich an - ich hab´ die Zeche gezahlt! Du weißt ja hoffentlich, dass du eben im Trausaal dein eigenes Todesurteil unterschrieben hast! Du kriegst die Quittung für diesen Riesenfehler noch früh genug, glaube mir! Willst du schon mal die Nummer des Frauenhauses haben? Früher oder später landest du eh noch dort!“*

Die entsetzten Blicke Aller waren auf Nellie gerichtet - *auch die des Bräutigams!* Mit seinem Gesichtsausdruck hätte er Eier abschrecken können!

„Nellie...“, flüsterte ich und zog an ihrem Jackenärmel, *„hör´ auf mit dem Schiet...“*

Als Nellie auch noch anfing, den Bräutigam verbittert und höhnisch lachend mit *„künftiger Frauenschänder“* zu belegen, packte ich sie dann am Arm und zog sie um die nächste Häuserecke!

Es brauchte eine ganze Weile, bis Nellie sich wieder fasste. Erst vor dem Café wurde sie langsam ein Wenig ruhiger. Das Zittern ließ nach. Sie stand selbst unter einem gewaltigen Schock, hatte ihre eigene, häusliche Situation noch lange nicht verkraftet...

Was ihren Noch-Ehemann betraf: Er hatte sich in der Tat noch richtig über Nellies Aktion gewundert. Zwei Tage später tauchte er plötzlich am frühen Nachmittag sturzhacke und lattenstramm vor dem Frauenhaus auf und machte Randale - *mit einer Schranktüre und einer dazu gehörigen Schublade!*

„Ihr verdammten Kackbratzen!“, donnerte er, *„Aus euch mach´ ich Labskaus!“*

Er stellte die Sachen vor der Türe des Frauenhauses ab und beschimpfte die Bewohnerinnen mit den unflätigsten Kraftausdrücken, die nur möglich waren. Dann verzog er sich endlich - *nur, um dreieinhalb Stunden später mit zwei gepolsterten Stühlen wieder aufzutauchen!* Die Sachen stammten aus Nellies ehelicher Wohnung!

Der Matrose hatte doch echt nicht mehr alle Latten am Zaun...

„Wartet ab, ihr kleinen Täubchen!", röhrte er schluchzend, *„Euch krieg' ich noch alle, ihr dreckigen Schnallen! Ich bohner' euch gehörig die Fresse, dass euch reihenweise die Kotze hoch kommt..."*

„Ja, dann heul' doch...", presste Nellie glucksend zwischen der Zahnlücke hervor.

Wir schlugen entsetzt die Hände vor die Ohren!

„Donnerklütt...", stammelte Bettina, eine andere Kameradin, *„...der ist ja total durchgeknallt ...das kann ja noch heiter werden..."*

„Wieso?", prustete Nellie, „Ist doch praktisch, was er da macht. Punktlandung! So hab' ich mir wenigstens das Umzugsunternehmen gespart! Er bringt mir das Mobiliar selbst vorbei..."

Leider blieb es bei den paar Einzelteilen. Nellie reichte die Scheidung ein. Ein wenig später lernte sie dann Peter kennen. Bald zogen die Beiden mit den Kindern zusammen. Die Verbindung blieb. Peter war ein wahrer Kamerad, liebte Nellie und die Kinder über Alles und war später sogar mein Trauzeuge!

Doch nach wenigen Jahren schlug das Schicksal erneut zu. Nellie wurde die Gebärmutter entfernt. Einige Monate später wurde ein Knoten in der rechten Brust entdeckt, der zu einer Amputation führte. Mittlerweile litt Nellie an Leukämie. Sie erhielt Kobaltbestrahlungen und Chemotherapien, doch es war bereits zu spät. Im Sommer 1988 starb Nellie. Sie wurde nur siebenundvierzig Jahre alt. Jette und Natalie, beide sieben Jahre jung, kamen weit weg an einen unbekannten Ort zu Pflegeeltern. Ich hoffe, es geht ihnen gut. Mittlerweile sind es wohl sicher zwei junge Frauen, die ihren Weg gehen. Ich vermisse Nellie heute noch, ihre tief verbundene Freundschaft, ihre sagenhafte Stärke und ihren einfach umwerfenden Humor.

Nellie, du wirst immer in meinem Herzen sein...

Caro - die stumme Dulderin

Eine Kameradin, Caro, war ebenfalls durch das Leben schwer gebeutelt. An einem frühen Abend kam sie im Frauenhaus M. an. Wir teilten uns ein Zimmer und verstanden uns auf Anhieb. Schnell kamen Caro und ich ins Gespräch. Auch sie erzählte mir ihre Lebensgeschichte.

Caro war auf dem Land geboren und auch aufgewachsen. Ursprünglich stammte sie aus Südeuropa. Sehr früh leistete sie bereits harte, körperliche Arbeit auf den Feldern und versorgte das Vieh. Schulbildung hatte sie kaum, bis auf die Grundzüge des Lesens, Schreibens, Rechnens, Religion, Geschichte und ein wenig Erdkunde. In den Sommerferien war sie in den Stallungen beschäftigt, rackerte und ochste sich bei der Obsternte und auf den Feldern ab und sang dabei die Lieder ihrer Heimat. Die größte Hitze ertrug sie mit Gelassenheit. In ihrer Jugend war sie robust wie ein Pferd!

Kaum dem Teenageralter entwachsen, wurde sie von einem jungen Mann umschwärmt, der heftig um sie freite. Sie wurde seine Frau. Kurze Zeit nach der Eheschließung beschloss ihr Mann, mit seiner jungen Frau nach Deutschland auszuwandern. Caro verließ Heimat und Familie und folgte ihm. Kaum hatte ihr Mann eine Arbeit, wollte er eine Familie gründen. Bald darauf wurde sie schwanger - *wusste allerdings nichts von Empfängnis, Schwangerschaft und Geburten!* Bei den Tieren war sie jedes Mal, wenn es so weit war, von der Familie vehement aus dem Stall verbannt worden. Selbst bei den arrangierten Deckakten. Die Tiere waren an Sonsten nämlich strikt nach Geschlechtern getrennt. Plötzlich war da ein kleines Kälbchen, ein niedliches Fohlen, winzige Schweinchen und knuddelige Lämmchen gewesen. Die Tierchen waren auf ein Mal da - *aber wo waren sie her gekommen?*

Man mag es sich nicht vorstellen können: Caro, ausgerechnet ein Mädel vom Lande, hatte nicht den blassesten Schimmer von Zeugung und Geburt!

Nun, in Deutschland, hatte ihr Mann sie zu einem Arzt geschleppt. Sie hatte die Untersuchungen still über sich ergehen lassen und nur verstanden, dass sie ein Baby erwartete. Auf Grund ihrer damals noch äußerst mangelnden Deutschkenntnisse konnte Caro natürlich auch nicht nachfragen, wie denn das Ganze von Statten gehen würde. Ihr Mann wollte auch nicht mit der Sprache heraus und sagte ihr nur lapidar: „Das wirst du schon noch sehen, wenn´s so weit ist…“

Im dritten Schwangerschaftsmonat brach Caro dann eines Tages unvermutet zusammen. Als sie wieder zu sich kam, hatte sie blutigen Schaum auf den Lippen. Ihre Hose war nass von ihrem eigenen Urin. Erinnern konnte sie sich an überhaupt Nichts. Die Zeit dazwischen war wie ausradiert!

Nachdem Caro noch mehrere Male zusammengebrochen war, hatte ihr Mann sie zu einem weiteren Arzt geschleppt. Nach eingehender Untersuchung stellte sich heraus, dass Caro an Epilepsie litt, hervorgerufen durch die Schwangerschaft. Die kommenden Monate stand sie irgendwie durch, traumatisiert durch den immer dicker werdenden, mysteriösen Bauch und die ständigen zermürbenden, plötzlichen Ohnmachten. Ihr Mann hatte sie in der Wohnung gefangen gehalten. Sie verstand kaum ein Wort Deutsch!

Als die Wehen einsetzten, hatte ihr Mann sie in die Klinik gebracht. Drei Tage und Nächte lag sie auf der Geburtsstation, hatte immer noch keine Ahnung und glaubte bei jeder einsetzenden neuen Wehe, jeden Augenblick zu sterben. Alles, was sie wusste, war, dass es irgendwie mit der Ankunft des Babys zu tun hatte. Es war ja schließlich auch mehrmals das Wort *„Baby“* gefallen. Mit den Ärzten und Hebammen konnte sie sich praktisch nicht verständigen. Endlich, als sie im Kreißsaal lag, hatte man einen ebenfalls aus ihrer Heimat stammenden Arzt ausfindig gemacht. Als die Austreibungsphase einsetzte, feuerte er sie nur laut an: *„Drücken Sie, Mama, drücken Sie!“*

Caro, mittlerweile total verzweifelt, suchte schreiend und jammernd nach einem Knopf oder Schalter, auf den sie ganz offensichtlich ja drücken sollte.

„Nein!“, rief der Arzt lachend, *„Sie sollen drücken, als ob Sie zur Toilette müssen!“*

Caro tat das auch gehorsam. Wenige Minuten später hatte sie Robinia, ihr süßes Töchterchen, endlich geboren!

Im Laufe der kommenden Jahre schenkte sie noch zwei weiteren Kindern das Leben, Sohn Mario und Tochter Ines. Die Anfälle der Epilepsie jedoch blieben auch im Anschluss an die Geburten bestehen. Ihrem Mann waren ob ihrer Erkrankung irgendwann die Nerven komplett durchgegangen. Zwar durfte Caro mittlerweile das Haus zum Einkaufen verlassen, doch dafür sah sie sich in den eigenen vier Wänden permanent körperlicher Gewalt von Seiten des Ehemannes ausgesetzt. Er hatte sie gewürgt, vergewaltigt, mit einem Messer bedroht und es war ihm sogar gelungen, die beiden jüngeren Kinder im Laufe der Zeit gegen die Mutter aufzuhetzen. Da ihre Kinder mittlerweile zu Teenagern herangereift und des Deutschen mächtig waren, erlernte auch sie somit auch endlich die deutsche Sprache. Ausgerechnet Robinia, ihre erstgeborene Tochter, die Caro einst mehrere Tage heftigste Wehen und Todesangst beschert hatte, unterstützte die Mutter tatkräftig, wo sie eben nur konnte!

Caro blieb gerade so lange, bis die Kinder selbstständig genug waren. Dann fasste sie den Entschluss, ins Frauenhaus zu gehen und dem ehelichen Dauerterror ein Ende zu setzen. Robinia half ihr beim Packen der Koffer und begleitete sie bis zum Treffpunkt. Caro traf sich nach ihrer Flucht hin und wieder heimlich mit ihrer Erstgeborenen in der Stadt. Sohn Mario und Tochter Ines wollten keinen Kontakt mehr. Aufgewiegelt durch den Vater, hatten sie Caro nicht verziehen, dass sie die Familie verlassen hatte!

Nach einiger Zeit fand Caro dann eine kleine Wohnung, unterstützt durch Robinia, die auch weiterhin treu an ihrer Seite war. Mehrmals am Tage sah die Tochter nach der Mutter und packte auch im Haushalt tüchtig mit an. Die Ehe wurde geschieden. Das ist das Letzte, was ich von Caro weiß…

Es bleibt nur zu hoffen, dass Mario und Ines, die beiden jüngeren Kinder, irgendwann im Laufe der Zeit die Wahrheit erkannt haben und Frieden mit ihrer Mutter schließen konnten. Caro war mir während unserer Zeit im Frauenhaus so eine brave, geduldige Kameradin, der ich auch gerne nach einem Anfall den Mund abwischte und die Hosen wechselte. Noch heute sehe ich sie in Gedanken an ihren *„schlechten"* Tagen, in hilflosen Krämpfen zuckend und ohne Bewusstsein, in einer Lache Urin auf dem Boden unseres Zimmers liegen. Immer noch sehe ich sie an ihren *„guten"* Tagen in der Küche des Frauenhauses stehen und für sämtliche Bewohnerinnen und Vereinsfrauen einen Riesenbatzen Teig für Kuchen kneten. Immer noch sehe ich ihre strahlenden, braunen Augen und ihr breites

Lächeln, höre ihr heiteres, tröstendes Plaudern. Immer noch spüre ich die tiefe Kameradschaft und blicke in ihre Seele. *Ja, ich verstehe sie!*

Caro, niemals werde ich dich vergessen…

Uschi - die vom Vater Missbrauchte

Eines Tages wurde Uschi bei uns aufgenommen. Sie war ebenfalls, wie ich selbst, in noch sehr jungen Jahren. Uschi kam aus einem ziemlich weit entfernten Bundesland und hatte ursprünglich in einer kleinen, ländlichen Dorfgemeinde gelebt.

In den ersten Tagen nach ihrer Aufnahme redete sie so gut wie gar nicht. Äußerliche Blessuren waren an ihr nicht zu erkennen. Dass sie dennoch schwerstens traumatisiert war, sah man auf den ersten Blick. Meist saß sie im Gemeinschaftsraum, blickte entweder nachdenklich aus dem Fenster oder starrte ins Nirgendwo. Irgendwie schien sie die Nähe ihrer Kameradinnen zu suchen, andererseits jedoch ließ sie aber gleichzeitig keine allzu menschliche Nähe zu. Setzte sich eine der Frauen zu ihr auf die Couch, rückte sie ein Wenig fort. Sie weinte nicht, redete nicht und gab sich auch sonst keinerlei Blöße. Ihre Gesichtszüge waren völlig ausdruckslos und wächsern, ohne jegliche Mimik. Es war das Gesicht einer seelisch Toten. Ihre ganze Kommunikation bestand aus eisigem Schweigen. Das arme Mädel musste fürchterliche Torturen ertragen haben. Wir anderen Frauen verstanden das auch und hielten uns zurück.

Einige Zeit später waren die Kameradinnen abends gemeinsam im Kino. Drei Frauen mussten die Stellung halten: Eine für die Kinderbetreuung, eine Zweite für den Telefondienst und eine Dritte, um einen eventuellen Notfall abholen zu können. Also blieben Karin und ich mit Uschi im Frauenhaus. Karin hatte die Kleinen zu Bett gebracht und las noch Märchen vor. Uschi war in der Küche und trank einen Kaffee. Ich saß im Gemeinschaftswohnraum und strickte. Dann kam Uschi plötzlich mit zwei Tassen in der Hand hinüber, stellte eine der Beiden vor mich auf den Tisch und setzte sich direkt neben mich auf die Couch. Auf ihrem Gesicht formte sich ein Ausdruck, eine erste, lebendige Regung. Ich lächelte ihr zu und dankte ihr für die kleine Aufmerksamkeit. Sie scheint aufzutauen, ging es mir durch den Kopf. Weiter sagte ich aber Nichts. Uschi saß stumm neben mir und ich strickte weiter, nippte nur hin und wieder an meiner Tasse.

„Ich kann keine Beziehung zu einem Mann mehr eingehen.“, hörte ich plötzlich und unvermutet Uschi neben mir sagen.

„Warum nicht?“, fragte ich.

„Ich habe mit einem Mann gelebt.“, sagte meine Kameradin, „Er hat mir Nichts getan. Ich bin einfach ausgezogen und ins Frauenhaus gegangen.“

Jetzt verstand ich die Welt nicht mehr. Wenn ein Mann einer Frau nichts Böses antut - *was für einen Grund hat denn eine Frau dann, in ein Frauenhaus zu gehen?* Diese Frage stellte ich Uschi auch.

„Er wollte, dass ich gehe.“, sagte sie mit brüchiger Stimme, „Ich bin wohl total beziehungsunfähig.“

Ich stockte: „Wie kommst du darauf, dass du beziehungsunfähig bist?“, wollte ich wissen, „Was hat er denn mit dir gemacht?“

„Nichts, das sagte ich doch bereits.“

„Bist du vielleicht lesbisch?“

„Nein.“

Gut, ich verlegte mich erst ein Mal wieder auf´s Stricken. Uschi schwieg auch wieder. Es war schon ein großes Zugeständnis ihrerseits, dass sie überhaupt geredet hatte. Ich zählte soeben meine Maschen.

„Mein Vater wollte mich vergewaltigen!“, stieß Uschi plötzlich unvermittelt heraus, *„Beinahe wäre es ihm auch gelungen!“*

Mir blieb förmlich die Luft weg!

„Er wollte dich - *was?“*, fragte ich fassungslos nach, konnte kaum glauben, was ich da soeben gehört hatte!

Und so erzählte mir Uschi stockend ihre tragische Geschichte. Sie war in einer kleinen Gemeinde auf dem Lande geboren worden und hatte auch eine ältere Schwester. Ihr Vater war äußerst jähzornig, verdrosch und vergewaltigte mit schöner Regelmäßigkeit die Mutter. Sein Wort und seine Allmacht galten; er war der Platzhirsch der Familie! Obendrein hatte er ein Alkoholproblem, versumpfte oft bis tief in die Nacht in den Wirtshäusern. Bis ins Teenageralter hatten Uschi und ihre Schwester die Wutattacken des häufig betrunkenen Vaters ertragen. Zu reden wagten sie sich nicht. Die saftige Abreibung war ihnen sicher. Eines Tages war die Schwester von einem Tag auf den Anderen ausgezogen. Sie hatte einfach ihre Sachen gepackt und war in einer Nacht- und Nebelaktion fluchtartig aus dem Elternhaus verschwunden!

Einige Zeit später, mitten in der Nacht, war Uschi aus dem Schlaf hochgeschreckt, als sie spürte, wie eine Männerhand an ihrer Scham streichelte. *Es war die Hand ihres Vaters!* Es dauerte eine ganze Weile, bis Uschi aus dem Schlaf zurück in die Wirklichkeit kam!

„*Mach' dich fort, sonst brüll' ich!*", stieß sie heraus. Der Vater verschwand.

Am nächsten Morgen glaubte sie, in der letzten Nacht einen Albtraum gehabt zu haben. Die Familie saß am Frühstückstisch. Der Vater benahm sich vollkommen ruhig und normal. Das war keine Realität, war es Uschi durch den Kopf geschossen. Du musst tatsächlich einen Albtraum erlebt haben…

Doch im Laufe der nächsten Jahre war Uschi klar geworden, dass sie keinem Albtraum zum Opfer gefallen war. Immer wieder, zu den unterschiedlichsten Gelegenheiten, hatte ihr Vater sich ihr genähert, wie es Väter normalerweise nicht tun dürfen. Ob im Keller beim Kohleneimer füllen, unter der Dusche, im einsamen Treppenhaus, in der Waschküche – *einfach jede Gelegenheit hatte dieser Halunke ausgenutzt, um der Tochter auf die Pelle zu rücken!*

Uschi war davon ausgegangen, dass die Mutter Etwas ahnte. Es wurde aber nie zur Sprache gebracht. *Ob die ältere Schwester Ähnliches erlebt hatte und deshalb geflohen war?* Mit Bestimmtheit konnte es nicht gesagt werden…

Irgendwann aber hatte dieser Radebrech sich spätabends im stark angetrunkenen und dennnoch sehr erregten Zustand im Kinderzimmer auf seine Tochter geworfen, sich keuchend an ihr gerieben und sogar noch versucht, in sie einzudringen. Uschi hatte ihm in ihrer Panik einen recht kraftvollen und beherzten Tritt in den Unterleib versetzt; nur so gelang es ihr, einer vollendeten Vergewaltigung zu entgehen. Mit der eingeschüchterten und selbst schwer traumatisierten Mutter konnte sie nicht darüber sprechen. Danach versuchte es der Vater nie mehr…

Später, als Achtzehnjährige, floh sie aus dem brutalen Elternhaus in eine total überstürzte Beziehung zu einem Mann, in der Hoffnung, Alles werde besser. Doch es war nur noch schlimmer geworden. Dieser Mann hatte sehr bald die Nase voll und setzte sie mit Sack und Pack vor die Türe!

Uschi hatte sich zum Bahnhof geschleppt. Ein anderer Mann hatte sie angesprochen und ihr Hilfe und Obdach angeboten. *Sie hatte sein Herz gerührt!*

Er hatte für Beide eine Zugkarte besorgt und Uschi spontan mit nach L. genommen. Uschi war es mittlerweile gleich, wohin die Reise ging. Sie war praktisch - *vor ihrer eigenen Vergangenheit!* - an der Seite dieses Mannes in ein weit entferntes Bundesland geflohen!

Tatsächlich schien sich in den ersten Monaten Alles zum Besseren zu wenden. Ihr neuer Lebensgefährte war rücksichtsvoll, hilfsbereit und hatte alle guten Eigenschaften, die eine Frau von einem Mann nur erhoffen konnte. Uschi liebte diesen Mann von ganzem Herzen und er empfand eben so für Uschi. Die Beiden hatten sogar schon eine Heirat in Erwägung gezogen und wollten eine Familie gründen. *Es schien Alles perfekt zu sein!*

Doch dann, aus heiterem Himmel, konnte Uschi die Liebkosungen ihres Gefährten nicht mehr ertragen. So bald er versuchte, zärtlich zu sein und einzudringen, erlitt sie einen Scheidenkrampf - *und die triebhaft verzerrte Fratze ihres Vaters überlagerte das Gesicht des geliebten Mannes!* Bei jedem Versuch des sexuellen Verkehrs kam es nun so. *Die Vergangenheit hatte sie wieder eingeholt!*

Nach einigen Wochen bat ihr Freund sie: „Uschi … so geht das nicht weiter. Bitte such´ einen Psychiater auf. Du hast ein schweres Trauma. Ich weiß, es ist grausam, was dir zugestoßen ist. Ich habe auch Verständnis für deine Situation, aber bitte… wenn unser weiteres Zusammenleben eine Zukunft haben soll… lass´ dir helfen!“

Uschi hatte ihn traurig angeblickt: „Ach so - du hältst mich also für meschugge? Für so meschugge, dass ich direkt zum Seelenflicker muss? Hab´ doch einfach ein wenig Geduld mit mir. Es ist gekommen und es geht auch wieder. Das ist eine momentane Phase. Gib´ mir bitte noch ein wenig Zeit. Glaub´ mir, ich werd´ das überwinden…“

Die Wochen waren vergangen und es hatte sich Nichts gebessert. Im Gegenteil, Uschi war immer verschlossener geworden. Jegliche Versuche von Seiten ihres Freundes nach Zärtlichkeit hatte sie abgewehrt. Eines Abends dann war der Lebensgefährte spät nach Hause gekommen und hatte Uschi zu einer Aussprache gerufen.

„Uschi“, hatte er gesagt, „ich möchte, dass du ausziehst. Es hat sich in den letzten Wochen Nichts gebessert. Zu einem Psychiater willst du nicht und ich habe auch keine Kraft mehr, um dir zu helfen. Du wirst deinen Vater niemals ohne Hilfe abschütteln können. Wir können zusammen auf die Dauer einfach nicht glücklich werden. Nacht für Nacht habe ich mich gequält, lag an deiner Seite, verging fast vor Sehnsucht und Verlangen nach dir und durfte dich nicht berühren. Nicht ein Mal deine Hand durfte ich noch halten. Seit Wochen schon zerbrach ich mir den Kopf, was das noch für eine Beziehung sein soll. Es hat keinen Sinn mehr. Ich habe vor einiger Zeit eine andere Frau kennengelernt und empfinde mittlerweile Liebe für sie. Wir treffen uns auch bereits regelmäßig. Bei ihr muss ich mich nicht schämen, dass ich ein Mann mit normalen körperlichen Bedürfnissen bin. Ein Mann, der seiner geliebten Partnerin nah sein möchte. Mit ihr kann ich reden, lachen und Freude haben. Ich möchte mit dieser Frau zusammen sein. Du hast sechs Wochen. Diese Zeit gebe ich dir, weil du mein ganzes Mitgefühl hast. Dann musst du aus dieser Wohnung ausgezogen sein. An Sonsten sehe ich mich gezwungen, dich auf die Straße zu setzen. Es bleibt mir keine andere Wahl mehr. Ich bin es müde, mit einer Frau zu leben, von der ich permanent nur abgewiesen und zurück gestoßen werde. Ich habe wirklich lange genug Geduld und Toleranz gezeigt und deine Launen weit über Gebühr ertragen. Du weißt, ich habe Alles für dich getan. Glaube mir, ich habe es mir mit dieser Entscheidung wahrhaftig nicht leicht gemacht, aber ich kann dir nicht mehr helfen. Sechs Wochen gebe ich dir. Schau, dass du eine andere Unterkunft findest. Geh´ freiwillig aus meinem Leben, bevor ich meine Konsequenzen ziehe…“

Nach wenigen Tagen hatte Uschi dann in unserem Frauenhaus angerufen und einen Platz gefunden. Den geliebten Mann hatte sie verloren. Nun saßen wir gemeinsam auf der Couch und Uschi ließ zum ersten Male ihren Emotionen freien Lauf. Ihr Körper bebte unter den unkontrollierten Schluchzern, als ich sie an meine Brust drückte. Ihre verwundete Seele entlud sich nun in wahren Tränenströmen!

„Dein ehemaliger Freund hat Recht.“, sagte ich beruhigend, „Lass´ dir helfen. Ich weiß, auch ein Psychiater kann das, was dir geschehen ist, nicht ungeschehen machen, aber er kann dir helfen, diese Sache aufzuarbeiten. Du wirst wieder ein ganz normales Leben führen können, zusammen mit einem Mann und euren gemeinsamen Kindern. Jetzt hast du mit mir geredet und das war der erste Schritt. Es ist raus. Nimm´ auch die zweite Hürde. Du hast doch jetzt praktisch Nichts mehr zu verlieren. Du kannst nur noch gewinnen. Schlimmer, als es jetzt ist, kann es ohnehin nicht werden. Rede mit den Vereinsfrauen. Sie können dir entsprechende Stellen nennen, wo du wirkliche Hilfe bekommen kannst. Glaub´ mir: Es wird besser werden, wenn du Hilfe annimmst. Ganz sicher!"

Uschi sprach mit den Vereinsfrauen und begab sich in eine Tagestherapie. Es schien ihr gut zu bekommen. Nach einiger Zeit hatte sie eine eigene, kleine Wohnung gefunden. Vielleicht bekam sie die Kraft, Anzeige gegen ihren brutalen Vater zu erstatten. Ich hoffe es zu Mindest. Solche widerlichen, unmenschlichen Berserker, die sich an ihren Töchtern vergreifen und somit deren gesamte, künftige Zukunft zerstören, gehören lebenslänglich hinter schwedischen Gardinen eingebuchtet - *und zwar wirklich lebenslänglich!*

Ich hoffe von ganzem Herzen, dass die verwundete Seele meiner armen Kameradin wieder frei ist!

Alles Gute, Uschi! Ich wünsche dir nur das Beste...

Çanan - die mutige Schwangere

Kurz nach Uschis Auszug kam Çanan, eine junge Türkin, zu uns. Sie trug einen langen, dunklen Mantel, ein eng um den Kopf gebundenes Tuch und hielt einen Koffer in der Hand. Erst ein Mal wurde sie ins Büro geführt. Später zeigte ihr eine der Vereinsfrauen ihr Zimmer. Sogleich stellte sie ihren Koffer ab, pellte sich aus ihrem langen, weiten Mantel und löste ihr Kopftuch. Ihr Leib war leicht gewölbt; es war deutlich zu erkennen, dass sie schwanger war. Ich fragte sie, wie weit sie denn sei.

Çanan lächelte mich mit offenem Blick an!

„Fünfter Monat.", sagte sie in akzentfreiem Deutsch.

„Was hat dein Mann mit dir gemacht?", wollte ich wissen.

„Ich habe keinen Mann.", gab sie zur Antwort, „Es war der Arbeitskollege meines Vaters."

„Ein Deutscher?", fragte ich.

„Nein, er ist ebenfalls Türke. Als ich ihm sagte, dass ich schwanger bin, erschien er am nächsten Tag einfach nicht mehr zur Arbeit. Er hat sich in die Türkei verdrückt. Es hat einige Zeit gedauert, das heraus zu finden. Mein Vater ist nun hinter ihm her. Er will ihn in der Heimat ausfindig machen und ihn zu einer Heirat zwingen."

„Willst du ihn heiraten?", wollte ich wissen.

„Ich wollte es", seufzte Çanan, „aber nun ist er für mich gestorben. Einen Feigling und Drückeberger will ich nicht zum Mann."

„Wie hast du deinem Vater das mit der Schwangerschaft beigebracht?«. fragte ich, »Das muss dich doch eine unglaubliche Überwindung gekostet haben."

Eine kurze Stille trat ein.

„Meine Mutter hat es heraus gefunden.", erwiederte Çanan leise seufzend, „Irgendwann fiel ihr mein andauernder Brechreiz auf. Früher habe ich immer sehr gerne Couscous gegessen. Irgendwann aber konnte ich ihn plötzlich nicht mehr sehen. Alleine der Anblick und der Geruch von dampfendem Couscous löste heftige Übelkeit in mir aus. Meine Mutter ging darauf hin mit mir zum Arzt, der natürlich ziemlich schnell heraus fand, dass ich schwanger bin. Meine Mutter griff schreiend unter ihr Kopftuch und raufte sich die Haare. Kaum wieder daheim, gab sie mir links und rechts zwei schallende Ohrfeigen. Sie wagte nicht, es meinem Vater zu beichten. Irgendwann aber musste sie es tun. Es war klar, dass ich meinen wachsenden Bauch nicht auf alle Ewigkeit verbergen konnte. Irgendwann würde es meinem Vater auffallen. Also musste meine Mutter es ihm beichten. Sie hat höllisch Prügel bezogen."

„Warum?", fragte ich erstaunt, „Sie kann doch für deine Schwangerschaft Nichts..."

„In den Augen meiner Landsleute", erklärte mir Çanan, „liegt das Versagen der Tochter immer an der mangelhaften Erziehung durch die Mutter. Für die religiöse Erziehung ist grundsätzlich der Vater verantwortlich, für die Sittsamkeit dagegen die Mutter. Ihr obliegt es, die Tochter so zu erziehen, dass sie der gesamten Familie Ehre bringt. Das heißt, ein Mädel hat bis zu seiner Verheiratung seine Jungfräulichkeit peinlichst zu hüten. Befindet sich nach dem ehelichen Vollzug kein Blut auf dem Laken, wird der Mann die Braut mit Schimpf und Schande zurück ins Elternhaus schicken. Wie sollen die Eltern für die Verstoßene, die ihre Familie entehrt hat, noch einen Ehemann finden? Es ist aber wichtig, dass die Tochter einen Mann bekommt. Sie muss Kinder gebären, möglichst in erster Linie natürlich Söhne. Später, wenn die Mutter alt wird, will sie versorgt sein. Es ist die Pflicht der Kinder, sich der Eltern anzunehmen. Die Jungen kümmern sich bedingungslos um die Alten. Das ist der Kreislauf des Lebens, wie unser Prophet Mohammed uns gepredigt hat. Ich aber habe die Ehre meiner Familie beschmutzt, in dem ich dem Werben dieses Mannes nachgegeben habe. Das heißt, ich bin in den Augen meiner Familie eine Ehrlose, eine Beschmutzte, eine Verstoßene und konnte mein Heil praktisch nur noch in der Flucht suchen."

„Hat deine Mutter dir geholfen, zu fliehen?", wollte ich wissen.

„Nein, mein Vater hat sie postwendend in unser Dorf geschickt, praktisch innerhalb weniger Tage. Sie soll schon einige Hochzeitsvorbereitungen treffen. Sie hat nun unter dem Hohn und dem Spott der gesamten Dorfgemeinde zu leiden. In den Augen meiner Landsleute ist sie nun die Mutter einer Hure!"

„Wie kam es überhaupt, dass du dich diesem Mann hingegeben hast?", fragte ich nun.

„Er war, wie gesagt, der Freund und Arbeitskollege meines Vaters.", berichtete Çanan, „Daher habe ich ihm bedingungslos vertraut. Mit der

Zeit wuchs meine Liebe zu ihm. Irgendwann gab ich mich meinen Gefühlen hin. Er hatte mir unter Tränen versichert, er wolle mich heiraten. In der Hochzeitsnacht wolle er sich sogar in den Fuß ritzen, damit es nicht auffiele, dass ich keine Jungfrau mehr sei. Ich war naiv genug, es zu glauben, da ich diesen Mann liebte und ihm bedingungslos vertraute. Dann passierte das Malheur; ich wurde schwanger. Kaum hatte ich ihm davon gesagt, lachte er höhnisch und verschwand aus meinem Leben. Mein Vater wunderte sich nur, dass sein Freund und Kollege von Jetzt auf Gleich nicht mehr zur Arbeit erschien. Dann beichtete meine Mutter ihm, was geschehen war. Mein Vater war sehr erzürnt und bestand darauf, dass die ehrlose Ehefrau zurück in die Heimat flog und die Heirat arrangiert. Er selbst drohte mir, er werde ebenfalls in die Türkei fliegen und diesen Mann ausfindig machen. Nur eine Heirat kann die Familienehre wieder herstellen. Falls sein ehemaliger Kollege sich weigere, mit mir die Ehe einzugehen, gäbe es einen blutigen Mord. Im Anschluss wolle mein Vater zurück kehren und mir das ungeborene Kind aus dem Leib prügeln. Dieser Mann will mich nicht und ich will diesen Mann ebenfalls nicht mehr. Doch was kann dieses kleine Wesen dafür? *Es ist unschuldig!* So bin ich also hierhin ins Frauenhaus geflohen, damit mein Vater und der Rest der Familie mich nicht findet. Es ist gut möglich, dass ich noch auf weitere Frauenhäuser ausweichen muss. Doch das ist mir jetzt gleichgültig. Lieber breche ich auf alle Zeiten mit der Familie, bevor ich mein unschuldiges Kind töten lasse. Diesen Preis dafür zahle ich gerne - *weil ich mein Kind liebe!* Ich sehe es trotz Allem als ein Geschenk Allahs! Er hat es gefügt und so muss es sein!“

Monate später, ich lebte bereits mit meinem Mann, erfuhr ich bei einem Besuch im Frauenhaus, dass Çanan einem kleinen Jungen das Leben geschenkt hatte. In der Zwischenzeit war sie auch verheiratet - *allerdings nicht mit dem Erzeuger ihres Sohnes!* Sie hatte das Herz eines anderen jungen, westlich gerichteten Landsmannes, gerührt. Er hatte sich über die alten Zwänge hinweg gesetzt. Trotz ihres unehelichen Kindes hatte er sie - *entgegen der heimatlichen Tradition!* - zur Frau genommen und glücklich gemacht!

Çanan - du hast den Mut einer Löwin! Deine innere Stärke und deine

Kraft kann ich nur bewundern! Du hast dich befreit und gehst nun deinen eigenen, modernen, selbstbestimmten Weg! Halte an deiner persönlichen Freiheit fest!

Ich gönne dir dieses Glück aus tiefster Seele…

Heike - die Partnervermittlerin

Eines späten Vormittages dann stand Heike auf unserer Schwelle. In der einen Hand trug sie zwei schwere Koffer, an der anderen Hand hielt sie Sven, ihren fünfjährigen Sohn. Von Anfang an gab sie sich sehr selbstbewusst, fügte sich rasch in die Gemeinschaft der anderen Frauen ein und half, wo sie konnte. Heike war Achtundzwanzig, eine schlanke Frau mit brünettem Kurzhaar und munteren, braunen Augen. Auch sie war regelmäßig von ihrem Mann verdroschen worden. Sehr schnell schlossen wir Freundschaft.

Heike kam gerade zu der Zeit, in der sich in mir zwar der starke, sehnliche Wunsch nach einem Kind regte, aber nicht mehr nach einem Mann. Mir langte es; ich hatte meine Lebensmaxime geändert. Für die Männerwelt empfand ich zu eben diesem Zeitpunkt nur noch tiefsten Abscheu. Um ein Kind zu empfangen, sollte also ein unwissender, ahnungsloser Mann seinen Samen geben. Natürlich besprach ich mit Heike die Angelegenheit. Die wiederum sprach sich mit einer Freundin ab, die in einem anderen Vorort wohnte. Schnell hatte Heike einen potentiellen Erzeuger für mein potentielles Kind in Petto. Ein einsamer Mann aus ihrem Bekanntenkreis, Roland, der sich nach weiblicher Zuneigung sehnte. Heike hatte mich gefragt, ob ich einverstanden sei. Dieser Mann werde mir mit seinem rabenschwarzen Haar und den dunkelbraunen Augen mit Sicherheit gefallen. Okay, ich war einverstanden!

Heike setzte sich also erneut mit dieser Freundin in Verbindung und kurz darauf hatte sie für mich ein Date mit diesem unbekannten Mann organisiert. Dieses Treffen sollte in der Wohnung der Freundin statt finden. Wir machten uns zur vereinbarten Zeit fertig, schmissen uns so richtig herrlich in Schale und fuhren los!

Wir drei Frauen saßen gemütlich bei einer dampfenden Tasse Kaffee zusammen und warteten auf den jungen Mann. Dann ging die Türglocke. Als Heikes Freundin den Menschen ins Wohnzimmer führte, schossen mir schon unwillkürlich die ersten Lachtränchen in die Augen. Ja, schwarzes Haar und braune Augen hatte er. Dafür schlug er bei jedem Schritt, den er tat, fast mit den Knien Funken und war mindestens Anfang Vierzig. *Wie sich später heraus stellte, war er bereits Mitte Vierzig!*

Mut zur Hässlichkeit hatte er, das muss man sagen. Mit dem linken Auge konnte er quasi ganz locker in die rechte Westentasche schielen. Die dicke Hornbrille, die er trug, machte es nicht besser. Sie wirkte eulenhaft und überlagerte zudem das gesamte Gesichtsprofil, brachte das Schielen erst recht zur Geltung. Dieser Roland trug einen wilden, buschigen Schnauz, der mich irgendwie an den eines Walrosses erinnerte. Die langen Borsten standen in alle Richtungen kreuz und quer von der Oberlippe ab, was wiederum absolut nicht zu seiner schmalen, grazilen Nase passte. Hinzu gesellte sich ein entsprechend extrem vorstehendes *„Artillerie-Gebiss"*, das durch den buschigen, schwarzen Schnauz noch betont wurde. Es war echt entzückend - *als sei der Narrenschanz ausgebrochen!* Entzückend und traurig zugleich, denn hinzu kam ja noch dieses auffallende Hinken. Von der Statur her war dieser Roland eher ein extremes Fliegengewicht, hager, dürr und hohlwangig. *Sinnbildlich gesprochen:* Man wagte sich in seiner unmittelbaren Gegenwart fast nicht zu tief durchzuatmen, wollte man nicht Gefahr laufen, ihn im Anschluss als Fremdkörper in der Lunge sitzen zu haben!

Als *„wandelnden Porno"* konnte man ihn wahrhaftig nicht bezeichnen!

Im Gegenteil, Mutter Natur schien ihn noch regelrecht verhöhnt zu haben. Weder durfte ich Mitleid zeigen noch ihm laut und explosiv ins Gesicht lachen - *er war schließlich auch nur ein Mensch!*

Meine Gefühle schwankten zwischen aufrichtigem Bedauern und jauchzender Amüsiertheit; ich wusste nicht, für welche Richtung ich mich letztendlich nun entscheiden sollte. Tief in meinem Inneren verkrampfte sich jede einzelne Faser und ich war dankbar für meine momentane, eiserne Selbstbeherrschung!

Das zweite Treffen fand in seiner Wohnung statt, wo er dann einen großen Koffer hervor zog, ihn öffnete und mir voller Enthusiasmus seine gesamte Kameraausrüstung präsentierte. Nonstop textete er mich mit seinem Hobby zu, wie gerne er doch filme und fotografiere. Ich saß auf der Couch, seufzte leise vor mich hin, lauschte seinem langweiligen Monolog, lächelte nur höflich und verkniff mir mit äußerster Mühe das Gähnen. Dieser Roland war ein schlechter Scherz. Irgendwann verabschiedete ich mich dann höflich. *In der ganzen Zeit, die ich bei diesem Luftikus zugebracht hatte, waren mir ganze vier oder fünf Sätze über die Lippen ge-*

kommen! Das sollte der potentielle Erzeuger meines künftigen Kindes werden? Dieser Mensch war schon weit mehr als grenzwertig…

Wenige Tage später hatten wir unser drittes Treffen, wieder in seiner Wohnung. Er lud mich ein zu Spaghetti Mirácoli. Als ich mit gepflegtem Hunger vor seiner Türe stand, führte Roland mich sogleich in die Kombüse. Auf dem Tisch befanden sich die ganzen Zutaten. Ja, meinte Roland, er wolle so gerne ein Mal gemeinsam mit mir kochen. Wie niedlich, dachte ich, dieser Tollkopf hat ja wirklich einen mehr als sonnigen Humor! *Glanzparade!* Er lädt mich also nicht nur zum gemeinsamen Essen ein - *sondern auch gleich noch zum Kochen!* Hätte er das nicht zuvor mit mir absprechen können? Wird ein Gast zum Essen eingeladen, sollte er doch wohl erwarten können, dass der Gastgeber schon Alles vorbereitet hat und zu Tisch bittet. Gemeinsames Kochen kann man ja ruhig planen. Das geht dann auch klar. Aber Jemanden zum Essen einladen - *und dann noch erwarten, dass der hungrige Gast sich gleich erst mal direkt nach seiner Ankunft in der Küche des Gastgebers an den Herd stellt?* Nullissimo!

Donnerhacke - *dieser verstrahlte Flegel hatte doch wirklich Nerven!* Der gehörte tatsächlich noch einige ansehnliche Jährchen auf die Weide…

Beim Kochen rutschte mir die Salzdose weg. Wenigstens ein Drittel des Inhalts landete im Topf; die Spaghettisauce war total ruiniert! Gleich nach den ersten Bissen schob ich meinen Teller bei Seite. Roland jedoch aß weiter. Seine Gesichtsfarbe glich einem Feuermelder. Tapfer, hochzinnoberrot und schwer atmend kaute er weiter und lobte mich, die Augen voller Tränen, exorbitant in Dur und Moll für meine fabelhafte Zauberei am Herd. Dabei trank er auffallend häufig und füllte immer wieder sein Glas nach. *Der Schweiß lief ihm nur so über die Stirne!*

Vermutlich, so ging mir durch den Kopf, würde er selbst noch einen Liter Tabasco und ein Pfund *„Frolic"* in der Sauce als *„delikat"* bezeichnen, nur, um mir gegenüber höflich zu sein. Schließlich lag es eindeutig nicht in seiner Absicht, mich gleich wieder zu vertreiben. Tief in seinem Inneren schien er in der Tat froh zu sein, dass es ihm überhaupt endlich ein Mal gelungen war, gemeinsam bei gemütlichem Kerzenschein mit einer Frau an einem Tisch zum Essen zu sitzen. Ja, er schien unendlich einsam zu sein. Um mich also tunlichst zu halten, zwang er brav und ritterlich die hoffnungslos verhunzten, versalzenen Spaghetti hinunter!

Rolands Mimik jedoch sprach eindeutig eine andere Sprache. Aber er wollte mich halten, wollte mir mit aller Macht den Liebeskasper machen und darum war er natürlich - *wie so viele Männer, mit denen ich bereits Erfahrung gemacht hatte* - unaufrichtig, dass sich förmlich die Balken bogen. Das übliche Seemannsgarn. Meine Hacke, machte der einen Zinnober! Wie einst im süßen Wonnemonat Mai…

Beim vierten Treffen - *ebenfalls in seiner Wohnung* - kam er mir völlig überraschend mit einem Heiratsantrag! Er wolle meine Familie kennenlernen; ich solle zu ihm ziehen - *und er wünsche sich sehr bald das Trippeln kleiner Kinderfüßchen in der Wohnung!*

Whow - ich dachte, mein Hamster bohnert! Daher also die Aktion in der Kombüse: *Probekochen!* Mal schauen, was das künftige junge Ehemuttchen so auf die Beine bringt!

Was den traurigen Rest anging: Halte dich bereit - der Herr kann stündlich *„kommen"*…

Also nee - *dieser Widerling war doch echt zum Kotzen!* Den stach aber wirklich ganz gewaltig der Hafer! Was für einen gnadenlosen Hardcorefilm schob der? Bei dem waren wohl anscheinend gleich mehrere Schaltstellen defekt!

Ganz offensichtlich litt er dazu noch an einem voluminösen Anfall von Trapperfieber!

Höflich bat ich mir bis zum Abend Bedenkzeit aus, verabschiedete mich dann auch ziemlich flott und beschloss, auf diesen Honk als Erzeuger meines potentiellen Kindes besser von Vorne herein zu verzichten! Bei dem, ratterte mir durch den Kopf, schien der Stammbaum schon kreisrund genug zu sein!

Kurzes Kennenlernen, ein netter Klönschnack, ein gemeinsames Kochen, Heiratsantrag, Zusammenziehen, Aufgebot, Hochzeitsglockengebimmel, Kindersegen - *und das möglichst im Turboschnelldurchlauf!* Hei dideldei dideldum! *Ringelpiez mit Anpacken!*

Das muss doch reichen, oder etwa nicht? Ja klar - ich verabschiede mich von meiner Hirngrütze, heirate mal eben *„Mr. Unbekannt"*, zeuge im Anschluss an die Trauung gleich den ersten Windelschieter mit ihm - *und wir sind glücklich miteinander bis an unser seliges Ende!* Warum auch nicht? Immerhin hatten wir in diesem Leben ja schon sechs Säcke Salz miteinander verschlungen!

Derartige Fisimatentchen konnte er sich man gleich aus dem Kopf schlagen!

So was wie dieser Roland, ratterte mir durch den Kopf, gehört doch bestenfalls in einen dick mit Heu ausgepolsterten und mit Klettertauen ausgestatteten Käfig - *und ab und zu ein Pfund Orangen, Porreestangen und Bananen rein!*

Frauen, die so Etwas niemals erlebt haben, können sich glücklich schätzen. Frauen, die so Etwas bereits erlebt haben, wissen Bescheid! *Rinderwahn ist gar Nichts dagegen...*

Kaum war ich zurück im Frauenhaus, teilte Heike mir mit, Roland habe soeben angerufen. Alle halbe Stunde ging das Telefon - *Roland!* Offensichtlich wollte er nun schnellstens eine Antwort erzwingen!

Seine Absichten waren mehr als eindeutig. Er brauchte auf Biegen und Brechen schnellstens eine Gemahlin und kleine Stammhalter - *zwecks des Aufbaus seines eigenen Egos!*

Au Backe, Kinners - der lief doch wirklich nicht mehr ganz rund...

Bis zum frühen Abend hatte Roland es mittlerweile auf cirka neun stolze Anrufe gebracht! Mir kam langsam echt die Galle hoch. Dieser Trampel war ganz eindeutig komplett verpeilt, aber wahrhaftig mit dem Klammerbeutel gepudert. Offensichtlich war er so bis über beide Ohren verstrahlt, dass er *„Muh“* und *„Mäh“* nicht mehr auseinander halten konnte!

Auf eine Hochzeit mit mir könnte er noch sehr lange warten - *wenn es sein müsste, bis zur Götterdämmerung!*

Ohnehin hatte ich die Nase gestrichen voll von festen Beziehungen. Ein Kind wollte ich, ja - *aber nicht den Vater auch noch dazu!* Mein Nachkomme sollte möglichst im Frieden aufwachsen!

Und so ganz nebenbei: Was die übrige Frauenwelt schon ganz entschieden ablehnte, wollte ich mir selbst ebenfalls nicht unbedingt antun! Der hatte es sich bei mir aber weit mehr als gründlich verprellt!

So Etwas noch in meiner eigenen Ahnenreihe - nee...

Nachdem ich Roland also mindestens neun Mal durch meine Kameradinnen habe abwimmeln lassen *(die ob der pausenlosen Anrufe mittler-*

weile selbst schon kurz vor einem gepflegten Pfefferminzschlag standen), rief ich diesen auf Freiersfüßen wandelnden, krankhaft verliebten Himmelsstürmer am Abend dann selbst an und beendete die Sache, bevor sie überhaupt erst richtig beginnen konnte!

Ich erholte mich von meinem Trauma und lernte später - *einfach durch den Zufall des Lebens* - Heinrich, meinen jetztigen Mann, kennen. Heike und ihr Sohn Sven bezogen auch eine eigene Wohnung. Nach ihrer Scheidung lernte sie einen neuen Partner kennen und bekam noch Peer, ihren zweiten Sohn.

Mittlerweile sind seit der damaligen Angelegenheit zweiunddreißig Lenze vergangen. Roland blieb - *zum großen Glück für die Damenwelt!* - ein einsamer, kinderloser Single. Wer weiß, wie oft er seine fatalen Fehler noch wiederholt haben mag. Allem Anschein nach hat er wohl nie daraus gelernt…

Noch ein Wort zum Thema Männerwahl: Es wird ja vielfach behauptet, von einem schönen Teller isst man nicht alleine. In gewissem Sinne mag das in der Tat zutreffen. Ein Mann, der wie ein Adonis gedeiht, hat keinerlei Schwierigkeiten, beim weiblichen Geschlecht zu landen. Einer solch schmucken, ansehnlichen Thors-Gestalt werden die Freyastöchter in Scharen nachlaufen. Über einen Mangel an weiblichen Kontakten brauchen solche Glückspilze keinerlei Gedanken zu verschwenden. Hünenhafter Wuchs, eine sonnengebräunte, makellos glatte Haut, eine dichte, wallende Löwenmähne, ebenmäßige, blendend weiße Zähne, durchtrainierte Bizeps, breite Schultern, schmale Hüften, gut geformte, stramme Waden und ein *„Sixpack"* im Abdominalbereich - *das kommt immer an!*

Solche Männer finden allzeit Partnerinnen - *und sind natürlich dementsprechend selbstbewusst!*

Doch was ist mit den Männern der gänzlich anderen Kategorie? *Besondere Kennzeichen:* Klein von Wuchs, käsiges, pickliges Hautbild, massive Sommersprossen, schütterer Haarflaum, ein schiefes, sanierungsreifes Gebiss, eingefallene Wangen, Krötenaugen, Tränensäcke, runzliges, schlaffes *„Winkfleisch"* an den schmächtigen Oberärmchen, Hühnerbrust, schmale, abfallende Schulterpartie, ein dürrer *(oder rechteckiger)* Körperbau, knochige, krumme Storchenbeinchen?

Vielleicht aber alternativ auch schwabbelige *„Rettungsringe"* an den Hüften, Doppel- oder Dreifachkinn, kurze, dicke Wurstpatschfingerchen und ein teigiger *„Waschbärbauch"*?

Solcher Art Pechvögel haben eine besondere Eigenschaft - *sie sind nicht dumm!* Selbstverständlich ist ihnen ganz klar bewusst, dass sie auf Grund ihres äußeren Erscheinungsbildes entweder nur Mitleid oder aber amüsiertes Prusten erregen und bei der Damenwelt logischerweise niemals punkten werden. *Das heißt:* sie wissen um ihre Äußerlichkeit! Finden solche Menschen - *entgegen allen Erwartens* - doch durch Zufall endlich eine Partnerin, verhalten sie sich ihnen gegenüber binnen kürzester Zeit wie die reinsten Kletten, gebärden sich wie stramme, eitle Gockel, weil sie natürlich in permanenter, innerer Angst leben, gerade eben diese Partnerin jederzeit wieder verlieren zu können. Treu wie Gold - *dafür aber extrem einengend und bestimmend!* Gerade diese extremen, verunglückten *„Mitleidstypen"* neigen deutlich stärker als gewöhnliche Männer dazu, ihre Partnerinnen zu unterdrücken, einzuschüchtern, zu kontrollieren, Druck und Zwang auszuüben und anderweitig dauernervenden Beziehungs-Terror zu veranstalten, nur, um die *„geliebte"* Frau möglichst bei sich zu halten. Wer weiß nämlich, wie endlos lange es unter Umständen dauert, bis sich - *vielleicht* - wieder eine neue Partnerin findet? *Etliche Jahre?*

Auch die von Mutter Natur stark Benachteiligten haben schließlich Wünsche, Träume, Vorstellungen, Hoffnungen, Gefühle und Sehnsüchte, genau wie jeder andere Mensch. Und ja, natürlich sind sie treu wie Gold - weil ihnen wegen ihrer äußeren Erscheinung *(um die sie ganz klar wissen)* und somit in chronischer Ermangelung an weiblichem Gefolge schließlich auch gar nichts Anderes übrig bleibt. Solche verunglückten, traurigen *„Endzeit-Stimmungs-Männertypen"* haben keine *„Groupies"*!

Eines muss man fairerweise dazu sagen: Für ihre misslungene Figur, ihre geringe Körpergröße, ihr Hinken, ihr Schielen oder was auch sonst können sie Nichts. Gerade aber eben auf Grund ihres eigenen, mangelnden Selbstbewusstseins neigen sie nämlich erst Recht zum übermäßigen, schmeißfliegenhaften Bedrängen und massivem Stalking - *und sie setzen mit Inbrunst all ihr Geschick hinein!* Dankbarkeit ist von dieser Seite selten zu erwarten. Im Gegenteil; solcher Art Kümmerlinge bekommt man oftmals nur sehr schlecht wieder vom Hals. Anhänglich sind sie, wie

Klabusterbeeren. Überflüssig wie ein Kropf. Ein Mal eingefangen, kriegt man sie nur unter massiven Schwierigkeiten wieder los. Ich habe es bei diesem Roland und ferner auch bei Jürgen *(der ebenfalls alles weit Andere als eine Schönheit war!)* erlebt.

Darum: Holzauge sei wachsam! So manch eine Frau hat eine solche Beziehung schon bitter bereut...

Was weiter aus Heike wurde, kann ich leider nicht sagen, da wir uns aus den Augen verloren. Sie steht auch leider schon seit etlichen Jahren nicht mehr im Telefonbuch. Gerne aber denke ich noch heute an die lustige Zeit mit ihr zurück…

Heike - Eines muss noch gesagt werden: Bitte versuche nach Möglichkeit nie mehr, einsame Herzen zu verkuppeln! Die Rolle der Partnervermittlerin liegt dir wirklich nicht…

Cordula - sanft und mütterlich

Bei Cordula, meiner zeitweiligen Zimmerkameradin im Frauenhaus L., war der Hass auf Männer erst richtig durchgeschlagen. Sie hatte, eben so wie ich, bereits mit einigen männlichen Partnern mehr als äußerst schlechte Erfahrungen gemacht - *und zwar derart nachhaltig, dass sie komplett die „Fronten" gewechselt hatte!*

Cordula war ebenfalls in meinem Alter, sehr schlank, kleidete sich jugendlich maskulin und trug einen modischen Herrenschnitt. Hin und wieder ging sie abends schon mal in eine Lesbenkneipe. Mit Männern gab sie sich nur noch in so fern ab, als es unbedingt nötig war, zum Beispiel, wenn es sich um Mitarbeiter bei den Ämtern handelte. Auf der Straße konnte sie den Herren der Schöpfung gegenüber ganz schön miefig und ruppig werden, wurde Ihnen gegenüber zur reinsten Kreuzotter!

Im Frauenhaus dagegen war sie wie ausgewechselt, freundlich, mütterlich, sanft, hilfsbereit und voller Verständnis für ihre Kameradinnen. Das bekam ich eines Tages selbst zu spüren. Am Abend zuvor hatte ich mir ein Bad einlaufen lassen und leider die Temperatur des Wassers zu hoch eingestellt. Ich war zwar den halben Nachmittag unterwegs gewesen und durch die eisige Novemberkälte reichlich durchgefroren, aber dieses Bad war deutlich zu Viel des Guten. Im Anschluss kroch ich dann krebsrot, aber schön durchgewärmt unter die Daunen!

Am nächsten Morgen dann erwachte ich und wollte eine halbe Treppe höher zur Toilette. Aus dem Bett kam ich auch hinaus. Kaum aber war ich an unserer Zimmertüre, merkte ich plötzlich, wie es warm, nass und klebrig an meinen Beinen hinunter rann. Ich raffte mein Nachthemd - *und Alles war voller Blut!* Mit den nackten Füßen stand ich in einer kleinen, scharlachroten Lache!

Meine Menstruation hatte eingesetzt! *Was für eine nette Bescherung!*

Nach dem ersten Schrecken kam ich mir vor wie eine kleine Göre, die in die Hose geschifft hatte. Es war so bescheuert, dass ich ganz spontan in ein quiekendes Gelächter ausbrach!

Cordula schoss aus ihrem Bett hoch und sah die rote Pfütze, die sich um meine Füße gesammelt hatte. Ganz schnell sprang sie hoch, kramte in ihrer Tasche und reichte mir einige Tempos.

„Halte durch!", rief sie, *„Stopf' dir das dazwischen! Alles halb so wild! Warte, bin sofort wieder da! Schön brav stehen bleiben!"*

Während ich lachend und breitbeinig im *„Roten Meer"* stand, sauste Cordula hoch ins Gemeinschaftsbad. Das Wasser rauschte und kurz darauf kam sie mit einem feuchten Waschlappen und einer Hand voll Zellstoff zurück, kniete sich vor mich und begann, meine Beine und meine Füße zu reinigen. Es wirkte irgendwie wie ein Slapstick. *Cordula war die fürsorgliche Mama und ich das kleine Kind, das sich voll gemacht hatte!*

Während des Wischens schaute sie mich dann noch von Unten herauf ganz treu an und sagte besorgt: „Du armes Deernchen! Heute bleibst du mir aber man fein im Bett!"

Kichernd watschelte ich im Anschluss nach Oben ins Bad, ging zur Toilette und verpackte mich. Kaum wieder unten in unserem Zimmer, meinte Cordula: „Im Bett ist Nichts; ich hab´ schon nachgeschaut. So, und hier hast du noch ein frisches Nachthemd. Zieh´ dich um - *und dann ganz wacker wieder in die Koje!"*

So geschah es dann auch. Cordula brachte mir auf einem kleinen Tablett ein Frühstück und ein großes Glas Orangensaft.

„Das ist besser als Kaffee!", meinte sie, „Jetzt brauchst du Vitamine!"

Ich prustete amüsiert und hätte gleichzeitig vor Rührung in Tränen ausbrechen können. *Solch eine liebevolle Fürsorge!*

Mittags kam Cordula mit Kartoffeln, Schnitzel, Gurkensalat, Joghurt und einer Flasche Malzbier. Sie servierte mir Alles auf einem Tablett direkt ans Bett. Sogar mein Strickzeug reichte sie mir. Aufstehen durfte ich - *aber nur für den Toilettengang!* Meine Zimmerkameradin hatte mir strengste Bettruhe verordnet. Wollte ich mich erheben, fragte sie sofort: *„Wencke - wo willst du hin?"*

Es war einfach rührend, wie sie sich sorgte. Am Abend fragte ich sie: „Sag´ mal, hast du dich eigentlich nicht geekelt?"

Cordula zuckte mit den Schultern: „Nee, wieso? Es war doch schließlich Frauenblut. Haben wir den Beweis des Frauseins denn nicht Alle?"

Ich dankte ihr wirklich von Herzen für ihre aufopfernde Pflege, die sie mir an diesem Tage hat zukommen lassen. Elend und Leid können dich mit Menschen zusammenbringen, von denen du niemals erwartet hättest, dass sie sich aus ganzer Seele so bedingungslos für einander einsetzen!

Ich hoffe, Cordula hat ihre große Liebe fürs Leben gefunden. Die Frau, die ihr vielleicht irgendwann begegnet ist, kann sich wahrhaft glücklich schätzen!

Cordula - du bist ein wahrer Diamant...

Ilse - zurück in die Sklaverei

Im Frauenhaus M. erschien eines Tages eine Frau Anfang Vierzig mit ihren beiden schulpflichtigen Töchtern. Ihr Gesicht war dick geschwollen; sie hatte deutlich sichtbare Würgemale am Hals und hinkte. Ihre Augen waren rot gerändert. Sie trug mehrere Koffer, war hohlwangig und bleich wie ein Gespenst.

Die Frau hieß Ilse. Ihre beiden Töchter waren Sophia und Katharina. Wir führten sie ins Büro und zeigten ihr im Anschluss ihr Zimmer. Noch am selben Abend erzählte sie uns von ihrem traurigen Schicksal.

Ilse war mit einem Landwirt verheiratet. Anfangs hatte er noch sehr um sie gefreit. Nach der Heirat allerdings hatte er sehr schnell sein wahres Gesicht gezeigt. Als Ilse ihrer Tochter Sophia das Leben schenkte, zeigte sich ihr Mann bitter enttäuscht; er machte keinen Hehl daraus, dass er lieber einen Sohn gehabt hätte. Kurz nach der Niederkunft hagelte es die erste Backpfeife. Zwei Jahre darauf brachte Ilse ihre zweite Tochter Katharina zur Welt. Als ihr Mann erfuhr, dass er erneut Vater einer Tochter geworden war, drehte er sich auf dem Absatz herum, verließ die Klinik und ließ sich nicht mehr sehen. *Seine Begeisterung über die zweite Tochter stammte wohl eindeutig aus der Tiefkühltruhe von Käpt'n Iglo höchstpersönlich!*

Wenige Tage später musste die noch von der Geburt erschöpfte Ilse mit Baby und Koffer alleine schauen, wie sie zurück auf den Hof kam…

Von nun an ertrug Ilse nicht nur Backpfeifen und niederste Beschimpfungen, sondern wurde getreten, gewürgt und vergewaltigt. Mehrmals fiel der brutale Unhold in den Stallungen über sie her. *„Wenn im Bett schon kein Sohn entsteht"*, hatte er ihr entgegen gefletscht, *„dann vielleicht im Heu!"*

Sophia und Katharina, die beiden Töchter, hatten von den grausamen Gewaltattacken des Vaters gegen die Mutter nie Etwas mitbekommen. Sie spürten wohl, dass Etwas nicht ganz richtig war, wenn Ilse ihnen morgens beim gemeinsamen Frühstück mit geschwollener, roter Stirne oder mit Würgemalen am Hals am Tisch gegenüber saß!

Die dicke, verfärbte Platzwunde an der Stirne war entstanden, als der

Vater die Mutter im Jähzorn mit dem Kopf mehrmals gegen die Pferdetränke geschlagen hatte, weil die arme Frau mit verzweifeltem Mut versucht hatte, einer erneuten Vergewaltigung zu entgehen. Die Kinder hatten sich zu diesem Zeitpunkt am Waldrand befunden und dort gespielt.

Die Würgemale am Hals waren bei einer Vergewaltigung im Maisfeld entstanden, zu einer Zeit, als die beiden Mädel im hinteren Teil des Hofes mit den Hühnern beschäftigt waren…

Dass der Mutter etwas sehr Schreckliches widerfahren sein musste, war für die Kinder ganz offensichtlich, aber niemals hätten sie das ganze Dilemma mit dem eigenen Vater in Verbindung gebracht!

Irgendwann aber hatte sich Ilse dieser herrschsüchtigen Tyrannei nicht mehr gewachsen gesehen, hatte die Koffer gepackt und war endlich mit ihren beiden Töchtern ins Frauenhaus geflohen. *Wir beglückwünschten sie zu dieser Entscheidung!*

In den ersten Tagen wirkte Ilse richtig beschwingt und gelöst. Sie fuhr zu den Ämtern, meldete sich um und suchte einen Anwalt auf, um die Scheidung zu beantragen.

Beim Kochen sang sie fröhlich und alberte ausgelassen mit den Kindern ihrer Kameradinnen herum, schaukelte die Babies auf ihren Knien…

Doch kaum eine Woche später änderte sich plötzlich ihre Stimmung. Sophia und Katharina wirkten auch irgendwie bedrückt.

Plötzlich kam Gudrun, eine andere Kameradin, mit entgeistertem Gesichtsausdruck in den Gemeinschaftswohnraum gestürmt!

„Ilse packt die Koffer!“, stieß sie hervor, *„Ich glaube, die baut Schiet!“*

Julla, Maxima und ich sprangen wie von der Tarantel gebissen hoch und sausten hinüber in Ilses Zimmer. *Tatsächlich:* Die Koffer lagen auf dem Bett und Ilse faltete die Bekleidung ihrer Töchter zusammen!

„Was machst du da?“, fragte Maxima, „Du gehst doch nicht etwa zurück?“

„Die Kinder vermissen ihr Lieblingspony!“, schluchzte Ilse plötzlich los, „Was soll ich machen? Abend für Abend weinen meine beiden Deerns sich in den Schlaf. Sie hängen mit ganzem Herzen an dem Tier. Ich kann meine Töchter nicht so traurig sehen. Was soll ich denn sonst machen?“

„Ach nee!“, sagte ich, *„Das Lieblingspony!* Ist das wahrhaftig ein so triftiger Grund, dass du dich erneut windelweich dreschen und vergewaltigen lassen willst? Sag´, hast du Tinte gesoffen? Wegen des Lieblingsponys knickst du jetzt wieder ein? Hat dein Radebrech dich derart abgekocht? Gefällt die dein Dasein als ewige Kettenhündin? Lässt du dich jetzt auch noch von deinen Töchtern einwickeln? Prost Mahlzeit - *das kann doch wohl jetzt echt nicht dein Ernst sein!“*

„Was soll ich denn machen…“, schluchzte Ilse.

„Was du machen sollst?“, stieß Julla heraus, *„Was du jetzt machen sollst?* Hier bleiben, die Scheidung durchziehen und den finanziellen Anteil an dem Hof für dich und die Kinder einklagen! Hör´ mit diesem Heckmeck auf! *Erledige diesen Schietkerl!“*

„Ja, aber die Deerns weinen jeden Abend.“, schluchzte Ilse, „Sie sind doch auf die Dauer nicht glücklich. Sollen sie sich allabendlich in den Schlaf weinen? Soll ich sie unglücklich machen? Das Pony bedeutet ihnen doch so Viel…“

Maxima verdrehte die Augen und sagte mit bebender Stimme: „Was, zum Teufel, soll ich denn bitte sagen? Meinst du etwa, mir wäre es leicht gefallen, meinen neugeborenen Jungen gleich nach der Entbindung frei zu geben? Ich will zu meinem Ex, diesem Luden, der mich geschwängert hat, keinen Kontakt mehr. Kann ich mir auch gar nicht erlauben. Wenn der mich in die Flossen bekäme - *der macht mich kälter als einen Island-Gletscher!* Mir blieb also gar keine andere Wahl, als den Kleinen her zu geben. Auch ich weine mich allabendlich in den Schlaf, glaube mir. Auch mir blutet ganz verdammt das Herz. Ich werde von Albträumen verfolgt, schlucke Beruhigungspillen, um auf dem Teppich zu bleiben! *Ich bin noch Wöchnerin und meine Titten sind hart wie Beton, weil ich nicht abpumpen darf, damit die Milch endlich versiegt!* Beim Duschen sehe ich meine faltige, überdehnte, labberige Bauchhaut und die frischen, violetten Schwangerschaftsstreifen, die mich, zusammen mit dem blutigen Wochenfluss, jedes Mal auf´s Neue daran erinnern, dass ich bis vor Kurzem noch ein Kind in mir getragen habe! *Weißt du, welch ein unsäglicher Horror das ist?* Doch im Gegensatz zu dir will ich mein Leben auf die Kette kriegen. Meinem kleinen Jungen wird es bei den Adoptiveltern gut gehen, das weiß ich. Das ist mir der einzig wahre Trost. Darum werde ich mein Ding auch bis zum bitteren Ende durchziehen. *Also komm´ uns jetzt bitte nicht mit dem Pony! Das ist keine Ausrede!* Trag´ den Kopf stolz hoch und mach´ dein Ding verdammt noch mal alleine, zum Donnerkeil!"

„Und wenn mein Mann den Hof verliert?", schniefte Ilse, „Was soll dann werden? Ich kann ihn doch nicht ruinieren! Der Hof ist das Erbe seiner Familie. Wenn er mich und die Kinder auch noch finanziell unterstützen muss, geht der Betrieb zu Grunde. So Viel wirft das Ganze nämlich auch nicht ab, dass er sich das auch noch leisten kann. Wir kommen über die Runden, das ist aber auch schon Alles. Das bisschen Viehhaltung, das kleine Maisfeld, der kleine Kartoffelacker, die paar Hühner, das wenige Obst und Gemüse Meine Kinder sind unglücklich, mein Mann wird zu Grunde gehen!"

„Iiiii-aaaaaaahhhhh!" Julla stieß einen nasalen, laut quietschenden Eselsschrei aus.

Uns schien, als wolle Ilse gar nicht aus der Opferrolle heraus!

Maxima drehte sich abrupt um und verließ den Raum!

„Wieso", fragte ich, „stellst du dich eigentlich rangniedriger als dieses Pony? Was hast du denn davon? Nur, um den Hof zu halten und deine Töchter glücklich zu machen, bist du also bereit, dich erneut dieser Torturen auszusetzen? Lenk´ die Kinder genügend ab und reagier´ einfach nicht mehr darauf, wenn sie von dem Pony sprechen. Mach´ Spaziergänge mit den Kindern, geh´ mit ihnen durch die Stadt, schaut euch die Geschäfte an, besucht Trödelmärkte, spielt Gesellschaftsspiele. Du wirst sehen, sie kommen darüber weg. Zeit heilt bekanntlich alle Wunden!"

„Vielleicht ändert mein Mann sich ja nun…", murmelte Ilse.

Himmelgebimmel, schoss mir durch den Kopf, *ich glaub´, ich wander´ aus nach Haparanda…*

„Der?", lachte Julla voller Sarkasmus, „Nej, bei dem sind Hopfen und Malz verloren! Glaub´ mir, der ändert sich nie! Was für ein hochkarätiger Unsinn! Der wird dich nur um so extremer verdreschen, weil er sich seiner Sache absolut sicher ist. Du bist ja schließlich freiwillig zu ihm zurück gekommen! Also geht er davon aus, du hängst dein ganzes Leben lang an ihm und kommst ohne ihn einfach nicht klar. Du bestätigst ihn mit deinem Verhalten doch nur. *Peng!* Dieses Ferkel wird dir bei nächster Gelegenheit wieder Eine auf´s Zifferblatt donnern - *und diesmal so, dass du vielleicht irgendwann gar nicht mehr hoch kommst! Ja, dann aber gute Nacht!* Wie lange willst du dich noch würgen, prügeln und vergewaltigen

lassen, hm? Vielleicht bis zum Armageddon? Der Typ hat ein Gemüt wie ein Fleischerhund! Der wird dich eines Tages noch zu Beef tatare verarbeiten! Der ist doch bereits auf Hundertachtzig! Bei Hundertneunzig zeigt sich der Klabautermann! Du hast lange genug geblutet. Jetzt lass´ ihn doch bluten. Klopp´ ihn in die Fritten! Soll diese Flunder doch finanziell zu Grunde gehen. *Bedenk´ bitte Eines:* Sein Ruin ist der Aufstieg für dich und die Kinder!"

Was war der Erfolg unserer Bemühungen? Ilse packte ihre Koffer, verabschiedete sich von den Kameradinnen, nahm Sophia und Katharina bei der Hand und hinkte zurück zu ihrem brutalen Ehemann auf den Hof. Sie war bereit, auch weiterhin in Elend und Sklaverei ihr Dasein zu fristen - *vermutlich wohl bis zum Ragnarök!*

Manche Menschen sind einfach beratungsresistent. *Warum hast du nicht durchgehalten?* Hast du irgendwann vielleicht ein Mal die Kraft für einen endgültigen Neuanfang gefunden, die Kraft, dich von diesem Unhold zu lösen?

Ilse - ich hoffe es für dich...

Sabine - einfach unbelehrbar

Im Frühjahr 1984, ich war bereits im Frauenhaus L., musste eines Tages Sabine vom Bahnhof abgeholt werden. Sie hatte einen Koffer und eine Reisetasche dabei und sah völlig erledigt aus. Ihr langes, blondes Haar war ungekämmt und hing ihr strähnig und wirr über die Schultern, ihr Gesicht war ungewaschen. Es musste sich dem zu Folge um eine völlig überstürzte Flucht gehandelt haben. Ihrem leicht geknickten Nasenrücken nach zu urteilen, hatte sie dort bereits einen Bruch erlitten. *Sabine war gerade ein Mal Anfang Zwanzig, also nur etwas älter als ich selbst!*

Da zu diesem Zeitpunkt in meinem Zimmer gerade ein Bett frei war, kam sie mit zu mir. Sie ließ sich das Bad zeigen, machte sich erst ein Mal frisch und kam dann herüber. Ich holte uns eine Cola und wir setzten uns an das kleine Tischchen. Sogleich erzählte meine neue Kameradin mir ihre Geschichte:

Sabine kam aus F. und war vor Ahmed, ihrem türkischen Lebensgefährten, geflohen. Den hatte sie einige Monate zuvor auf dem Dult kennengelernt. Nach kurzer Zeit war sie bereits mit ihm zusammengezogen - *präzise gesagt:* nach wenigen Tagen!

Ziemlich zu Beginn schon hatte er Sabine gezwungen, ein Kopftuch zu tragen. Er hatte ihr eine Ausgabe des Korans in deutscher Sprache besorgt und obendrein sollte sie die türkische Sprache erlernen. Ihr freies Leben hatte abrupt geendet!

„Kannst du dir das vorstellen?“, platzte Sabine heraus, *„Er wollte im Handumdrehen eine perfekte Türkin aus mir machen!“*

Ja, in der Tat konnte ich mir das vorstellen. Schließlich hatte ich ja selbst vor noch nicht allzu ferner Zeit mit einem Kurden gelebt und in dieser Zeit wahrhaftig mehr als genug bittere Kröten zu schlucken gehabt. Hidirs Gewaltausbrüche standen mir noch mehr als lebhaft in Erinnerung. Fast wäre ich in Bausch und Bogen untergegangen…

„Vor einiger Zeit hat er mir das Nasenbein gebrochen!“, rief Sabine, „Der wurde echt handgemein! Mit dem Knie trat er mir voll vor den Bilderladen! Mann, und ich dösige Kuh hab´ dem Unfallarzt noch erzählt, ich sei mit dem Gesicht voll Karacho gegen eine offene Schranktüre gedonnert! Du hast keine Ahnung, was ich Alles durchgemacht habe…“

„Nun“, erwiederte ich mit erhobenem Zeigefinger, *„lass' mich raten:* Wahrscheinlich hat er dich auch noch mit schöner Regelmäßigkeit vergewaltigt, dich gewürgt und dir ein Messer an die Kehle gesetzt. Er hat dir die Augen marmoriert, dich ständig bewachen lassen und dir verboten, deutsche Musik zu hören. Du durftest nur noch beim Türken um die Ecke einkaufen und keinem Mann mehr in die Augen sehen, sonst hattest du gleich eine fette Abreibung weg. Deinen deutschen Freundeskreis hat er dir rigoros untersagt, damit du dich schneller seinen eigenen Sitten anpasst. *Korrekt?“*

Sabine starrte mich groß an!

„Woher weißt du das Alles?“, fragte sie verblüfft.

„Was glaubst du“, gab ich zurück, „warum ich in einem Frauenhaus bin? Denkst du, die Einzige zu sein, der so Etwas passiert ist? Nein, noch lange nicht. Diese Korsaren sind doch, von wenigen Ausnahmen ein Mal abgesehen, alle gleich gestrickt. Die westlichen Frauen haben sich ihnen mal gefälligst anzupassen - *aber passen sie sich uns an?* Nee, das kannst du getrost vergessen! Vielleicht ändert sich in den kommenden Generationen Etwas. Irgendwann ein Mal wird das wohl auch geschehen. Noch jedoch sind sie zu sehr mit ihren eigenen Sitten verwurzelt. Ich bin meinem kurdischen Bräutigam zwei Tage vor der Hochzeit durchgebrannt, weil er mir ständig an die Gurgel ging. Der ging ab wie ein Zäpfchen! *Was glaubst du, wie viele Tassen Blut ich bereits durch die Nase gespendet habe!* Tja, und bei meiner Flucht hat Hidir mich dann auf der Straße abgeschnappt und mir gründlich das Fell gegerbt. Um ein Haar hätte er mir endgültig die Lichter ausgeblasen! Fünf Männer - *darunter drei Türken, die bereits etwas moderner dachten* - kamen mir glücklicherweise zu Hilfe und retteten mir im wahrsten Sinne des Wortes das Leben. Wenn die nicht gewesen wären, glaube mir - *ich wüsste mittlerweile längst, wie der Sauerampfer von Unten wächst!“*

„Oh…“. Sabine war beeindruckt!

„Glaube mir“, schmunzelte ich, „ich bin genügend qualifiziert in so Etwas. Du hättest mir gar Nichts erklären brauchen. Ich bin da nicht die Einzige. Multikulturelle Beziehungen laufen leider häufig aus dem Ruder.“

Und so begann ich, Sabine von meinem Leben mit Hidir zu erzählen.

Wie wir uns kennengelernt hatten. Von der eigentlich geplanten Scheinehe, von der Hidir jedoch nach kurzer Zeit nichts mehr wissen wollte, da er plötzlich doch eine richtige Ehe mit mir plante. Von den ständig gleichen Mahlzeiten, die fast ausschließlich aus *„Makkarna" (Nudeln mit Tomatensauce)* oder *„Lahmaçun" (türkische Pizza)* bestanden hatten und die mir sehr bald zum Halse heraus hingen. Ich erzählte Sabine von Sybille, meiner ehemaligen Nachbarin, die dank ihres kurdischen Ehemannes satte 90.000,- DM Schulden auf dem Buckel hatte. Eben so von der jungen Kurdin Sibel, einer anderen Nachbarin, die von Ümit, ihrem Ehemann, seit dem Tage ihres Einzuges wie ein wildes Tier in der Wohnung eingeschlossen worden war, in den eigenen vier Wänden ohne jegliche Hilfe nacheinander zwei Söhne geboren hatte und nach mehreren Jahren Aufenthalt in unserem Lande immer noch kein einziges Wort Deutsch beherrschte!

Ich erzählte von den kurdischen Männern, die meiner Spielkameradin Sigrid, meinem Bruder Julian und mir - *noch in unserer Kindheit* - widerliche Pornohefte unter die Nasen gehalten hatten. Ich erzählte Sabine von dem *„Schiefen Kater"*, einem anderen Nachbarn aus unserer Kindheit, der nach einer Schienbeinverletzung, die ich mir zugezogen hatte, angeblich nur meine Wunde einsalben wollte und mir - *einem damals gerade ein Mal elfjährigen Mädel!* - plötzlich mit der Hand unter den Rock gefahren war. Erzählte von der Mutter meiner damaligen kurdischen Klassenkameradin Nilgün, die von ihrem Mann im Korridor ihrer Wohnung brutal zusammengetreten worden war, weil sie zehn Minuten zu spät vom Einkaufen kam...

Sabines Augen wurden groß wie Untertassen!

„Glaube mir", lächelte ich auf ihr staunendes Gesicht, „mit Geschichten von moslemischen Männern kannst du mich nicht mehr so leicht aus den Socken schießen. Das ist die Integration, die nicht statt findet. Hin und wieder funktioniert eine multikulturelle Beziehung, aber glaub´ mir: es ist eher die Ausnahme als die Regel. Im überwiegenden Teil der Fälle passt sich die westlich orientierte Frau nämlich voll und ganz dem Mann aus der Fremde an. Äußerst selten passen sich mohammedanische Männer ihren westlichen Frauen an. Das so Etwas vor kommt, ist so selten wie sechs Richtige im Lotto. Ganze zwei gemischt-kulturelle Beziehungen habe ich kennengelernt, in denen es stimmte. In einem Fall waren es die deutsche

Mutter und der türkische Vater von Filiz, einer damaligen Freundin aus Kindertagen. Dieser Familie war es gelungen, die deutsche und die türkische Tradition miteinander zu verknüpfen. Der Mann hatte sich vollkommen der deutschen Kultur und Lebensweise angepasst. Filiz´ Bruder hieß Markus, hatte also - *im Gegensatz zu seiner Schwester* - einen deutschen Vornamen. Er war zwar nach moslemischer Tradition beschnitten, allerdings waren er und seine Schwester katholisch getauft. Die Eltern überließen den Kindern ganz alleine die religiöse Wahl. Das ist man wahre Gleichberechtigung…"

„Und der zweite Fall?", fragte Sabine gespannt.

„Im zweiten Fall waren es eine junge Türkin und ihr deutscher Ehemann. Sie hatten sich bei der Arbeit kennengelernt, sich ineinander verliebt und heimlich geheiratet. Die Beiden waren ein ganz wunderbares Paar – *und mussten alle paar Monate umziehen, weil die Familie der jungen Frau den Beiden Rache schwor!* Ein Mal hatten irgendwelche Verwandte von Seiten der jungen Frau einen abgetrennten, blutigen Hühnerschädel auf die Fußmatte des Paares gelegt. *Diese Geste sagt ja wohl mehr als tausend Worte!* Ein andermal hatten sie dem jungen Paar abends mit einem schweren Stein eine Fensterscheibe eingeworfen! Das junge Ehepaar musste sich alle paar Monate ein neues Domizil suchen!"

Jööööh - Sabine sagte gar Nichts mehr…

Einige Tage später teilte sie uns mit, dass sie noch ein Mal eine Fahrt nach F. machen müsse, um ein paar wichtige Sachen aus der Wohnung zu holen, die sie vergessen habe. Also fuhr sie los. Abends war sie noch immer nicht zurück. Auch am nächsten und übernächsten Tag noch keine Nachricht von ihr. Wir begannen, uns ernsthaft Sorgen zu machen. Dann stand Sabine plötzlich mit einer Reisetasche vor unserer Türe - *und weiteren Blessuren!*

Sie entschuldigte sich auch gleich für ihr langes Fortbleiben; es sei ihr aber nicht gelungen, eher zu kommen. Entgegen ihrer eigenen Annahme sei Ahmed daheim gewesen. Er habe sie erst ein Mal zusammengeschlagen und erneut in der Wohnung eingesperrt. Das Wohnzimmer, in dem sich das rettende Telefon befand, habe er versperrt, so dass Sabine noch nicht ein Mal habe im Frauenhaus anrufen können. Ahmed habe sie geprügelt, vergewaltigt und ständig überwacht. Es sei ihr fast unmöglich gewesen, erneut zu fliehen.

Wir waren froh, dass Sabine trotz Allem die Flucht gelungen war…

Nach einigen weiteren Tagen im Frauenhaus beschloss sie, erneut zurück nach F. zu fahren. Mit der Begründung, sie habe ihren Regenschirm vergessen!

„Pah, Regenschirm!“, lachte Nellie, „Einen Regenschirm kannst du in der Stadt für ein paar Mark an jeder Ecke kriegen! Willst du dir von diesem Grobian wieder die Fresse bohnern lassen? Willst du wieder Eine auf′s Zifferblatt kriegen? Irgendwann kommst du gar nicht mehr aus dieser Nummer heraus!“

Sabine jedoch schlug die Warnung in den Wind und fuhr dennnoch los. Diesmal ließ sie sich eine ganze Woche nicht mehr blicken…

Dann stand sie erneut mit aufgeschlagener Wange vor unserer Türe. Bei einer Tasse Kaffee betete sie uns die ganze Litanei der Misshandlungen herunter, die sie habe erdulden müssen. Ahmed habe sie bis fast zur Bewusstlosigkeit gewürgt und ihr immer wieder in den Leib getreten. *Sie sei ja so froh, erneut entkommen zu sein!*

„Jetzt bleib′ aber auch hier!“, riet ich ihr, „Sonst gibt er dir irgendwann so dermaßen Einen vor die Schelle, dass du gar nicht mehr in der Lage sein wirst, auch nur nach Hilfe zu krächzen! Ich hab′ dir doch wohl mehr als genug von Hidir und Co. erzählt, oder etwa nicht?“

„Naja“, meinte Sabine kleinlaut, „Ahmed ist halt wahnsinnig eifersüchtig. Wisst ihr… irgendwie muss es aber doch Liebe sein…“

„Sag′ mal“, rief Nellie, „wie minderbemittelt bist du eigentlich noch? Wie viel Pfund Hafergrütze hast du gefressen? Bist du noch ganz zu retten? Was für ein Nesselfieber hast du? *Liebe, ha! Dass ich nicht lache!* Eher fallen die Möwen tot von den Toppen! Träum′ weiter! Wenn du mir einen solchen Extremtypen an den Leib schweißen würdest, würde ich zusehen, dass ich mich ganz schleunigst wieder von ihm los roste! Schau′ dir nur mal Çanan an. Die ist Muslima und außerdem hochschwanger - *und sie hat deutlich mehr Mumm als du!* Was machst du? Du unterwirfst dich diesem Heringsbändiger auch noch freiwillig! Was glaubst du eigentlich, was ein Frauenhaus ist? So eine Art Wellness-Hotel? Wenn es dich so sehr nach deinem Ahmed juckt - *dann bleib′doch ganz bei ihm und nimm´ einer Frau, die wirklich in Nöten steckt, nicht den Platz weg!"* Den letzten Satz hätte Nellie fast geschrien!

Sabine verzog sich reichlich angefressen in unser Zimmer. Später fand ich sie weinend auf der Bettkante vor!

„Du brauchst jetzt nicht zu flennen, nur, weil Nellie ein Wenig lauter geworden ist.", sagte ich, „Aber sie macht sich ernsthafte Gedanken um dich - *und offen gestanden: die machen wir uns Alle!* Dieser Eumel ist es doch gar nicht wert, dass du ihm auch nur eine einzige Träne nachheulst."

„Ich sehe noch immer sein rabenschwarzes Haar vor mir.", schluchzte Sabine jetzt unkontrolliert, „Er hat so wundervolle dunkle Kohleaugen und ein umwerfendes Lächeln. Du solltest ihn mal sehen…"

Wasser - marsch!

„Ja!", fletschte ich entnervt, „Und aller Wahrscheinlichkeit nach ist dieser Hornochse ein wahrer Meistercasanova! *Die reinste Vitaminspritze!* Was hast du denn sonst wohl an ihm gefressen, hm? An seinen sagenhaft vorbildlichen und rücksichtsvollen Manieren dir gegenüber kann es ja wohl kaum liegen! Bist du echt so realitätsfern? *Sein Lächeln, seine Kohleaugen!* Wenn ich das schon höre! Du schmetterst die reinsten Opernarien herunter! *Ahmed hier, Ahmed da, Ahmed dort! Pappalappa!* Ich hab´ deine ständigen Lobeshymnen auf deinen Ahmed allmählich satt! Meine Hacke - *spar´ dir das doch meinetwegen auf für seine Seligsprechung!* Du hast echt einen gepflegten Hau! Sag´, merkst du gar nicht, wie du bei den anderen Frauen ankommst, wie? Du benimmst dich wie eine rindernde Kuh, die dem Stier nachrennt, weißt du das? *Spielst du so gerne Russisches Roulette?"*

Langsam begann Sabine, mir wahrhaftig auf den Wecker zu gehen. Ich war wirklich bedient. Es wäre mir bei ihrem östrogengesteuerten, hirnlosen Gesülze in diesem Augenblick praktisch unmöglich gewesen, so Viel zu essen, wie ich mich hätte übergeben mögen…

Wenige Tage darauf besah Sabine sich meine Tattoos. Sie fragte, ob ich die selbst gemacht habe. Ich bejahte.

Plötzlich fragte sie: „Kannst du mir auch so ein kleines Tattoo pieken?"

„Klar kann ich das.", gab ich zurück, „Was willst du denn haben?"

„Ach", nuschelte Sabine verschämt, „nur ein kleines Herzchen mit den Buchstaben *„S & A"* drin…"

„S & A?", rief ich, *„Du meinst, Sabine und Ahmed?"*

Sabine nickte mit zinnoberrotem Kopf und grinste wie ferngesteuert. Es war eindeutig eine Form von geistiger Umnachtung!

„Ja, spinnst du?", rief ich entsetzt, „Das darf doch jetzt wohl nicht dein Ernst sein! Du bist doch mit dem Klammerbeutel gepudert! Was zum Geier phantasierst du dir jetzt wieder für einen schrankenlosen Dünnschiss zusammen? Sag, hast du noch alle Latten am Zaun? Du scheinst tatsächlich ein Gedächtnis wie ein Sieb zu haben! Hast du schon wieder vergessen, was dieser Mensch dir Alles angetan hat? Den Schiet stech´ ich dir garantiert nicht! *Nee - vergiss´ es man sofort!"*

„Ich bezahl´ dich auch dafür!", flehte Sabine, „Bitte!"

„Nullissimo!"

„Wencke! Bitte!"

„Nee! Vergiss´ es!"

„Zwanzig Mark! Bitte!"

„Ich mach´s nicht!"

„Dann Vierzig!"

„Okay, ich mach´s!"

Also kramte ich Tusche, Nadeln, Nivea-Creme und Taschentücher hervor und bat Sabine, Platz zu nehmen. Sie entblößte ihren Oberarm und überließ sich meinen Händen, ertrug die Schmerzen wahrhaft tapfer! Stolz reichte sie mir anschließend die vierzig Mark und strahlte über das ganze Gesicht!

Selig sind die Bekloppten, dachte ich, denn sie brauchen keinen Hammer…

Wenige Tage später hielt Sabine es nicht mehr aus und packte ihre Koffer und die Reisetasche. Erneut warnten wir Frauen sie vor. Erneut schoss sie unsere Warnungen in den Wind. Erneut ging sie zurück zu diesem Ahmed - *und erneut stand sie wenige Tage darauf wieder vor der Türe des Frauenhauses!*

Wir hatten es kommen sehen!

„Nein, Mädel!", sagte Anke, eine der Vereinsfrauen, „Du bist zu wankelmütig! Glaubst du, du kannst mit uns hier den Molly machen? Verschaukeln und behumsen lassen wir uns hier nicht!"

„Bitte!", jammerte Sabine, *„Er hat mich geschlagen! Ich kann nicht*

mehr! Dieses Mal werde ich bleiben! Garantiert!"

„Nein!", sagte Anke mit fester Stimme, „Für Jemanden wie dich ist hier kein Platz. Du bist hier vollkommen fehl. Das hier ist kein Luxus-Weekend-Hotel, in das du nach eigenem Belieben immer wieder ein- und ausloggen kannst, wie es dir gerade passt. Wir nehmen Frauen auf, die den absolut festen Willen haben, von ihren gewalttätigen Partnern los zu kommen – *und auch möglichst dauerhaft von ihnen fort bleiben wollen!* Du dagegen hast mit deinem Verhalten permanent bewiesen, dass du dazu einfach nicht in der Lage bist. Du willst doch von diesem Radebrech gar nicht weg. Wir haben dir bereits mehrmals entsprechende Chancen ermöglicht und das weißt du auch. Du hast diese Chancen immer wieder mit Füßen getreten. Ein Frauenhaus dient nicht dem Zweck, dass du die Zeit zwischen den Attacken einfach mal so für eine kleine Weile genießen kannst, bis es dich wieder nach einer erneuten Tracht Prügel juckt. Wir sind kein Erholungsheim, das dir eine kurze Entspannungsphase bietet, wenn du mal eine Zeit lang die Nase voll hast. Lieber vergeben wir den freien Platz an eine andere Frau, die entschlossen ist, dauerhaft ihren selbstbestimmten Weg zu gehen und ein gewaltfreies Leben zu leben. Such' dir also eine andere Stelle, wo du unterkommst - *bei uns jedenfalls nicht mehr!* Guten Tag!"

Anke schloss die Türe…

Was bleibt mir noch zu sagen?

Sabine… als der Allvater den gesunden Menschenverstand verteilt hat, warst du wohl gerade Gassi. Das, was du da voller Inbrunst betrieben hast, war keine Liebe, sondern Hörigkeit und purer Masochismus!

Vielleicht aber hat der Große Eine noch eine kleine Portion grauer Zellen für dich aufbewahrt - *damit du endlich ein Mal zur nötigen Einsicht kommst!*

Sabine - geh' deinen Weg, den du für dich am Besten hältst…

Agathe - vom Regen in die Traufe

An Agathe erinnere ich mich selbstverständlich auch noch sehr lebhaft. Sie war einige Wochen vor mir ins Frauenhaus L. gekommen und hatte ebenfalls Einiges durchgemacht. Es waren doch immer der gleiche Mist und die selben Schikanen…

Agathe war nur einige wenige Monate älter als ich und im Nu freundeten wir uns miteinander an. Sie zeigte mir ihre Heimatstadt und half mir, mich in der neuen Umgebung auszukennen. Wir gingen auch hin und wieder gemeinsam shoppen oder in eine nahe gelegene Disco. Agathe war stets fröhlich und lachte gerne. Sie machte nach Außen eigentlich einen recht selbstbewussten Eindruck.

Eines Tages strahlte sie mich an und gestand mir, dass sie frisch verliebt sei. Sie hatte in der Disco einen jungen Mann kennengelernt, Kilian. Tage lang lief sie fröhlich pfeifend und wie aufgedreht durch das ganze Haus, trällerte Liebeslieder, machte sich fein und strahlte buchstäblich von Innen heraus. *Heiliges Kanonenrohr,* dachte ich, *die hat es aber schwer erwischt!*

Agathe stellte mich dann auch bald ihrem neuen Freund vor. Kilian machte auch einen freundlichen, völlig normalen Eindruck. Wir saßen zu Dritt in seiner Wohnung, tranken Cola, unterhielten uns und lachten!

Tage später allerdings verging mir das Lachen gründlich. Agathe begann, ihre Koffer und Taschen zu packen.

„Was machst du denn?“, fragte ich.

„Na, was wohl!“, strahlte Agathe mich an, „Kilian hat mir angeboten, zu ihm zu ziehen. Er ist ein ganz netter Typ, das musst du doch wohl zugeben.“

„Kann schon sein.“, gab ich zur Antwort, „Aber du kennst diesen Menschen doch erst wenige Tage. So genau kannst du das noch gar nicht beurteilen. Bedenke, auch ich habe in der Vergangenheit mehrmals eine solche Fehlentscheidung getroffen und es nachher bitter bereut.“

„Ach!“, lachte Agathe, „Nun mach´ dir man um mich keine Sorgen. Warum sollte das denn nicht klappen? Kilian und ich, wir lieben uns. Das weiß ich doch. So etwas spürt man tief im Bauch.“

„Nun“, gab ich zurück, „das Bauchgefühl kann einen Menschen manchmal ganz gewaltig täuschen. Damals, bei Rudi, einem alten Schulkameraden und Spielgefährten aus Kindertagen, hab´ ich das auch geglaubt. Was war der Endeffekt? Ich bin fürchterlich auf die Schnauze gefallen. Denk´ nur, wir haben früher immer gemeinsam über den Hausaufgaben gebüffelt, mit unseren beiden Schildkröten gespielt, sind Hand in Hand durch die Straßen spaziert, haben Schokolade und Gummibärchen miteinander geteilt. Schon als Kinder waren wir unzertrennlich. Rudi hat jeden Jungen, der gemein zu mir wurde, fürchterlich durchgelassen. Jahre lang zeigte er sich als mein wahrer Freund und treuer Beschützer, der sich für mich einsetzte wie kein Anderer. Doch mittlerweile, Jahre nach unserem Umzug, war er für mich praktisch ja wieder zu *„Mr. Unbekannt“* geworden. Rudi bot mir bei unserem Wiedersehen ganz spontan an, zu ihm zu ziehen. Er hatte mich praktisch aus dem Heim für nichtsesshafte Frauen heraus geholt; ich war davon ausgegangen, er werde sich immer für mich einsetzen, wie in der Kindheit. Schließlich kannten wir uns doch. Aber die Zeiten ändern sich halt. Selbst eine alte Beziehung muss erneut reifen. Wir hatten uns die Zeit, uns erst ein Mal wieder ganz neu kennen zu lernen, einfach nicht gegeben. Er, der ehemals treue, zuverlässige, edle Kamerad, war im Laufe der kommenden Jahre zu einem komplett niederträchtigen, wankelmütigen Menschen geworden, kämpfte nicht mehr, ließ sich nun von seiner Familie gnadenlos nach allen Regeln der Kunst beeinflussen. Was hatte ich letztendlich von dem süßen Zauber? *Peng* - am kommenden Tag saß ich wieder im Wohnheim und hatte meine Lektion gelernt. Es hat mich an Erfahrungen nur bereichert. Dümmer hat es mich jedenfalls garantiert nicht gemacht.“

„Ach, Wencke“, seufzte Agathe, „bei Kilian und mir ist es doch etwas ganz Anderes…“

„Genau!“, unterbrach ich sie, „Etwas ganz Anderes, in der Tat. Rudi und ich hatten eine gemeinsame Kindheit miteinander erlebt und es ging trotzdem in die Hose. Gerade weil wir uns so lange schon kannten, hatte ich geglaubt, ihm vollkommen vertrauen zu können. Du und Kilian dagegen, ihr kennt euch erst wenige Tage. Ich kann dich nur vorwarnen. Du kannst diesen Menschen im Prinzip doch noch gar nicht einschätzen. Klar, er erzählt dir was von Liebe und Zusammensein und es mag auch ohne Weiteres irgendwann ein Mal so kommen… *aber doch nicht schon nach*

wenigen Tagen! Das ist eine vollkommen fixe Idee. Ich hab´ so was doch selbst mehrmals erlebt. Im Augenblick flattern euch Beiden die Schmetterlinge nur so im Bauch herum und der Himmel hängt buchstäblich voller Geigen. Hoffnungslos verliebte Menschen neigen gerne zu Spontanhandlungen. Ich war ja schließlich in der Vergangenheit auch oft genug so ein Greenhorn. Warte erst mal ab, bis die Schmetterlinge ausfliegen und die Geigenklänge die ersten Misstöne hervor bringen. Dann erst wird sich zeigen, ob ihr wirklich aus dem selben Holz geschnitzt und in der Lage seid, an einem gemeinsamen Strang zu ziehen."

Agathe aber tätschelte mir nur begütigend die Schulter, lachte über meine Einwände, packte weiter ihre Koffer und zog tatsächlich zu Kilian…

Zwei Wochen darauf ging im Frauenhaus das Telefon - *Agathe!* Kichernd und lachend erklärte sie mir, sie wolle mich als Trauzeugin haben!

„Wie bitte?", fragte ich mit schnappender Stimme, *„Ja, bist du denn noch ganz bei Trost?"*

„Ja!", kicherte Agathe, „Kilian und ich haben das Aufgebot bestellt! In drei Wochen ist Hochzeit!"

„Wenn das eine Einladung ist", meinte ich, „komm´ ich sehr gerne. Den Blödsinn will ich mir ansehen. Aber deine Trauzeugin mach´ ich niemals. Das kannst du dir aus dem Kopf schlagen. Wann soll es denn statt finden, das große Ereignis?"

Agathe nannte mir das Datum und die Uhrzeit, wann ich mich bei ihr und Kilian in der Wohnung einfinden sollte. Ich notierte es mir. Als ich anschließend in der Gemeinschaftsküche verkündete, was Agathe vor hatte, schlugen meine am Frühstückstisch sitzenden Kameradinnen nur die Hände vors Gesicht und verdrehten die Augen! *Guten Morgen, liebe Sorgen!*

„Die rennt in ihr Unglück!", meinte Nellie, „Das kann ja gar nicht gut gehen…"

„Natürlich geht es nicht gut!", nickte Bettina, „Bin gespannt, wie lange das läuft."

„Ich hab´ sie ausreichend gewarnt!", sagte ich, „Glaubt mir, ich hab´ mein Bestes versucht. Wer nicht hören will, muss fühlen. Nun muss sie halt ihre Erfahrungen machen..."

An besagtem Tag X also stand ich früh auf, machte mich fertig und warf mich für Agathes Hochzeit in Schale. In der Wohnung angekommen, wurde ich von der Familie schon mit einem Sekt empfangen. Agathes Bruder fuhr uns zum Standesamt. Nach wenigen Minuten waren meine Freundin und ihr geliebter Kilian - *knapp sechs Wochen nach dem ersten Kennenlernen* - Mann und Frau!

Danach ging es noch in eine Gaststätte, wo wir mit einer deftigen Mahlzeit und kühlen Getränken bewirtet wurden. Kilian eröffnete mit Agathe den Tanz. Es war eine sehr schöne, gelungene Hochzeit. So Etwas würde ich nicht erleben; ich hatte mittlerweile die Nase gestrichen voll von Männern, ja, ich sah es praktisch nur als eine Frage der Zeit an, bis Agathes Ehe scheiterte. Aber egal; ich hatte mich an diesem Tage ein Mal kräftig amüsiert. Und wer weiß, vielleicht straften die Beiden meine Unkenrufe ja doch Lügen…

Mittlerweile war seit der Hochzeit genau eine Woche vergangen. Ich lag nachmittags auf meinem Bett und strickte. Plötzlich schellte es. Eine andere Kameradin lief schnell hinunter und öffnete. Dann gingen Schritte die Treppe hinauf. Meine Zimmertüre öffnete sich. Agathe stand im Rahmen - *mit ihren Koffern und einigen ganz frischen Blessuren im Gesicht!*

Na klar - es musste ja so kommen!

„Wencke, du ahnst ja nicht, wie Recht du hattest!“, keuchte sie, *„Gleich morgen nehme ich mir einen Anwalt und reiche die Scheidung ein! Hätte ich nur mal auf dich gehört…“*

Ich sprang auf und holte uns einen Kaffee. „Nun lass´ mal hören!“

Agathe saß mit Leichenbittermiene auf der Bettkante und umklammerte krampfhaft mit beiden Händen ihre Tasse.

„Ständig hat er Sex von mir gefordert, wollte permanent nur bumsen!“, stieß sie hervor, *„Wenn es das nicht war, dann war eben die Suppe zu laff, das Ei zu weich oder meine Bekleidung zu gewagt…“*

„Was ist mit dem dicken Schmiss an deiner Augenbraue?“, wollte ich wissen, „Die scheint ja noch brandaktuell zu sein. Wie kam das denn zu Stande?“

„Das ist noch in der letzten Stunde passiert, als ich die Wohnung verließ.

Kilian war reichlich angefressen und hat mir im Jähzorn mit Schwung ein Schlüsselbund ins Gesicht geworfen…“

„Wie nett!“, gab ich zurück, „Aber es nützt jetzt gar Nichts, wenn ich dir sagen würde, ich habe es geahnt. Geschehen ist eben geschehen. Du glaubst, einen Menschen zu kennen, doch wann kennt man einen Menschen schon wirklich? Liebe macht nicht nur blind, sondern offenbar auch noch blöde. Ich hoffe, du bist schlauer geworden. Schau´ jetzt nur nach Vorne, zieh´ die Scheidung durch und vergiss´ diesen Cretin. *Oder besser:* vergiss´ ihn nicht und zieh´ lieber deine Lehre daraus…“

Gleich am kommenden Tag setzte Agathe sich mit einem Anwalt in Verbindung und reichte die Scheidung ein. Ein eigentlich überflüssiger Akt, der im Prinzip nicht nötig gewesen wäre, hätte meine Freundin nur ihr Bauchgefühl ignoriert…

Einige Wochen später war Agathe dann plötzlich verschwunden. Auch ihre Koffer waren fort. Ich fragte bei den Vereinsfrauen nach.

„Ja, sie ist ausgezogen, während du auf dem Amt warst.“, meinte Lucia, eine der Vereinsfrauen.

„Die ist doch nicht so verrückt und geht wieder zu ihrem Kilian!“, rief ich, *„So derart bescheuert kann sie doch wahrhaftig nicht sein!“*

„Nun“, meinte Anke, „so weit ich weiß, hat sie einen neuen Freund, irgend einen Südeuropäer. Spanier, glaube ich. Seit einigen Wochen ist sie wohl mit ihm zusammen. Während deiner Abwesenheit packte sie ihre Koffer, verabschiedete sich und war verschwunden.“

„Mir hat sie mit keiner Silbe was gesagt!“, staunte ich.

„Auf uns hat sie auch nicht gehört.“, erklärte mir Lucia, „Sie stürzt sich in´s nächste Unglück. Aber schließlich ist sie alt genug, um zu wissen, was sie macht…“

Ich verzog mich nach Oben ins Zimmer, holte mein Strickzeug hervor und hing meinen Gedanken nach. Wieso sollte Agathe bescheuerter sein als ich es zuvor war? Hatte ich mich in der Vergangenheit nicht genau so schräg verhalten wie sie? *Hatte ich selbst nicht am laufenden Band eben solche Fehler gemacht?* Vielleicht hatte Agathe, eben so wie es sich bei mir selbst in den letzten Jahren immer wieder zeigte, einfach eine stockpanische Angst vor der Einsamkeit. *Hatte ich also das Recht, Agathe als bescheuert hinzustellen?*

Nein, dieses Recht stand gerade mir am Wenigsten zu. Mehr, als Agathe erneut zu warnen, hätte ich auch diesmal nicht können. Ich hatte keine Angst mehr vor der Einsamkeit, denn Einsamkeit bedeutete nun für mich, meine persönliche, ureigene Freiheit zu genießen, ein autarkes Leben zu führen, eigene Entscheidungen zu treffen, unabhängig zu sein. Agathe dagegen konnte sich mit diesem Gedanken einfach noch nicht anfreunden. Ich hatte es gelernt und sie würde es schließlich auch noch lernen…

Irgendwann rief sie an und wollte mich sprechen. Sie teilte mir mit, sie sei mittlerweile von ihrem neuen Lebensgefährten schwanger. Gleich gab sie mir ihre neue Adresse durch und lud mich zu einer ganz bestimmten Zeit zu sich nach Hause ein. Als ich zur verabredeten Zeit bei ihr eintraf, schenkte sie mir hastig eine Cola ein und meinte, lange könne ich allerdings nicht bleiben. Wenn ihr Freund mitbekäme, dass sie Besuch empfange, gäbe es gleich wieder Bambule. Er sei ja so eifersüchtig. Sie selbst habe mich doch so gerne wiedersehen wollen!

Als ich ihr den Vorschlag machte, wir könnten uns doch gerne außerhalb der Wohnung mal irgendwo in der Stadt treffen, meinte Agathe: „Nein, das geht nicht. Du kannst mich auch nicht anrufen, weil es sein kann, dass mein Freund Rico dran geht. Ich bin schwanger und darum hat er mir untersagt, das Haus zu verlassen. Wenn Rico erfährt, dass ich Besuch von einer Frauenhausfreundin bekommen habe, will ich mir seinen Ausraster gar nicht erst vorstellen. Der flippt völlig aus. Ich kann doch nicht ständig erneut die Koffer packen und verduften. Schon gar nicht mit dem Kind im Leib. *Pass´ auf, wir machen das so:* Ich ruf´ dich an und sag´ dir, wann die Luft rein ist. Du kommst dann runter und wir können uns sehen…“

„Ich mach´ dir einen anderen Vorschlag.“, unterbrach ich Agathe, „Du rufst mich am Besten gar nicht mehr an und gehst künftig deine eigenen Wege. Wenn du dich von diesem Heringsbändiger hast abkochen lassen, ist das dein Problem. Ich schaue mir dieses Desaster nicht länger an. Es gibt genügend Frauen, die sogar mit vier, fünf Kindern ins Frauenhaus gehen. Du dagegen willst es nicht ein Mal während der ersten Schwangerschaft auf die Kette kriegen. Dein Verstand hängt echt weit tiefer als auf Halbmast. Das arme Kind tut mir jetzt schon Leid. Bleib´ du auf deiner eigenen Brigg und ich auf Meiner. Ich halte mich lieber an Frauen, die den nötigen Mumm haben. Du hast es leider nicht. Mach´s gut!“

Damit verließ ich die Wohnung und fuhr in Richtung Frauenhaus, froh, selbst bereits zu Verstand gekommen zu sein…

Monate später erfuhr ich von einer anderen Kameradin, dass Agathe einer kleinen Tochter das Leben geschenkt hatte und einige Zeit nach der Entbindung erneut geflohen war, in ein weit entfernt liegendes Frauenhaus.

Was aus ihr und ihrem Deernchen geworden ist, kann ich nicht sagen. Vielleicht war sie zu Mindest Mutter genug, um die Tochter zu beschützen. *Es wäre schön zu wissen, dass heute nicht noch eine junge Frau unter der Tyrannei eines brutalen Mannes zu Grunde geht!*

Agathe, ich hoffe, das du nicht schneller warst als die Weisheit, die dich jagte. Achte auf dein eigen Fleisch und Blut und lass´ nicht zu, dass dein Mädel untergeht und diesen ganzen testosterongesteuerten Wahnsinn als völlig normal betrachtet!

Agathe... mach´ es nicht gut - *mach´ es besser...*

Agnes - aus dem Wochenbett ins Frauenhaus

Anfang Januar 1984 kam Agnes zu uns ins Frauenhaus L. In der linken Hand trug sie einen schweren Koffer, um die Schulter eine große Tasche - *und im Kinderwagen, den sie schob, schlummerte ihr gerade ein Mal vor drei Wochen frisch geborenes Söhnchen!*

Agnes war nur ein Vierteljahr älter als ich. Sie hatte einen früheren Schulfreund geheiratet und war bald darauf schwanger geworden. Trotz ihres Zustandes hatte sie den gesamten Haushalt praktisch alleine erledigt. Einer musste es ja schließlich tun. Ihr Mann hatte keinen einzigen Finger gerührt. Hätte Agnes sich nicht um das Zuhause bemüht, wäre mit der Zeit unweigerlich alles restlos im Chaos versunken. Kam der Mann von der Arbeit, mutierte er zum absoluten Couch-Potato, der den billigen Fusel deutlich mehr liebte als seine schwangere Frau. Agnes hielt, ungeachtet ihres kugelrunden Bauches, die Wohnung in Schuss, erledigte sämtliche Einkäufe, wusch die Wäsche, bügelte, bekochte ihren Mann und machte den Abwasch. Sie quälte sich bis zur Endphase der Schwangerschaft. Der mittlerweile stark gewölbte Leib hatte die Sache nun wirklich nicht leichter gemacht…

Dann eines Tages - *Agnes war im neunten Monat* - saß ihr Mann vor dem Fernseher und sah sich, mit Bier und Chips bewappnet, ein Fußballspiel an. Ausgerechnet zu diesem Zeitpunkt setzten bei Agnes die Wehen ein. Sie machte ihren Mann darauf aufmerksam.

„Ach“, hatte er gemeint, ohne die Augen vom Bildschirm zu wenden, „geh´ mir jetzt nicht auf den Zeiger…“

Agnes biss also die Zähne zusammen. Die Wehen wurden immer stärker. Sie saß auf der Couch und hechelte tapfer den Schmerz nieder. Dann konnte sie nicht mehr sitzen und tigerte unruhig durch die Wohnung. Plötzlich wurde ihre Hose nass. Sie hatte einen Blasensprung!

„Fred!“, keuchte sie zwischen zwei Wehen, *„Wir müssen in die Klinik! Mein Fruchtwasser ist ausgelaufen!“*

„Nun stell´ dich man nicht so an.“, hatte ihr Mann gesagt, „So schnell geht das auch nicht. Das Kind fällt schon nicht aus dir heraus. Ich schau´ mir jetzt das Spiel zu Ende an und wenn du dann immer noch Wehen hast, fahren wir. *Und jetzt tu' mir einen großen Gefallen:* Nerv' mich nicht!"

Agnes sah, dass es selbst in dieser Extremsituation keinen Zweck hatte, auf ihren Mann zu zählen. Leise keuchend und mit zusammengepressten Lippen schleppte sie die Kliniktasche aus dem Schlafzimmer und stellte sie in den Korridor neben das Telefonschränkchen. Dann rief sie einen Rettungswagen an und gab keuchend ihre Adresse durch. Kurze Zeit später traf Hilfe ein.

Fred staunte nicht schlecht, als plötzlich zwei Sanitäter in der Wohnung erschienen und Agnes mit samt Tasche nach Unten eskortierten!

Er riss die Pupillen vom Fernseher los, schraubte sich aus dem Sessel, schlüpfte hektisch in seinen Mantel und begleitete widerwillig seine schwangere und mit mittlerweile heftigen Wehen kämpfende Frau im Rettungswagen in die Klinik. Wenige Stunden später war Sebastian, der Sohn, geboren!

Doch an Statt seiner Frau für den gesunden, schneidigen Stammhalter zu danken, zischte der frisch gebackene Vater nur: „Und für diesen kleinen, winzigen Mickerling verkackst du mir das Fußballspiel…"

Ja, was hatte dieser Tausendsassa denn erwartet - *einen Zwei-Meter-Giganten?*

Nachdem Fred endlich den Segen eines Sohnes zur Kenntnis genommen hatte, verabschiedete er sich und fuhr wieder Richtung Heimat…

Wenige Tage später holte Fred dann Frau und Sohn ab. Kaum daheim angelangt, schlug Agnes entsetzt die Hände über dem Kopf zusammen: *Überall in der Wohnung verstreut lagen die Männerhemden, Socken und Unterwäsche! Der Wohnzimmertisch war großzügig mit Bierbuddel und Chipskrümel dekoriert! In der Spüle türmte sich das schmutzige Geschirr!*

Agnes holte erst ein Mal tief Luft. Dann versorgte und wickelte sie den kleinen Sebastian, legte ihn in sein Kinderbettchen und machte sich gleich daran, in der Wohnung einigermaßen Ordnung zu schaffen. Während des Spülens wäre sie, geschwächt durch die Nachwirkungen der Geburt, fast umgekippt. Nur mit äußerster Mühe gelang es ihr, sich auf den Beinen zu halten!

Gleich am nächsten Tag ging sie wieder einkaufen. Im Anschluss daran stellte sie die Waschmaschine an, versorgte das Neugeborene, quälte sich mit zitternden Knien hinauf auf den Speicher und hängte dann noch die

Wäsche auf. *Fred dagegen schien seinen neugeborenen Sohn lediglich dann zur Kenntnis zu nehmen, wenn er schrie!* Wie selbstverständlich erwartete der Vater, dass seine Frau ihren Pflichten nachkam. So lange Agnes klaglos den gesamten Kram erledigte und er ungestört weiter seinen heiß geliebten Fusel schlürfen konnte, war für ihn offenbar doch Alles in Butter!

TIMEX - hau´ drauf und sie tickt weiter…

Drei Wochen nach der Entbindung hielt Agnes es nicht mehr aus und irgendwann, nach einem weiteren Tag voller endloser Plackerei, platzte ihr endlich der Kragen!

„Fred!", schrie sie, *„Wenn du dich nicht ein Wenig anstrengst und mithilfst, werde ich mit dem Kleinen gehen! Dann hast du die längste Zeit eine Familie gehabt!"*

„Ja, okay…", murmelte Fred, „…dann tschüssi…"

„Fred!", brüllte Agnes ihrem Mann entgegen, „Ich meine es Ernst! Es geht nicht mehr, zum Henker noch mal! Ich reiß´ mir hier den Arsch auf für dich und den Kleinen, aste mich ab wie die letzte Eselin - *und du Rindvieh kriegst deinen faulen Kadaver einfach nicht hoch!* Wer hat die Geburt durchgestanden - *du oder ich?* Sie war nun weiß Gott schon mehr als anstrengend genug! Du kannst dich auch mal nützlich machen! Ich racker´ mich hier ab und klappe fast zusammen! Dir dagegen kann man echt beim Laufen die Schuhe besohlen! Mach´ so weiter und du bist uns bald los!"

Fred erhob sich von der Couch und stellte sich grinsend vor seine Frau!

„Hör´ mal, Deernchen!", grinste er, vom Alkohol benebelt, „Komm´ mir nicht frech! Geh´ mir ja nicht auf die Klöten! Du willst Sebastian? *Ich mach´ dir einen anderen Vorschlag:* Bleib´ noch ein paar Monate. Ich schwänger´ dich ein zweites Mal. Wenn du den Balg dann geworfen hast, behalt´ ich ihn. Dann kannst du Sebastian ja meinetwegen mitnehmen!"

Agnes starrte ihren Mann ungläubig an. *Das konnte doch wohl jetzt nicht sein Ernst sein!*

In diesem Moment wusste sie, dass ihre Ehe endgültig nicht mehr zu retten war. Gleich am kommenden Tag, nachdem Fred das Haus verlassen hatte, packte sie ihre Koffer und Taschen, rief im Frauenhaus an, fuhr mit Kind und Kegel zum vereinbarten Treffpunkt und ließ sich aufnehmen!

Bei uns konnte sich Agnes endlich ein Mal erholen und blühte, dank der tatkräftigen Unterstützung der anderen Kameradinnen, richtig auf. Wenn sie ruhen wollte, versorgten wir abwechselnd den kleinen Sebastian. Langsam kam Agnes wieder zu Kräften, war auch nicht mehr so hohlwangig. Sie reichte die Scheidung ein und fand auch bald eine eigene, gemütliche Wohnung, die sie liebevoll einrichtete. Sie wohnte jetzt nur wenige Fußminuten von unserer Wohnung entfernt,. Ich lebte ja mittlerweile mit Heinrich, meinem künftigen Ehemann, zusammen. Agnes und ich blieben in engem Kontakt. Sie wurde später bei meiner eigenen Hochzeit die Trauzeugin. Als sie eine Putzstelle fand, übernahm ich die Rolle des Babysitters. Es lief wirklich super!

Wir besuchten uns gegenseitig recht häufig. Doch dann, irgendwann, gab es zwischendurch mal eine kleine Funkstille. Nicht sehr lange, nur etwa eine Woche. Dann stand Agnes mit Sebastian vor unserer Türe und lud mich ein, auf Kaffee und Kuchen zu ihr hinüber zu kommen; sie habe mir einen echten Knaller zu erzählen!

Kaum saßen wir Beiden auf Agnes´ Couch, erzählte sie mir, sie habe vor Kurzem einen jungen Mann kennengelernt und sich sofort in ihn verliebt. Der junge Mann habe auch gleich auf Anhieb sehr lieb mit dem kleinen Sebastian im Sandkasten gespielt.

„Davon hast du mir ja gar nichts gesagt!“, rief ich lachend.

„Nun“, meinte Agnes schmunzelnd, „weißt du, Wencke, jede Frau hat halt irgend ein kleines Geheimnis…“

„Und jetzt tut ihr euch zusammen!“, schmunzelte ich zurück.

„Nee!“, rief Agnes, *„Ich bin heilfroh, dass ich diesen Schieter wieder los bin! „*

„Nanu! Was ist denn geschehen?“, wollte ich wissen.

Und so erzählte mir Agnes, was sich in der Zwischenzeit abgespielt hatte:

Sie hatte den jungen Mann mehrere Male gesehen. Er hatte ihr seine Wohnung gezeigt, eben so wie sie ihn zu sich eingeladen hatte. Die Beiden waren sich näher gekommen. Mit dem kleinen Sebastian schien sich der neue Freund bombig zu verstehen. Dann hatte er plötzlich den Vorschlag gemacht, Agnes solle doch mit dem Sohn ganz zu ihm ziehen. Seine eigene Wohnung sei doch um Einiges größer als ihre. Agnes packte ihre Sachen und zog tatsächlich mit Sebastian zu ihrem neuen Freund. Da sie aber ein gebranntes Kind war, gab sie ihre eigene Wohnung nicht auf. Ihr Freund ahnte Nichts davon. Ihm hatte sie nämlich, um ihn auf die Probe zu stellen, erzählt, der Vermieter habe ihre Möbel bereits auf den Sperrmüll geschafft. Es war ihr Glück, dass sie die Wohnung nicht gekündigt hatte!

Nur wenige Nächte später nämlich war der neue Lebensgefährte dann endgültig von Sebastians Gebrüll genervt. *„Man kann nicht ein Mal mit Genuss vögeln, ohne dass der kleine Schreihals ständig dazwischen plärrt! Nee, mein Deern - das hab' ich mir aber anders vorgestellt!"*

Lange fackelte er nicht. Mit Sack und Pack hatte er Agnes und den Kleinen noch mitten in tiefster Nacht wieder auf die Straße gesetzt!

Agnes hatte den Koffer geschnappt, war mit ihrem Sohn zur nächsten Telefonzelle marschiert und hatte ein Taxi kommen lassen, das sie wieder zu ihrem eigenen Domizil brachte. *Sie war heilfroh, die Wohnung nicht überstürzt aufgegeben zu haben!*

Monate später lernte sie einen neuen Partner kennen. Sie wurde erneut schwanger und gebar Sandra, ihre Tochter. Die Heiratsabsichten ihres Freundes lehnte sie vehement ab. Sie hatte sich mehr als genug die Finger verbrannt…

Später zogen Heinrich und ich fort in einen anderen Vorort. Dadurch verloren Agnes und ich uns im Laufe der Zeit aus den Augen. Sie hatte nun ja auch zwei Kinder und ebenfalls genug mit sich und der Familie zu tun. Im Telefonbuch steht sie ebenfalls nicht mehr und ich gehe davon aus, dass sie mittlerweile doch wohl verheiratet sein dürfte…

Agnes - du bist schlau wie ein Fuchs und warst stets eine Pfundsdeern. Bleib, wie du bist. Es war einfach immer klasse mit dir! Halt' auch in der Zukunft die Ohren steif...

Karin - der gebrochene Arm

Unter den Frauen, die mir bei meiner Ankunft im Frauenhaus L. sofort auffiel, war Karin. Sie war ebenfalls gerade ein Mal einundzwanzig Jahre jung und trug den rechten Arm in Gips. Als ich am kommenden Tag mit ihr ins Gespräch kam, erklärte sie mir, dass sie praktisch aus der Klinik unmittelbar ins Frauenhaus geflohen war!

Mit gerade ein Mal Neunzehn hatte sie ihren Mann kennengelernt, einen Einundvierzigjährigen. Er musste zu Beginn auch sehr nett und charmant gewesen sein. Spritztouren im Auto, Tanzen, niedliche Präsente. Halt eben die gewohnte Masche. Ihre Eltern hatten sie bereits vorgewarnt. Dieser *„Sandkasten-Reiter"* sei doch Etwas mehr als doppelt so alt als sie; das könne einfach nicht gut gehen. Nach einem Jahr hatte sich Karin, entgegen aller Warnungen, auf eine Ehe mit diesem Mann eingelassen. Die Beziehung hatte sich auch nach kurzer Zeit zu einem absoluten Desaster entwickelt.

„Was ist geschehen?", wollte ich wissen.

„Nun", antwortete Karin, „er wollte aus mir die absolut perfekte und gefügige Mega-Hausfrau machen. War der Rinderbraten ein Wenig zu fade, krakeelte und giftete er schon herum. Waren die Nudeln nicht ganz al dente, meuterte und motzte er mich zusammen. Schmeckte ihm mein Kaffee nicht, schiss er mich gleich in Grund und Boden…"

„Na", lachte ich, „den Rinderbraten hätte ich ihm aber vor die Flunken geklatscht!"

„Da kennst du meinen Mann aber nicht!", schnaubte Karin, *„Was glaubst du, was der mit dir gemacht hätte?* Der hätte dir dermaßen Eine gedröhnt, dass du sechs Paar Socken gebraucht hättest, um zu bremsen! *Durch den Fleischwolf gedreht hätte er dich!* Der geht ab wie Rumpelstilzchen, glaube mir! Aber volle Möhre! Am Schlimmsten war es, wenn ich Bügelwäsche hatte. Die fiel praktisch ständig an. *Ich zitterte jedes Mal, wenn ich die Wäsche nur schon abnahm!* Es spielte auch keine Rolle, ob es sich um eine Jeans, ein T-Shirt oder ein Oberhemd handelte. Die Bügelfalten mussten hundertprozentig perfekt sein. Ein Knitterchen zu Viel - *und zack, schon gab's Einen zwischen die Hörner!* Selbst seine

Schlüpfer wollte dieser Korinthenkacker gebügelt haben! *Kannst du mir bitte sagen, wer seine Schlüpfer gebügelt haben will?* Dieser Schietkerl pupste hinein, kaum, dass er sie an hatte, hinterließ bildschöne *„Brotstempel"* und verlangte dann eine neue Unterhose. Fast tagtäglich musste ich die verschissenen Dinger waschen. *Nee, der wollte herum laufen wie aus dem Ei gepellt!* In der Wohnung war er auch so ein Pedant. Die Couchkissen mussten eine perfekte Mittelfalte haben und nach einem ganz bestimmten Schema angeordnet sein. Zwei Mal wöchentlich wollte er ein frisches Bettlaken haben wegen seiner nächtlichen Schmierereien. Der wollte einen Stall voller Kinder. Du weißt, was ich meine. Fast allnächtliches Gerammel. Mit Liebe hatte das Nichts zu tun. Es waren reine Deckakte. Die Schuhe im Korridor hatten zu glänzen und mussten exakt in einer geraden Reihe stehen. Ein Mal täglich hatte ich zu staubsaugen, selbst, wenn es noch so blitzend sauber war. Dieser Erbsenzähler erwartete von mir, einer gerade mal Zwanzigjährigen, die Kenntnisse und Fähigkeiten einer Vierzigjährigen!"

„Und das hast du Alles mitgemacht?", staunte ich.

„Anfangs ja. Ich hatte doch nicht umsonst geheiratet; schließlich liebte ich diesen Mann doch und wollte, dass er stolz auf mich ist. Irgendwann aber konnte ich nicht mehr und gab die ersten Widerworte. Da hat dieser Ziegenbock mir zum ersten Mal Eine rein gedonnert, mitten ins Zifferblatt hinein! *Ab ging die wilde Luzi!* Seitdem wurde es immer schlimmer. Immer schneller und öfter gingen die Gäule mit ihm durch. Dem ging alles Mögliche auf die schwarzbraunen Haselnüsse. Er wollte mir jegliche Widerworte ausprügeln, mich komplett zu einem perfekt gedrillten Weibchen umpolen. Immer wieder sagte er mir, seine erste Frau sei noch längst nicht so dämlich gewesen als ich. Bei jeder neuen Prügelattacke hielt er mir vor, ich sei ja der absolute Gipfel der Dämlichkeit…"

„Warum ist dieser Goldfasan denn nicht bei seiner ersten Frau geblieben?", fragte ich.

„Ach, weißt du", seufzte Karin, „das wäre er vermutlich - *wenn sie ihm nicht auch desertiert wäre!* Die war immerhin fast in seinem Alter und weit weniger grün als ich…"

„Soso!", nickte ich wissend, „Dann hat dieser Attrappenfürst sich eben lieber an ein ahnungsloses junges Deern heran gemacht, in der Hoffnung, es nach seinem eigenem Gusto formen zu können! Er brauchte für seine

Zwecke praktisch ein Kind. Ein junges, unwissendes Ding, möglicht mit noch geringer Hirngrütze, das seinen persönlichen Bedürfnissen entspricht und noch in voller Jugendblüte und knackig dazu ist. Einen frisch aufgebrühten, hauseigenen *„Ersatzkaffee"* so zu sagen…"

„Genau so sieht es aus! Du hast es erfasst, Sherlock!"

„Wie lange hast du das genau durchgehalten, bis du auf den Trichter kamst, ihn zu verlassen?"

„Fast ein Jahr."

„Hättest du nicht zu deinen Eltern gehen können?", fragte ich.

„Das habe ich auch noch vor, so bald dieser Klugscheißer aufhört, ständig das Haus meiner Familie zu belauern. Das ist nämlich garantiert der erste Ort, wo diese Honks dich suchen. *Die ist doch bestimmt bei Mama und Papa!* Den hat echt der Esel im Galopp verloren, das kannst du mir glauben. *Der hat doch wohl wahrhaftig eine ranzige Großmutter!* Seit zwei Wochen taucht mein Ex in der Straße meiner Eltern auf, belauert das Wohnhaus und startet alle Nase lang und zu den unmöglichsten Zeiten Telefonterror, in der Hoffnung, mich persönlich am Apparat zu erwischen. *Zum Donner - meinetwegen soll er seinen Kopf ins Klo stecken und abziehen! Mich kriegt er trotzdem nicht zurück!* Wenn ich jetzt einige Zeit hier im Frauenhaus bin, wird er irgendwann merken, dass es sinnlos ist, mich weiter bei den Eltern zu suchen. Über Kurz oder Lang gibt dieser Hornochse auf, spätestens, wenn er ein neues Opfer hat. Mit meinen Eltern ist meine Rückkehr auch schon abgesprochen. Nur müssen wir halt warten, bis er aufgibt."

Was die für ein Glück hat, ratterte mir durch den Kopf. Ich dachte an mein eigenes Elternhaus. An meine Mutter, die mich frühzeitig als Versagerin aufgab, mich fallen ließ und eiskalt und überfordert von sich schob. An meinen Vater, der sich trotz aller Liebe zu mir nicht in der Lage sah, sich gegen seine dominante Ehefrau zu behaupten. *Andererseits:* Selbst wenn ich diese Möglichkeit gehabt hätte, wäre es absolut nicht die optimale Lösung gewesen. Alles, was es mir aller Wahrscheinlichkeit nach eingebracht hätte, wäre eine erneute überstürzte Flucht in eine nächste unselige Beziehung gewesen…

Auch dachte ich an Frederik, meinen letzten Ex. Bei ihm hatte ich mich ebenfalls wie ein Gaucho fast rund um die Uhr halb lahm geastet und mich von ihm und seiner Mutter buchstäblich verheizen lassen. Hätte es in meinem eigenen Elternhaus gestimmt, säße ich jetzt mit Sicherheit nicht in einer mir noch völlig fremden Stadt im Frauenhaus. *Nein - es wäre gar nicht erst zu einer solch desolaten Beziehung gekommen!*

„Wie hat er dir den Arm gebrochen?", wollte ich nun wissen.

„Ja, weißt du, Wencke", seufzte Karin, „das geschah, als er mich nach einem Streit im Jähzorn die Treppe hinunter stieß. Der fuhr einen regelrechten Komplett-Aussetzer-Boogie! Bei dem Sturz brach ich mir den Arm. Zum Glück hatte eine Nachbarin gut geschaltet und rief den Notarzt, der mich dann umgehend in die Klinik einweisen ließ..."

„Und dein Mann?", fragte ich.

„Was soll mit ihm sein?", meinte Karin, „Der Macker wurde festgenommen und auf's Präsidium gekarrt. *Tataaa* - jetzt hat er eine Anzeige wegen schwerer Körperverletzung am Bein hängen!"

„Ein reizendes Kerlchen...", murmelte ich, „...wie edel..."

„Ins Krankenhaus traute diese Mogelpackung sich nicht.", nickte Karin, „Wenigstens dort hatte ich Ruhe vor ihm. Nachdem mein Arm operiert, geschient und gegipst war, ließ ich den Stationsarzt meine Eltern verständigen. Die kamen auch regelmäßig, brachten mir frische Sachen mit und boten mir auf der Stelle an, wieder ins Elternhaus zurück zu kommen. Mein Mann konnte sich ja denken, dass sie mit mir in Verbindung standen. Dieser feige Hund traute sich gar nicht erst in die Klinik, schiss sich wohl fast ein aus Angst, dort meinem Vater vor die Flinte zu laufen. Der hätte nämlich in diesem Moment garantiert Labskaus aus ihm gemacht!"

„Wie ging es weiter?", brannte ich vor Neugierde.

„Ja, also", sagte Karin, „der Stationsarzt hatte mir dringend angeraten, ins Frauenhaus zu gehen. Ich war einverstanden und er setzte sich für mich auch umgehend mit den Vereinsfrauen in Verbindung. An meinem Entlassungstag rief ich, noch von der Klinik aus, die Polizei an und erklärte dort meine Lage. Ich bestellte einen Streifenwagen zur Klinik, weil meine ganzen Plünnen noch in der ehelichen Wohnung waren. Ich musste doch Koffer packen, traute mich allerdings aus verständlichen Gründen nicht alleine dort hoch. Die Beamten holten mich also mit der Streife ab, fuhren mich zur Wohnung. *Meinem Mufti klappte fast die untere Kauleiste herunter, als er hinter mir die Polizeibeamten auftauchen sah!* Einer der Beamten stellte sich ihm sofort in den Weg und drängte ihn von mir ab. Der andere Kollege holte mir die Koffer und Taschen vom Schrank.

Ich reichte ihm mit der linken Hand die Plünnen an und er legte sie hinein. Als Alles gepackt war, trugen er und sein Kollege die Brocken hinunter. Da ich eine panische Angst vor meinem Mann hatte, ging ich vor. *Dieser Auerochse stand fassungslos im Korridor und sagte kein Wort! Nur seine Hosenbeine flatterten wie Fahnen!* Die Polizeibeamten brachten mich mit dem Streifenwagen dann umgehend zum Frauenhaus. Tja - da bin ich nun, erhole mich und warte ab, bis mein Mann es aufgegeben hat, bei meinen Eltern nach mir zu suchen. Dann werde ich zu ihnen zurück kehren. Meinetwegen kann dieser verkommene Macker sich selbst ehelichen und seine eventuellen Nachkommen dann nach eigenen Muster stricken. Mich kriegt er jedenfalls nicht mehr vor die Harpune. Denn was die Scheidung anbelangt - *die läuft bereits!"*

Wenige Wochen später wurde Karin dann von ihren Eltern mit dem Wagen abgeholt. Ihr Mann hatte mittlerweile die laufende Scheidung akzeptiert. Er hatte bereits ein neues, grünes Fischlein im Netz…

Karin - ich hoffe, dass du in der Zukunft gut auf dich aufpasst und nicht noch ein Mal einen solchen Fehler begehst. Du hast ein super Elternhaus. *Sei stolz auf deine Familie!*

Genieße deine wiedergewonnene Freiheit in vollen Zügen…

Julla - jetzt wird gefeiert!

Seit gerade ein Mal einem Tag befand ich mich im Frauenhaus M. und erholte mich von den Gewalttätigkeiten Hidirs, als Julla, eine attraktive Enddreißigerin, mit zu mir auf's Zimmer gelegt wurde.

Auch sie hatte den etliche Jahre andauernden, ehelichen Supergau durchgestanden. Sie kannte es bereits aus der unseligen Ehe ihrer eigenen Eltern und aus den Beziehungen einiger Anverwandter, in denen es schon nicht viel anders zugegangen war…

Julla hatte sehr früh geheiratet und die Jugend war praktisch wie ein D-Zug an ihr vorbei gerauscht. Viel zu schnell hatte sie erwachsen werden müssen. Ihr Angetrauter, dem sie aus Nordeuropa nach Deutschland gefolgt war, hatte mit schöner Regelmäßigkeit mit einer dicken Holztrumm auf sie eingedroschen, sie vergewaltigt *(das scheinbar absolut perfekte Mittel für zerebrale Grenzdebile, um eine Frau zu erniedrigen)* und ständig herunter geputzt. Wegen ihrer beiden Söhne war sie geblieben. Nun waren die Beiden im Teenageralter, kamen gut klar. Sie waren fast erwachsen und gingen bereits weitgehend ihre eigenen Wege. Julla zog ihrem brutalen, tyrannischen Ehemann gegenüber die letzte Konsequenz; sie hatte keinen gesteigerten Bedarf, sich weiter in die Knie zwingen zu lassen und langsam an ihrer unseligen Ehe zu krepieren. Also zog sie zu uns ins Frauenhaus und ließ diesen ehelichen Kriegsschauplatz endgültig hinter sich…

Julla reichte nach wenigen Tagen die Scheidung ein. Zu diesem Ereignis nahm sie mich mit, einfach um mir von Vorne herein - *für den Fall der Fälle* - zu zeigen, wie so Etwas von Statten geht. Als wir die Anwaltskanzlei verließen, wirkte meine Kameradin irgendwie richtig erleichtert und beschwingt!

Julla redete ziemlich frei, so, wie ihr der Schnabel gewachsen war. Es war einfach ihr Naturell.

„Fang' am Besten gar nicht erst eine ernste Beziehung an", pflegte sie mit ihrer offenen Redeweise und ihrem putzigen Dialekt immer zu sagen, „dann bist du garantiert auf der richtigen Seite! Der einzige Reiz an diesen

Stümpern ist ohnehin nur der Brechreiz!"

Sehr viel treffender hätte ich es zu diesem Zeitpunkt auch nicht formulieren können…

Eines Abends wollte sie einen Kneipenbummel machen und fragte, ob ich Lust hätte, mitzukommen. Vielleicht gäbe es ja eine Tanzgelegenheit und ein wenig sonstige *„Abwechslung"*. Ich antwortete ihr, dass ich noch längst nicht mit Hidir fertig sei. Mir war wirklich nicht mehr nach Männern. Ich hatte zu diesem Zeitpunkt wirklich die Schnauze weit mehr als gestrichen voll von diesen Haudegen, die letztendlich ja doch Alle nach der gleichen Masche gestrickt schienen. Daher sagte ich Julla auch, dass ich lieber im Frauenhaus bleiben wolle.

„Wencke…", seufzte Julla, „…ich hab´ das schon mitbekommen, dass du immer nur hier herum hockst. Raus gehst du doch praktisch nur, wenn du dir deinen Scheck vom Sozialamt holst oder zum Großeinkauf. Wie lange willst du dich denn noch hier in diesen Mauern verschanzen? Irgendwann schlitterst du in eine ausgewachsene Depression hinein. Die ersten Grundzüge dazu zeigst du bereits. Mädel, du wirst nie über diesen Hidir weg kommen, wenn du so weiter machst. Sei´ kein Puttchen! Gib´ deinem Herzen einen Stoß! *Geh´ raus auf die Piste, feier´ und hau´ mal so richtig auf den Putz!* Das Leben ist einfach viel zu kurz, als dass du es dir von einem einzelnen Kerl vergällen lässt. Und schließlich lebst du nur ein Mal. Wenn du dich jetzt permanent hier im Frauenhaus verschanzt, wird sich dieser Schock noch steigern. Mensch, Deernchen… *du siehst doch verdammt nicht übel aus!* Niemand spricht von einer Dauerbeziehung. Aber wenigstens ein klein wenig Normalität solltest du doch zulassen. *Rausgehen, flirten, tanzen, das eine oder andere hyggelige Wuscherchen!* Nur dazu taugen diese Nullnummern! Vielleicht glaubst du es mir im Moment noch nicht, aber nur so kommst du von diesem Albtraum Hidir runter. Wenn du beschmutzt bist, schrubbst du dir doch auch den Dreck vom Körper. *Schrubb´ dir diesen Hidir aus der Seele!* Glaube mir, der Effekt ist der Gleiche!"

Alles klar; ich hatte verstanden. Schnell hatte meine Freundin mich überzeugt. Ich schlüpfte in mein Minikleid, zog mir meine Fransenwildlederstiefel an, kämmte und schminkte mich. Julla strahlte wie ein Waschbär und schob mir beim Hinausgehen noch zwei Kondome in die

Hand. In weiser Voraussicht hatte sie sich bereits einen kleinen Vorrat besorgt.

„Nur zur Sicherheit...“, kicherte sie, *„...lieber ein erregter Unbekannter als ein unbekannter Erreger!“*

Ja, in der Tat, denn ohne Kondom ist es wirklich Russisches Roulette...

Wir gingen also hinüber in die Seitenstraße, zu einer gemütlichen Eckkneipe mit dem Namen *„Hüpfendes Komma“*. Dort setzten wir uns an einen einsamen Tisch, bestellten Cola und Persico und lauschten den Klängen der Jukebox. Nach einiger Zeit kamen zwei Männer zu uns an den Tisch und fragten, ob sie sich zu uns setzen dürften. Knud war Ende Vierzig und verheiratet, sein Stiefsohn Lasse Anfang Zwanzig. Die Beiden waren Dänen. Julla und ich rückten zusammen und machten den Beiden Platz. Wir unterhielten uns nett, lachten, drückten an der Jukebox Platten und tanzten mit den beiden Männern. Knud musste seinem Stiefsohn ins Dänische übersetzen, denn Lasse verstand kein Wort Deutsch. Der junge Mann war noch nicht sehr lange in unserem Lande. Tanzen dagegen konnte er ziemlich gut. Unsere Pupillen saugten sich aneinander fest. Lasse mit seinen eisblauen Augen hatte einen echt magischen Blick. Julla lag bereits in Knuds Armen. Die beiden Nordmannen hielten uns großzügig aus und übernahmen auch unsere ersten Getränke. *Skål!* Leicht angesäuselt verließen wir im Vierer-Pulk das *„Hüpfende Komma“*!

Wir spazierten durch die laue Sommernacht, spielten Verstecken, alberten und kicherten wie die Teenager. Plötzlich waren Julla und Knud verschwunden. Lasse und ich riefen nach den Beiden. Keine Antwort. Hand in Hand suchten wir weiter. In einer winzig kleinen Seitengasse ließ sich auf ein Mal ein leises Keuchen und Stöhnen vernehmen. Das waren ganz eindeutig Julla und Knud! An einem niedrigen Mäuerchen sahen wir sie auch schon. Julla befand sich in inniger Umarmung mit Knud. Sie holte einfach die Jugend nach, die sie nie hatte. Knuds helles, wippendes Gesäß leuchtete im Licht des Vollmondes wie ein weißer Ballon!

„Was ist?“, keuchte Julla verklärt, *„Seid ihr etwa zu feige?“*

Knud musste seinem Stiefsohn ins Dänische übersetzen. Lasse und ich sahen uns tief in die Augen. Der junge Bursche zog mich sanft hinter einen großen Busch, der wenige Meter entfernt stand. Ich griff in die

Tasche, reichte Lasse ein Kondom. Er akzeptierte es. Es war traumhaft und voller Zärtlichkeit…

Nun trafen wir uns abends öfter mit Knud und Lasse. Wir tranken und tanzten, redeten, spazierten durch das späte Abendrot, küssten und umarmten uns, machten Scherze und wurden in unserer neu gewonnenen Freiheit wieder zu Teenagern. Julla und ich wollten ja auch schließlich keine feste Beziehung mehr. Das, was wir hatten, genügte uns. Man muss die Happenings feiern, wie sie fallen. Dazu gehörte halt auch ein wenig Zärtlichkeit. Es war herrlich, in inniger Umarmung mit dem Geliebten auf einer Parkbank zu sitzen und schweigend und voller Ehrfurcht das Wunder des Sonnenunterganges zu bestaunen, bis uns die Tränen in die Augen stiegen. Wenn es dunkel wurde, gaben wir uns in einem stillen Winkel der Liebe hin. Schließlich waren wir ja nicht aus Holz. Es war eine einfach phantastische Zeit…

Einige Zeit später erwischte mich eine dicke Grippe. Mit ordentlichem Fieber und einem sehr gediegenen, ausgeprägten Schüttelfrost lag ich in unserem Zimmer unter den Daunen, schwitzte wie ein Rennpferd und klapperte mit den Zähnen. Julla war im „Hüpfenden Komma“ zu einem Treffen mit Knud unterwegs. Eigentlich wollte sie geblieben sein, um mich zu umsorgen, doch ich sagte ihr, das sei schon in Ordnung. Die übrigen Kameradinnen betreuten mich, brachten mir abwechselnd heiße Suppe, Tee und Zwieback. Die meiste Zeit des Tages verschlief ich im Fiebertran.

Plötzlich setzte sich Jemand neben mich auf´s Bett. Ich schreckte aus dem Schlaf. Dieser Jemand war Julla. Frech schmunzelte sie mich an!

„Was´n los?“, nuschelte ich krächzend.

„Was soll schon sein?“, griente Julla und zuckte mit den Schultern, „Ich hab´ Knud den Laufpass gegeben!“

„Was?“, fragte ich erstaunt, *„Nee! Sag´ bloß, vor allen Leuten?“*

„In der Tat, vor versammelter Mannschaft!“, gackste Julla, „Der Lümmel wurde mir einfach zu frech. Es ist doch echt zum Mäuse melken mit den Mannsvölkern! Ständig meutern sie nur herum! *Kannst du dir das vorstellen:* Knud wollte die Treffen mit mir bereits selbst bestimmen, wollte jetzt schon höchstpersönlich festlegen, wann gefälligst ich mich wo mit ihm zu treffen habe! *Der hat doch echt Motten im Sack!* Lässt voll den Gollum raushängen! Dreist, nicht wahr? Diese Sprotte ist ja die Pest! *Den kannst du echt in die Fritten kloppen!* Was für Schoten lässt er wohl als Nächstes platzen?"

„Er wird das schon verschmerzen.", rasselte ich, „Es gibt doch genügend andere Frauen, die er als Samenaborte und Spucknäpfe benutzen kann. Jetzt hockt er wahrscheinlich bei seiner treuen Angetrauten und zieht eine lange Schnute…"

„Nej!", schmunzelte Julla, „Dieser Tausendsassa hockt im *„Hüpfenden Komma"* und stemmt noch ein paar ordentliche Brote. Er will mich jetzt damit bestrafen, dass ich sehe, wie sehr ihm das Herz blutet. Ja, das sagte er mir allen Ernstes vorhin noch kackfrech in´s Gesicht! Jetzt kommt er mir mit diesem Heckmeck daher! *Er bestraft mich, in dem er sich jetzt mit Fusel zudröhnt bis an die Schädeldecke!* Der hat doch echt Tinte gesoffen…"

Ich lachte und hustete gleichzeitig!

„Der erholt sich ziemlich schnell von seinem Seelenschock, das kannst du mir glauben. Nächste Woche stempelt dieser Gigolo schon wieder eine Andere…"

Julla kniete sich auf das Fußende meiner Matratze und stützte sich an unserem Dachfensterchen ab. Von dort konnte man die Seitenstraße nämlich perfekt einsehen und genau bis zur Kneipentüre schauen!

„Bin mal gespannt, in welchem Zustand er aus dem *„Hüpfenden Komma"* erscheint!", gluckste Julla, „Der nuckelt sich jetzt richtig feste zu! Das lass´ ich mir ja nicht entgehen! Jetzt schlaf´ mal weiter; ich ruf´ dich rechtzeitig…"

Nach knapp zwei Stunden rüttelte Julla mich laut kreischend an der Schulter!

„Wencke!", rief sie gacksend, *„Mach´ wacker! Hoch mit dir! Er kommt!"*

Ich wickelte mich - *halb benebelt, aber gleichzeitig begeistert* - aus den Daunen und kniete mich neben Julla ans Fensterchen. Knud war in der Tat in einem fürchterlichen Zustand; er musste aber ganz gewaltig Korn eingefahren haben. *Was für eine gigantische Cocktail-Party!* Vor ihm lag nun der beschwerliche Weg heimwärts!

Oha, dachte ich nur, *dat geiht doch garantiert inne Büx!*

Es fing auch gleich entsprechend drollig an. Knud stolperte - *latten-stramm, wie er war!* - fast über die niedrigen Stufen der Spelunke, torkelte in einem wilden Zickzack wie ein Seekranker über die Straße und knallte mit dem Gesicht ungebremst und scheppernd vor den Kotflügel eines geparkten Wagens. *Donnerhacke - das kostete ihn wohl einige Zähne! Ein echter Mast- und Schotbruch!*

Knud rappelte sich mit blutender und zu dreifacher Größe angeschwollener Lippe mühsam wieder in die Vertikale, wickelte sich schluchzend und lallend um den nächsten Laternenpfahl, von dem er sich nur mit größerer Anstrengung wieder löste. *Skål!* Er war in der Tat so hacke, dass er die Jungfrau Maria schon für einen Raubvogel ansehen musste! Wie konnte ein einzelner Mensch sich so dermaßen zuschlürfen? *Es war helllichter Tag!* Knud hatte sich innerhalb von nur zwei Stunden restlos die Kante gegeben und fuhr nun einen wahrhaft tierischen Hardcore!

Als er dann die Kurve nehmen wollte, begann er plötzlich, lauthals röhrend und orgelnd zu würgen und kotzte im hohen Bogen in Reichweite von mindestens einem Meter so richtig herzhaft und großzügig auf den Bürgersteig. Der Met sprudelte im hohen Bogen aus ihm heraus wie eine Fontäne. *Aber holla!* Die Passanten, die ihm am Nächsten waren, spritzten entgeistert und angeekelt in alle Richtungen auseinander und sprangen flott in Deckung, damit sie nicht auch noch was von dem feuchten, obergärigen Segen abkriegten!

„Schau' mal", krächzte ich lachend, *„wie der göbelt! Der backt 'ne Straßenpizza..."*

„Nej!", kreischte Julla schluchzend und kichernd, *„Der spielt Vulkanausbruch! Hat der sich zugenuckelt! Oh jemine... jetzt hätt' ich gerne 'ne Kamera..."*

Knud musste in der Tat reichlich Getreide eingebracht haben. *Er war echt restlos auf dem Hook!* Dass er sich mit dieser Aktion nur absolut lächerlich machte, kam ihm gar nicht erst in den Sinn.

Was sollte jetzt dieser weit mehr als blöde Ringelpicz? Wen bitte wollte er denn - *außer sich selbst* - mit dieser Nummer verletzen? Dass wir am Fenster hingen, zusahen und uns über ihn halb tot beölten, nahm er in seinem momentanen Zustand doch längst nicht mehr wahr. Offensichtlich hatte er seinen letzten verbliebenen Rest an Hirngrütze lange zuvor bereits versoffen. Julla war mittlerweile nur noch angewidert von seinem Charakter. Gleichzeitig aber krümmte sie sich vor Heiterkeitsanfällen und schlug sich gacksend und kreischend auf die Schenkel. Beiden spritzten uns die Lachtränchen nur so aus den Augen!

Knud taumelte - *mit nunmehr leerem Pansen!* - in Richtung Heimathafen und überließ sich wohl der mütterlichen Umsorgung seiner häuslichen, braven und biederen Gemahlin!

Es trinkt der Mensch, es säuft das Pferd - *doch manchmal ist es umgekehrt!*

Mit Lasse traf ich mich jetzt auch nicht mehr. Mein persönlicher Bedarf war nach dem Auftritt seines Stiefvaters ebenfalls erneut restlos gedeckt…

Zu einem späteren Zeitpunkt, nach meiner Heirat mit Heinrich, fand ich Julla im Telefonbuch und setzte mich kurzerhand mit ihr in Verbindung. Sie war hoch erfreut und lud mich spontan in ihre Wohnung ein, die sie mit ihren beiden Katzen teilte.

Ihr aktueller Geliebter war - *genau wie damals Knud* - ebenfalls verheiratet. Hin und wieder kam er auf ein kleines, intimes Stelldichein bei ihr vorbei; manchmal selbst mitten in der tiefsten Nacht schellte er sie in ihren eigenen vier Wänden aus den Federn und forderte sein *„Recht"* als Mann ein!

Julla war entsetzt zu hören, dass ich nun mittlerweile verheiratet war. Sie selbst scheute Nach wie Vor, sich auf eine erneute, feste Beziehung einzulassen und betonte eben so wie zu unseren alten Zeiten: „Wenn du dir die Illusion erhalten willst, verzichte von Vorne herein auf eine feste Partnerschaft. Mannsvölker sind nur Illusionen. Die Liebe ist eine Illusion. Was glaubst du, wie schnell diese Seifenblasen platzen? Gehst du eine ernste Beziehung ein und ziehst womöglich noch mit dem Liebchen zusammen, machst du dich bald selbst zu einer Gefangenen. Nach kurzer Zeit hast du einen schlürfenden, chips-fressenden und dauermeuternden Couch-Potato in der Hütte abhängen, der zu Nichts mehr aufzuraffen ist und dich nur unentwegt von morgens bis abends herum schikaniert und vermöbelt. Sämtliche Mannsvölker dieser Welt sind doch im Endeffekt so. Ohne Gangspill kriegst du sie bald überhaupt nicht mehr auf die Beine. Alle paar Sekunden wird irgendwo auf diesem Globus so ein Radieschenschlepper geboren. Näh´ ihnen einen Knopf an die Backe und häng´ ein Klavier dran - *dann haben sie „schwere" Musik!* Nur dazu taugen sie. Und zum Bumsen und Saufen. Friedlich leben kannst du nämlich nicht mit ihnen, so Viel steht schon mal fest. Diese Banditen drängen sich immer mehr in dein Leben ein, nehmen dir die letzte Luft zum Atmen und pressen so nach und nach den Saft aus dir heraus. Wie die reinsten Parasiten. So bald das anfängt, schieß´ diese Sprotten am Besten gleich hurtig in den Wind. Mach´ dich nicht zur Kettenhündin. *Nullissimo!* Ich habe es selbst in meiner eigenen Ehe erlebt und wäre fast an ihr zu Grunde gegangen. *Nej!* Meine Mutter hat es erlebt, eben so wie zwei meiner Tanten. *Hast du es denn nicht auch immer wieder mitgemacht?* Siehst du, so ist es doch immer. Ferkel sind sie allesamt. Die lieben die Buddel weitaus mehr als die Partnerin. Mit Keinem von ihnen ziehst du das große Los. Glaube mir, du findest auch garantiert sehr bald den nächsten Gigolo, der dir für eine gewisse Zeit die Illusion aufrecht erhält. *Mädel, warum hast du nur geheiratet?* Was bitte kann ein Ehemann dir beweisen, was ein Geliebter dir nicht auch - *und vielleicht sogar in noch viel besserer Qualität* - beweisen kann? Ein Ehemann betrachtet dich als seinen Besitz und hat dich fest in seinen Krallen. Darum macht er mit dir, was er will - *und du hast zu spuren!* Ein Geliebter wird sich Mühe geben und ist deutlich aufmerksamer, weil er sich seiner Sache eben nie wirklich sicher sein kann. Er ist eher bereit, dich zum Essen auszuführen, mit dir ins Kino zu gehen, dir hübsche Geschenke zu machen oder einfach mit dir Arm in Arm durch die Stadt zu bummeln. Du empfängst liebevolle Worte, körperliche Zärtlichkeit und bist trotzdem frei, hast dein eigenes Reich, behältst die Kontrolle über dein eigenes Leben. Beginnen diese Ziegenböcke aber, sich aufzudrängen, dann schieß´ sie, bevor es eskaliert, schnellstmöglich in den Wind und such´ dir einen neuen Galan. Lass´ aber keine allzu großen Gefühle zu, denn so bald du dich ernsthaft verliebst, ist dein Schicksal besiegelt. Leb´ nicht an der Realität vorbei! Lass´ dir keine Qualen zufügen. Tu´ dir das doch nicht an. Diese Unkräuter dürfen keine Wurzeln schlagen. *Nej!* Hol´ dir nur, was dir als freie Frau zusteht. Bleib´ Kapitänin auf deiner eigenen Brigg! Daneben schiffen kann Jeder - *an die Decke kacken ist die Kunst!* Hau´ diese Mannsvölker besser allesamt in die Tonne! Verjux´ dir nicht das Leben durch eine feste Beziehung. *Eigener Herd ist Goldes wert!* Genieß´ den Augenblick der Illusion. Am Ende deines Lebens kannst du dir immerhin sagen, dass du von vielen Männern Glück und Liebe empfangen hast..."

Julla war ihrem damaligen alten Grundsatz treu geblieben und wollte sich nach ihrer gescheiterten Ehe, die ihr in der Vergangenheit so viel Schmerzen, Qualen und Leid gebracht hatte, nicht mehr binden. *Lieber erniedrigte sie sich auf andere Weise...*

Ich lud sie um der alten Freundschaft willen zu einem Gegenbesuch ein. Heinrich gegenüber war sie zwar höflich distanziert, doch ihre Ansichten waren mir mittlerweile zu radikal geworden. Wir hatten uns in unserer Lebensphilosophie zu sehr voneinander entfremdet. Zu viele Gegensätze standen zwischen uns. Julla hatte sich nie vom Schock ihrer Ehe erholt, doch ich war über den Berg. Sie war immer noch das lebenslange *„Stempelkissen"* für Männer mit gewissen Bedürfnissen, ich mittlerweile die glückliche Ehefrau eines liebenden Mannes. Ihr Weg war längst nicht mehr mein Weg; wir sprachen nicht mehr die selbe Sprache. Zu Vieles hatte sich im Laufe der Jahre geändert. Wir wussten es Beide, ohne es auszusprechen...

Weitere Treffen gab es nicht mehr. Mittlerweile ist sie aus der Telefonliste gestrichen. Ob sie in der Zwischenzeit doch geheiratet hat, in ihre nordische Heimat zurück kehrte oder was immer auch sonst aus ihr geworden sein mag, bleibt somit ein Geheimnis.

Julla - ich wünsche dir von ganzem Herzen, dass du nie die Kontrolle über dein Leben verloren hast. Wohin immer der Weg deines Lebens dich auch weiterhin geführt haben mag - *ich hoffe, es war der für dich richtige Pfad!*

Bettina - halb ertränkt

Eines guten Tages ging im Frauenhaus L. das Telefon. Eine Frauenstimme an der äußersten Grenze zur Todespanik keuchte mit sich hysterisch überschlagener und rasselnder, immer wieder von krampfhaftem Hustenreiz unterbrochener Stimme in den Hörer. Es dauerte eine geraume Weile, die Anruferin zu Mindest so weit zu beruhigen, dass sie ihren Namen nennen konnte…

Die Frau hieß Bettina. Sie hatte zwei Kinder, einen vierjährigen Sohn namens Norman und eine fast einjährige Tochter namens Lisa. Immer noch hysterisch schluchzend fragte sie, ob sie mit den beiden Kindern kommen könne. Die Koffer habe sie bereits in aller Eile gepackt und sie wisse nicht, wann ihr Mann wieder zurück käme. Ich machte mit ihr einen Treffpunkt in der Innenstadt aus und sagte ihr, sie werde schnellstens abgeholt.

Nur eine Stunde später saß Bettina in unserer Gemeinschaftsküche. Eine Frau Mitte Dreißig, Ihr rotes Haar so wie ihr Pullover waren klatschnass. Sie hatte zudem deutlich sichtbare Würgemale am Hals und hing psychisch immer noch halb in den Reepen. Die kleine Lisa lag bereits im Kinderbettchen, während Norman, der Sohn, mit den anderen Kindern der Bewohnerinnen im Gemeinschaftsraum spielte. Während Bettina schluckweise ihren Kaffee trank, erzählte sie uns, was an diesem Tage passiert war.

„Mein Mann hat versucht, mich zu ertränken…“, flüsterte sie tränenerstickt, *„…in der Badewanne…ich weiß auch nicht, was in ihn gefahren ist…brutal war er ja schon ziemlich zu Anfang der Ehe, aber so etwas…ich musste ganz einfach fort…wahrscheinlich hätte ich diesen Tag nicht mehr überlebt…“*

Uns Frauen stellten sich unwillkürlich die Nackenhaare auf!

Nach dem Kaffee ging Bettina nach Oben ins Gemeinschaftsbad, machte sich frisch und kleidete sich um. Im Anschluss räumte sie ihre ganzen Sachen in ihren Schrank, immer noch gelegentlich unterbrochen von krampfhaftem Hustenreiz. Dann machte sie das Fläschchen und den Brei für Lisa fertig und schmierte Norman ein Brot. Bettina war ein Studienobjekt an Bewegung. Immer wieder tigerte sie unruhig durch das ganze Haus und rang die Hände. Sie hatte diesen Tag beinahe mit dem Leben bezahlt. Es nimmt daher nicht Wunder, dass sie sich durch diese Übersprungshandlung abreagieren musste, um sich Luft zu verschaffen!

Abends endlich kam sie langsam zur Ruhe. Nachdem die Kleinen im Bett waren, saß ich mit ihr in der Küche. Bei einer Tasse Tee erzählte sie mir von ihrer unseligen Ehe.

Sie hatte sehr jung geheiratet. Gleich von Anfang an hatte ihr Mann von seinen Ansichten keinen Hehl gemacht. Die Rollen waren ganz klar verteilt. Der Mann besaß die alleinige Allmacht, die Frau hatte bedingungslos zu spuren. Er selbst kam aus einem gewalttätigen Elternhaus und hatte sehr oft erlebt, dass die Mutter sich dem Vater gegenüber absolut fügte, nur, um eheliche Dresche möglichst zu vermeiden. Vom frühesten Kindesalter an musste er miterleben, wie die geduckte Mutter die Knute bekam, bis die Fetzen flogen. War der Vater dann wirklich auf Krawall gebürstet, gab es Möbelrücken. Im Anschluss daran stand kaum noch Etwas an seinem ursprünglichen Platz. So mancher Stuhl und auch der Wohnzimmertisch wurden zusammen gehalten mit Leim und Schrauben. Die reinste Flickschusterei, die mit hübschen, zart geklöppelten Spitzendeckchen notdürftig kaschiert wurde. Bettinas Schwiegermutter musste zuschauen, wie sie - *selbst körperlich schwer lädiert* - im Anschluss an die rasenden Wutattacken ihres Mannes wieder halbwegs Ordnung schaffte…

So kam es, dass auch Bettinas Mann zwangsläufig nicht anders gestrickt war als sein Vater. Auch er verachtete Frauen und sah auf sie herab. Ziemlich zu Beginn der Ehe hatte er bereits klare und deutliche Regeln gesetzt. Nachdem die beiden Kinder geboren waren, erst recht. Minutiös hatte sein Essen auf dem Tisch zu stehen, minutiös hatten die Kinder in ihren Betten zu liegen, minutiös hatte das Treppenhaus gewischt zu sein, minutiös wurden Familienausflüge geplant. Mehrmals in der Woche ertrug Bettina die demütigenden Vergewaltigungen von Seiten ihres Mannes. Die Brillenhämatome und Schellen, die er ihr verpasst hatte, konnte sie nicht mehr zählen. Die ganze Straße wusste schon Bescheid, wenn sie wieder ein Mal beim Einkaufen kreidebleich durch den Laden hinkte und eine dunkle Sonnenbrille trug. Die unmittelbaren Nachbarn wussten es erst recht. Sie waren schließlich oft genug Ohrenzeugen, wenn der Mann wieder ein Mal durchgedreht hatte…

Dann plötzlich, an diesem Vormittag, war es dann zum letzten, entscheidenden Countdown gekommen! Bettina hatte Kinderwäsche in der Badewanne eingeweicht. Ihr Mann hatte es mitbekommen. Wutentbrannt stürmte er auf seine Frau zu, packte sie am Hals und verpasste ihr ohne Vorwarnung links und rechts zwei schallende Ohrfeigen. Bettina sackte von der abrupten Wucht der Schläge in die Knie. Das Monster hatte sie daraufhin in seinem blindwütigen Koller an den Haaren gepackt, ihren Kopf wie den einer räudigen Katze über den Wannenrand in die Seifenlauge gedrückt und nicht mehr los gelassen. Bettina blieb die Luft weg. Krampfhaft hatte sie versucht, sich frei zu kämpfen und dabei einen Schwall Wasser eingeatmet. Sie hatte geglaubt, ihre Lungen platzen. Der glühende, schneidende Schmerz hatte ihr fast den Brustkorb zerrissen. Immer noch hatte der Kerl sie mit brutaler Gewalt in dieser untergetauchten Position gehalten. Sie sah grelle Lichtpunkte vor den Augen aufblitzen. *Das ist das Ende,* war es Bettina in diesem grausamen Augenblick nur noch durch den Kopf gerattert, *so also fühlt sich das Sterben an!* Im nächsten Augenblick war ihr schwarz vor Augen geworden, ihr Denkvermögen setzte aus. Sie verlor das Bewusstsein…

Als sie eine gefühlte Ewigkeit später wieder zu sich kam, hing sie immer noch in gekrümmter Haltung über dem Wannenrand. Die Lauge war mit Erbrochenem vermischt. Der Kerl war fort. Hilflos würgend und mit zitternden Beinen rappelte Bettina sich von den nassen Fliesen hoch, zwang sich, krampfhaft giemend und pfeifend, Sauerstoff in die brennenden Lungen und torkelte mühsam aus dem Bad in Richtung Kinderzimmer. Lisa schlief, Norman hatte sich voller Angst unter dem Bett verschanzt. Der brutale Kerl hatte die Wohnung verlassen. Bettina frottierte sich, so gut es ging, das klatschnasse Haar, immer wieder unterbrochen von würgenden, rasselnden Hustenattacken. *Wann würde ihr Peiniger zurück kommen und vielleicht das vollenden, was ihm zuvor nicht ganz gelungen war?*

Bettinas Verstand schaltete auf Autopilot. Sie musste Etwas unternehmen, musste schnellstens mit den Kindern verschwinden, bevor ihr Mann sein Vorhaben wirklich noch in die Tat umsetzen würde. In seinem momentanen Zustand war ihm Alles zuzutrauen. *Was würde dann mit Nor-*

man und der kleinen Lisa werden? In rasender Eile raffte sie ihre Bekleidung und die Sachen ihrer Kinder aus den Schränken, schleppte die Koffer heran und stopfte Alles so wild und hastig hinein, wie es gerade kam. Immer wieder wurde sie von Würgeattacken gepeinigt. Dann riss sie den Hörer von der Gabel und rief in ihrer Not das Frauenhaus an. Immer noch giemend und hustend, schnappte sie sich Kinder und Koffer, verließ in Windeseile das Haus und brachte sich und ihre kleine Familie in Sicherheit. Der Countdown war beendet - *ein Countdown, den Bettina um Haaresbreite mit dem Leben bezahlt hätte...*

Gleich am nächsten Tag, nachdem sie von den Behörden zurück war, suchte sie sich einen Anwalt und reichte umgehend die Scheidung ein!

Kurze Zeit später erhielt sie einen Brief von einer Frau R., einer Familien-Sozialarbeiterin. Dieser Brief enthielt einen Termin, zu dem Bettina eingeladen war. Sie jedoch wusste von keiner Sozialarbeiterin, hatte auch diesbezüglich keinerlei Verbindungen geknüpft!

„Das hat bestimmt dein sauberer Kerl angeleiert.“, schnaubte ich. „Davon kannst du getrost ausgehen. Der kostet seine Tricks voll aus, schleimt sich jetzt gnadenlos ein, will aber auf Umwegen nur deinen neuen Aufenthaltsort heraus kriegen. Ausschließlich daran ist ihm gelegen, damit er dich weiterhin unter Druck setzen und dir auf die Pelle rücken kann.“

„Das glaube ich allerdings auch“, nickte Bettina, „denn mein Anwalt war es mit Sicherheit nicht. Den habe ich nämlich auch schon angerufen und gefragt. Er wusste nichts von einer Frau R.“

„Pass´ auf“, sagte ich, „das ist bestimmt so ein komisches Versöhnungstreffen. Dieser Bluthund will dich auf kleiner Flamme abkochen, um dich auf diese Weise wieder zurück zu bekommen.“

„Ja“, nickte Bettina geschlaucht, „genau davon geht mein Anwalt ja auch aus.“

„Wirst du hin gehen?“, wollte ich wissen.

„Muss ich ja wohl.“, seufzte Bettina, *„Ich hab´ solche Angst...“*

Kurzes Schweigen.

„Kommst du mit?“, fragte Bettina und richtete ihren ängstlichen Blick auf mich.

„Na klar!“, nickte ich, „Und keine Sorge. Ich bin ja an deiner Seite. Der

Schietkerl kommt dir nicht mehr zu Nahe, das garantiere ich dir…"
Bettina drückte mir dankbar die Hand…

An besagtem Tag fuhren Bettina und ich dann gemeinsam zu dieser Familien-Sozialarbeiterin. Meine Kameradin bestand darauf, dass ich bei dem Gespräch dabei war!

Kurz darauf erschien Bettinas Ehemann. Auf der Stelle kam er ziemlich aufgepumpt auf seine eingeschüchterte Frau zugestürmt, mit entblößten Unterarmen. An den Innenseiten seiner Handgelenke befanden sich frische Schnittwunden, die mit mehreren Stichen genäht waren. Diese Wunden hielt er Bettina direkt vor die Nase!

„Sieh, was du angerichtet hast!", schmetterte er ihr lautstark entgegen, *„Du zerrüttest unsere Familie! Ich habe versucht, mir das Leben zu nehmen!"*

Bettina zuckte zusammen und verkroch sich bebend halb hinter meinem Rücken!

In mir schäumte die gesamte angestaute Wut hoch! Ich baute mich mit verschränkten Armen vor diesem Radebrech auf!

Hier befand sich ja zum Glück keine Badewanne!

„Na, was bist denn du für ein cooler Draufgänger?", fragte ich ihn, „Wer zerrüttet wohl hier seine Familie? Wer hat hier wohl am laufenden Schnürchen wen vertrimmt und vergewaltigt? Und was soll dieses Theater mit den halbherzig angeschnippelten Handgelenken? Ziemlich dick aufgetragen, oder? *Nicht genug Mut gehabt, es durchzuziehen, wie?* Bei deiner Frau hattest du doch auch keinerlei Hemmungen - die wolltest du wie eine räudige Katze in der Wanne ersäufen…"

„Junge Frau!", meinte Frau R, „Sie gehen jetzt bitte hinaus!"

„Nein!", stieß Bettina mit zitternder Stimme hervor, „Ich will, dass sie hier bleibt! Sie spricht mir vollkommen aus der Seele! Mir selbst hatte dazu immer der Mut gefehlt!"

„Blödes, blondes Suppenhuhn…", fletschte mir der Kerl hämisch entgegen. *„Was ist denn das für Eine, die sich in fremde Angelegenheiten mischt?"*

„Eine, die vor Haudegen wie dir das kalte Kotzen kriegt!", sagte ich so ruhig wie möglich.

„Und seit wann duzen wir uns, olle Flunder?", röhrte er.

„Ich sieze nur Menschen, vor denen ich Achtung habe!“, gab ich zur Antwort.

„Noch so eine Schnalle…“, murmelte er.

Frau R. hob beschwichtigend die Hände in seine Richtung!

Ich aber ließ erst ein Mal Dampf ab. Bettina mochte zwar eine wahnsinnige Angst vor ihm haben – *ich jedoch nicht!* Da hatten wir es doch. Dieser Kerl ließ sich sehr leicht provozieren, meuterte und krakeelte direkt los. Es war sein persönliches, abstoßendes Naturell. Er reagierte auf mein Paroli hin gleich mit unflätigen Ausdrücken. Das hatte sich bereits in der Vergangenheit immer wieder während seiner Ehe mit Bettina gezeigt und sollte sich auch hier zeigen! Ein Wort - *und schon gingen unkontrolliert sämtliche Gäule mit ihm durch! Na, super!* Der war ja komplett abgewedelt! Sollte Frau R. doch direkt ein Mal hautnah miterleben, wie dieser Schietkerl gestrickt war und wie leicht er sich aus der Reserve locken ließ!

Es verfehlte seine Wirkung nicht! Er handelte sich natürlich gleich etliche Minuspunkte bei Frau R. ein…

Während des weiteren fast einstündigen Gespräches hatte sich Bettinas Mann wieder einigermaßen gefangen. Da Bettina selbst nicht zu sprechen wagte, übernahm ich den meisten Teil. Diesem Mann machte ich klar, dass ich an Bettinas Stelle nicht zu ihm zurück käme. Es könne ja wohl nicht angehen, dass zwei kleine, unschuldige Kinder gezwungen sein würden, bei einem Menschen zu leben, dem derart die Sicherungen durchknallten. Auch solle Bettina ihm das Besuchsrecht auf unbestimmte Zeit versagen. In einem solchen Fall - *selbst nur auf ein einziges Wochenende in der Wohnung des Vaters!* - könne für die Sicherheit der Kleinen nämlich Niemand die Garantie übernehmen. Das, was er da alleine schon Bettina angetan habe, sei mit keiner Silbe zu entschuldigen. Keine Frau räume freiwillig das Feld, gäbe die schöne, große Wohnung auf und lebe auf engstem Raum mit etlichen anderen Frauen zusammen, wenn Nichts vorgefallen ist. Da müsse die Not und die Todesangst schon sehr arg sein. Wenn Bettina schlau sei, käme sie nicht zurück! Besser wäre es wohl, er, der Mann, würde endlich ein Mal seine brutalen Vergehen einsehen, der Frau und den Kindern die Wohnung überlassen und selber Leine ziehen!

Frau R. nickte nur zustimmend…

Bettinas Mann nickte nur betreten und meinte, ja, ich habe ja Recht. Aber er könne nur versuchen, das Vertrauen seiner Frau zurück zu gewinnen.

„Dann hast du es wohl doch nicht ganz verstanden.“, sagte ich, „Wer mit angeschnippelten Handgelenken herein gepoltert kommt, seine Frau lautstark für seine eigenen Fehler antrompetet und ihr die frisch genähten Wunden unter die Nase hält, nachdem er sie wenige Tage zuvor halb ersäuft und ins Frauenhaus geknüppelt hat, gewinnt bestimmt kein Vertrauen mehr. Ein solches Verhalten nennt man Erpressung. Hoffentlich lässt Bettina sich nicht erpressen.“

Bettinas Mann dachte einige Minuten still nach, wurde mit einem Schlage hochrot, bat seine Frau sehr innig um Vergebung und fragte sie, ob sie denn etwas Geld bräuchte. Sie bejahte es. Er schob ihr einen Fünfziger zu. Das weitere Gespräch war in der Richtung verlaufen, dass Bettina sich eine gründliche Bedenkzeit erbat. Der Mann ging darauf ein. Bettina bat zum Abschied um einen zehnminütigen Vorsprung, den Frau R. uns auch zusicherte. Wir verließen das Bürogebäude, gingen zum Busbahnhof und fuhren zurück in Richtung Frauenhaus.

Bettina lud mich noch - *auf Kosten ihres Mannes!* - in eine Gaststätte auf Jägerschnitzel und Cola ein. „Du hast so astrein geredet, da tu´ ich dir jetzt mal was Gutes!“

Wenige Tage darauf waren die Würfel gefallen. Bettina packte die Koffer…

Fast ein Jahr später *(ich selbst war bereits mit Heinrich zusammen)*, traf ich Bettina durch einen Zufall in der Innenstadt. Sie hatte sich sehr zu ihrem Vorteil verändert, war schick gekleidet, geschminkt und strahlte ein völlig neues Selbstbewusstsein aus!

Bettina lebte immer noch mit ihrem Mann zusammen. Von einer Scheidung war keine Rede mehr. Ihr Mann hatte sich aus freien Stücken zu einer Langzeittherapie entschieden, die er auch gewissenhaft durchzog. Er hatte gelernt, sich aus dem Trauma der eigenen Kindheit zu lösen. Gewalt innerhalb der Familie spielte keine Rolle mehr. Selbst Norman und Lisa machten jetzt einen richtig aufgeweckten und munteren Eindruck!

Es gibt sie doch, diese gewissen Einzelfälle…

Bettina - du warst eine dufte Kameradin und bist deinen eigenen, selbst bestimmten Weg in deiner Ehe gegangen. *Dein Mann hat gelernt!*

Nein - zu verzeihen sind die Taten, die er an dir begangen hat, auf gar keinen Fall! Aber er hat sich - *entgegen den meisten anderen durchschnittlichen Männern* - für dich und einen gemeinsamen Neuanfang entschieden!

Bettina - ich bewundere dich für deinen Wagemut und deine Risikobereitschaft und wünsche dir von ganzem Herzen, dass dir das Glück auch weiterhin hold ist..

Adelheid - Angst um den Sohn

Eines frühen Abends klingelte das Telefon des Frauenhauses L. Eine Frau namens Adelheid schrie hysterisch in den Hörer. Sie müsse ihre Tochter Sigrid in Sicherheit bringen. Ihr kleiner Sohn Vinzent sei vom Vater entführt worden. Sofort wurde ein Treffpunkt ausgemacht und eine Kameradin machte sich auf den Weg, um Mutter und Tochter abzuholen.

Kurz darauf traf Adelheid, eine junge Friesin von Anfang Dreißig, mit ihrer siebenjährigen Tochter Sigrid ein. Die Frau schleppte mehrere Koffer, hatte tiefe, dunkle Ringe unter den Augen und ihr Gesicht war vom Weinen verquollen und kreidebleich. Die Vereinsfrauen waren bereits im Wochenende. Wir stellten Adelheid erst ein Mal eine dampfende Tasse Kaffee auf den Tisch. Sie musste mit beiden Händen zugreifen; ihre Finger zitterten unkontrolliert wie Espenlaub. Die kleine Sigrid klammerte sich an sie und weinte verstört und verängstigt. Adelheid trank einige Schlucke des heißen Getränks und erzählte uns in hastiger Kurzversion ihre Geschichte:

Ihr zweieinhalbjähriger Sohn Vinzent sei an diesem Morgen von seinem eigenen Vater gekidnappt worden, um Adelheid von einer geplanten Flucht abzuhalten. Ihr Mann sei von Beruf Paketbote. Er habe sich am Morgen, als die Frau für einen Augenblick in der Küche war, einfach den kleinen Sohn geschnappt und mit auf Diensttour genommen. Der Schlafanzug des Jungen fehlte und aus der neuen Windelpackung war keine Ersatzwindel entnommen worden. *Das bedeutete, dass der arme Kleine mit Schlafanzug und der Windel des vergangenen Abends völlig ausgehungert und total übermüdet neben seinem Vater im Bully saß!* Ob das Kind an diesem Tage Etwas gegessen hatte, war unklar. *Die Windel musste mittlerweile überquellen!*

Adelheid warf einen Blick auf die Uhr und stammelte, ihr Mann müsse nun wieder Daheim sein. Sie müsse schnellstens los fahren und ihren Jungen noch holen. Um sie vor einer unüberlegten Spontanhandlung zu bewahren, erklärten wir ihr, wir würden eben die Vereinsfrauen anrufen, damit sie vorbei kämen. Die wussten mit Sicherheit eine geeignete Lösung. Adelheid erklärte sich sofort einverstanden!

Sofort wurden die Vereinsfrauen heraus geklingelt und kurze Zeit später trafen Anke und Solveig mit dem Wagen ein. *Die Beiden mussten, nach der Kürze der Zeit zu urteilen, gefahren sein wie die Henker!* Adelheid erklärte ihnen in hastigen Zügen den Vorfall des Tages. Solveig nickte energisch: „Komm, mein Deern, du fährst mit uns im Wagen und lotst uns eben zu deiner Wohnung - *wir holen deinen Sohn!"*

Als Adelheid sich mit zitternden Beinen erhob, begann Sigrid hysterisch zu kreischen und klammerte sich nur mit noch stärkerer Intensität an der Mutter fest!

„Sigrid... ", flüsterte Adelheid tonlos, *„du bist hier in Sicherheit... bitte sei schön brav... die Frauen hier sind lieb und passen so lange auf dich auf... Mama kommt gleich wieder... wir holen nur eben dein Brüderchen... Sigrid, bitte..."*

Wir mussten das völlig verwirrte, brüllende Mädel mit sanfter Gewalt von Adelheid trennen!

Nellie zog die Kleine in den Gemeinschaftswohnraum und sang ihr Kinderlieder vor, um sie abzulenken. Adelheid schlüpfte währenddessen, so schnell es ging, mit Anke und Solveig aus der Türe…

Eine gefühlte Ewigkeit später waren die Vereinsfrauen und Adelheid wieder zurück im Frauenhaus. Die verstörte Mutter hatte ein ganz frisches Brillenhämatom und eine aufgeplatzte Unterlippe. Ihr Kinn war blutverschmiert - *doch auf ihrem Arm trug sie einen kleinen, völlig übermüdeten Jungen!*

Sigrid kam sofort kreischend angerannt und sprang voller Begeisterung an ihrer Mutter hoch, bedeckte das weißblonde Haar ihres kleinen Bruders mit Küssen!

Adelheid war total erschöpft…

„Alles ist gut…", lächelte sie ihrer Tochter zu, „Mama hat dir doch gesagt, sie kommt wieder! Papa kann uns Nichts mehr tun - *wir bleiben jetzt hier!"*

„Für ganz?"

„Ja, für ganz!"

Adelheid ließ sich das Bad zeigen und steckte die Kinder schnell in die Wanne. Nachdem die Beiden in ihren Pyjamas waren, ihr Abendbrot bekommen hatten und endlich in ihrem Zimmer in den Betten lagen, setzte sich Adelheid in der Küche mit einigen Bewohnerinnen bei einer Tasse Tee an den Tisch und erzählte uns, unter welch dramatischer Situation sie den kleinen Vinzent aus der ehelichen Wohnung geholt hatte.

Gemeinsam mit Anke und Solveig war sie bis vor die Haustüre gefahren. Solveig war mit hoch gekommen, während Anke unten im Treppenhaus gewartet hatte. Kaum hatte Adelheid die Wohnungstüre geöffnet, hatte dieser Radebrech sie sogleich am Arm gepackt, mit brutaler Gewalt in den Korridor gerissen und die Türe zugeschlagen. *„Du mieses Saustück wirst meinen Sohn niemals kriegen!"*, hatte er gebrüllt. Adelheid hatte zitternd im Schock auf dem Boden gelegen. Die Hand ihres brutalen Mannes hatte sich um ihre Kehle gelegt wie ein Schraubstock: die andere Hand, zur Faust geballt, hatte mehrmals mit roher Wucht in das Gesicht der armen Frau gedroschen. Vor ihren Augen explodierten feurige Kometen. Im Hintergrund hatte Adelheid ihren kleinen Sohn kreischen hören. *Ihr einziger Gedanke war:* Das überlebst du nicht - *aber wenigstens Sigrid ist in Sicherheit...*

Anke und Solveig hatten den ganzen Tumult mehr als hautnah mitbekommen und sich in Windeseile kurz geschlossen. Solveig schellte eine andere Anwohnerin heraus, die über Telefon verfügte. Handys gab es ja zu dieser Zeit leider noch nicht. Solveig hatte umgehend die 110 verständigt. Die Polizei war mit mehreren Streifenwagen angerückt. Anke hatte ihnen die Haustüre geöffnet und sie nach Oben gelotst. Die Beamten hatten energisch mit den Fäusten gegen die Wohnungstüre gehämmert und damit gedroht, sie aufzubrechen. Erst nach erneuter Warnung hatte dieses Monster geöffnet!

Man half Adelheid vom Boden auf. Sie hatte mehrmals tief durchgeatmet und sich schwankend ins Schlafzimmer begeben, um die restlichen Sachen zu packen. Solveig nahm die Tasche entgegen, Adelheid stolperte ins Kinderzimmer und holte ihren kleinen Sohn. Ihr brutaler Peiniger war bereits in Handschellen und wurde von mehreren Beamten, immer noch lautstark schimpfend und meuternd, nach Unten zum Streifenwagen abgeführt. Adelheid hatte unten auf der Straße erst ein Mal mit zitternden Knien tief und keuchend nach Luft gerungen und mitbekommen, wie ihr brutaler Mann in die Streife verfrachtet und fort gebracht wurde. Sie war mit dem Kleinen zu den beiden Vereinsfrauen in den Wagen gestiegen und wurde zurück zu uns ins Frauenhaus gebracht.

Ihr kleiner Vinzent war nun auch in Sicherheit!

Adelheid erholte sich rasch und reichte die Scheidung ein. Innerhalb weniger Wochen fand sie eine Wohnung. Sigrid und Vinzent kamen zur Ruhe. Adelheid erhielt auch das alleinige Sorge- und Aufenthaltsbestimmungsrecht für ihre beiden Kinder. Ich besuchte sie hin und wieder.

Der Clou: Wenige Monate nach der Ehescheidung verstarb ihr Ex-Mann an einer akuten Erkrankung! Adelheid trauerte ihm keine Träne nach und bemerkte nur: „Hätte ich das geahnt, hätte ich mir diese ganze gerichtliche Schlammschlacht sparen können!“

Allerdings - ein logischer Gedanke…

Später verloren wir uns aus den Augen. Eine andere Ex-Bewohnerin des Frauenhauses hatte Adelheid mal getroffen. Sie war mittlerweile neu verheiratet.

Adelheid - ich hoffe, du hast deine wahre Liebe gefunden und einen Partner, der deine Kinder eben so in sein Herz geschlossen hat, es ehrlich mit dir meint und bei dem du glücklich bist - *so glücklich wie ich selbst es mit meinem Heinrich bin!*

Auch wünsche ich dir und deinen mittlerweile erwachsenen Kindern, dass ihr weiterhin so fest zusammen steht. Ihr ward schon damals eine echt starke Einheit…

Maxima - vom Luden geschwängert

Unmittelbar nach meiner Ankunft im Frauenhaus M. stand ich in der Küche Maxima gegenüber. Ihr langes, kastanienbraunes Haar mit den Ponyfransen umrahmte ein bleiches, abgespanntes Gesicht. Der Leib unter ihrem Trainingsanzug wölbte sich stark; die junge Frau befand sich in der Schlussphase ihrer Schwangerschaft. Sie sagte nicht Viel…

Abends am Tisch taute sie so langsam auf und erzählte mir von ihrem unsäglichen Leid und den Qualen, die sie vor noch nicht allzu langer Zeit erduldet hatte und auch sehr bald noch würde erdulden müssen…

Einige Monate zuvor war sie einem Mann begegnet, der sie mit teuren Geschenken, liebevollen Worten und daumendicken Schmeicheleien umgarnt hatte. Schon bald zappelte sie wie eine Forelle am Haken und war zu ihm in sein exklusiv eingerichtetes Penthouse gezogen. Angeblich leitete ihr neuer Lebensgefährte eine eigene, kleine Firma…

In den ersten Wochen verlief die Beziehung zwischen den Beiden harmonisch und liebevoll. Es wurde bereits von Heirat gesprochen. Hin und wieder hatte der Gefährte verschiedene Männer in geschniegelten Nadelstreifenanzügen nebst ihren aufgedonnerten, grell aufgetakelten, toupierten, und penetrant nach Parfüm riechenden, mit teurem Schmuck behangenen Gattinnen zu Gast, wie er sagte, wichtige Geschäftspartner und sehr treue Kunden. Maxima hatte in der Küche gestanden, dekorierte den Tisch im Esszimmer, zauberte leckere Essen und servierte dann den Gästen. Nicht selten gab es Krim-Sekt, Champagner, Kaviar, Hummer und Garnelen. Sie achtete sehr auf ein gepflegtes Äußeres und war stolz, bald ganz diesem Kreis anzugehören!

Die Blicke, mit denen die *„Geschäftspartner“* und *„Kunden“* sie musterten, nahm sie in ihrer Verliebtheit gar nicht wahr…

Doch nach nur wenigen Wochen schien das Glück sich abzuwenden. Der Lebensgefährte schien bedrückt zu sein, wurde immer schweigsamer, zog sich vor ihr zurück und brütete im Nebenzimmer vor sich hin. Mehrmals fragte Maxima, was denn los sei mit ihm.

„Ich habe einige kleinere Probleme in der Firma…“, hatte er genu-

schelt, *„...nichts Ernstes. Mach' dir man keine Sorgen, das biegen wir wieder hin...“*

Erst ein Mal hatte Maxima diese Erklärung geschluckt. Ihr Lebensgefährte war nun aber immer öfter außer Hause und die hübschen, duftenden Baccara-Rosen, die er ihr bei seiner Rückkehr oft überreichte, kamen immer seltener. Hatten sich Kunden und Geschäftsmänner nebst ihren bis zum Gehtnichtmehr aufgebrezelten Gattinnen angemeldet, gab es statt Champagner und Krim-Sekt plötzlich Prosecco und Mineralwasser. Kaviar, Hummer und Garnelen wurden so nach und nach gegen Kartoffelsalat, Kalbsschnitzel und Pizza ausgetauscht.

Eines Abends, während Maxima sich gerade einen Krimi ansah, kam der Lebensgefährte herein, schaltete das Fernsehgerät aus und ließ sich seufzend in den Sessel fallen: „Schatz, wir müssen reden...“

Maxima verkrampfte sich innerlich. Ihr schwante, dass irgend Etwas geschehen war.

„Die Firma geht den Bach runter.“, hatte der Lebensgefährte geflüstert, *„Wir schreiben nur noch rote Zahlen. Ich kann meine Aufträge nicht mehr erfüllen, weil die Geldmittel fehlen. Einige Kunden sind bereits abgesprungen. Wenige Monate noch, dann muss ich die Firma schließen und Konkurs anmelden...“*

„Dir fehlt Geld?“, hakte Maxima nach, „Könntest du damit denn die Firma retten?“

„Allerdings könnte ich das. Sogar auf lange Sicht hin. Ich könnte das dringend benötigte Material besorgen, den Laden wieder in Schwung bringen und eventuell sogar Neukunden anwerben...“

„Um welchen Betrag handelt es sich denn?“, wollte Maxima nun wissen.

„Knapp neuntausend Mark...“, hatte der Lebensgefährte geseufzt, „das würde die Firma vor dem Ruin bewahren. Schatz, könntest du vielleicht... *es ist doch für uns Beide! Für unsere Zukunft!* Das würde uns retten...“

Maxima legte den Arm um seine bebenden Schultern und lächelte ihn liebevoll an: „Natürlich kann ich das. Wir sind doch für einander da...“

Gleich am nächsten Morgen ging sie zur Bank und hob voller Stolz, dass sie ihrem geliebten Partner aus der Klemme helfen konnte, 9000.- Mark von ihrem Konto ab...

Kurz darauf hatte Maxima dann festgestellt, dass sie schwanger war. Sie hatte ein paar winzige Babyschühchen und einen Schnuller besorgt, sie liebevoll verpackt, auf eine niedliche kleine Karte die Worte *„Für Papa"* geschrieben und das Ganze als Überraschung auf dem Wohnzimmertisch drapiert!

Doch die Überraschung endete anders als erwartet!

„Ein Balg?", hatte der Gefährte gebrüllt, *„Ey... ich verpass´ meinen Nutten extra die Pille - und du kommst mir jetzt mit einem Balg daher?"*

Schon war seine geballte Faust in Maximas Gesicht gelandet!

Kaum hatte sie sich, noch halb betäubt durch den Schlag, vom Boden hoch gerappelt, packte ihr Peiniger sie am Fraß, schüttelte sie durch wie einen jungen Hund und schleuderte sie erneut auf den Teppich!

„Jetzt bist du dran!", hatte er ihr entgegen gefletscht, „Ich spann´ dich ein, so lange du noch keine fette Wampe hast! Ich hab´ schon andere Schnallen klein gekriegt! Du bist die Nächste in meiner Serie! Und du kriegst auch keine fette Wampe! Der Balg wird geschrottet - *und die Kohle dazu verdienst du in meinem Kiez!* Eine Nummer nach der Anderen wirst du mir mit meinen Kumpanen schieben, mein Engelchen..."

„Wie - *Nutten?* Und was für Kumpane?", hatte Maxima im Schock gestammelt. Sie verstand die Welt nicht mehr, wusste kaum noch, wo Oben und Unten war!

Dieser Abend wurde für sie zum schlimmsten Abend ihres Lebens! Schnell hatte der Schietkerl seine Kumpane zusammengetrommelt. Einer von ihnen hatte seine *„Gattin"* dabei. Maxima wurde gezwungen, vor den lüsternen Blicken der brünstigen Kerle, die sie zuvor für *„Geschäftspartner"* und *„treue Kunden"* gehalten hatte, einen Strip hinzulegen und splitterfasernackt zu entsprechender Hintergrundmusik lasziv und aufreizend zu tanzen. Ihr war speiübel und sie hatte sich krampfhaft bemüht, sich nicht zu übergeben und umzukippen. Dann war es auf dem Teppich weiter gegangen. Nacheinander waren fünf brünstige Kerle mit glitzerndem, gierigem Blick über sie hergefallen, positionierten sie und drangen gewaltsam in sie ein, einschließlich ihres Lebensgefährten. *Maxima konnte nicht ein Mal schreien, so sehr hatte der Schock sie umgehauen!*

Als es endlich vorbei war, hatte sie ihren geschundenen Leib vom Teppich hoch gerappelt, war ins Bad getaumelt und hatte ins Waschbecken gewürgt. Plötzlich hatte sich ihr eine weiche Frauenhand auf die Schulter gelegt. *Es war der weibliche „Gast“!*

„Ja, ich weiß, Kleine...“, hatte die Frau mit sanfter Stimme geflüstert, „...das erste Mal ist echt ätzend. Mich hat er auch mit dieser Masche gekobert. Hat mich bei seinen Kumpanen vorgeführt wie eine Trüffelsau. Hat mich finanziell gemolken und ausgesaugt. Die berühmte Mitleidstour. Nach wenigen Wochen schon war ich sein Pferdchen. Die reiten dich jetzt ein und verfrachten dich dann in andere Wohnungen, wo du den Tanzbären machen und ackern gehen darfst. *Schätzchen - er ist ein Lude! Fast ein halbes Dutzend Pferdchen laufen für ihn, die er eingeritten hat!* Gewöhn´ dich besser an den Gedanken. Dafür bekommst du schicke Kleider, teuren Schmuck, Zigaretten, Kosmetik und Parfüm. Kohle kriegst du allerdings nicht, damit du nicht durchgehen kannst. *Nee!* Ist ein gerissener Bluthund. Brauchst aber nur zu sagen, was du haben willst. Der besorgt dir das dann schon. Kriegst Alles in Naturalien. Dann kriegst du einen anderen Luden. Jetzt weißt du Bescheid. Wenn du hübsch brav mitmachst und lieb bist, hast du auch keine Narben. Hier, ich zeig´ dir mal, was für eine Handschrift er drauf hat…“

Damit hatte diese hochtoupierte Blondine ihr Dekolleté entblößt und hob ihre Brust an, unter der ein krustiger, vernarbter Fleck prangte.

„Das ist seine ganz persönliche Marke, mein Mädelchen...“, hatte die Frau geflüstert, „...hab´ ein Mal zu Viel mein Maul aufgerissen. *Ein glühender Zigarettenstummel, verstehst du?* Tut höllisch Weh. Brennt wie Teufel. Hinterlässt aber nur kleine Narben. Die ersten Brandzeichen verpasst er dir an Stellen, wo sie nicht zu sehr auffallen. Der fackelt nicht all zu lange. *Gegen den ist selbst der Sensenmann noch der reinste Chorknabe!* Du kennst ja Loulou, die schicke Rothaarige. Die war pausenlos aufmüpfig. Konnte einfach die Schnute nicht halten. Wurde oft gebrändet. Die hat wirklich eine Menge Schmisse. Ihre Haut unter der Kleidung ist gesprenkelt wie bei einem Perlhuhn. Jetzt halt´ ich meine Schnauze. Ich rate dir, halt´ auch du besser den Mund und mach´ Augen und Ohren zu. Wirst schon sehen. Mit der Zeit gewöhnst du dich dran…“

Damit hatte sie Maxima noch ein Mal den Arm getätschelt und war verschwunden…

Maximas Kopf schaltete auf Autopilot. Ihre Papiere lagen im Schlafzimmer in der Kommode. Dorthin war sie geschlichen, hatte schnell das Nötigste in einen kleinen Beutel gepackt und war in ihrer Panik über den

Schlafzimmerbalkon auf den Balkon einer Nachbarin geklettert. Das Ganze spielte sich im fünften Stockwerk ab. *Sie hätte sich bei dieser waghalsigen Aktion locker den Hals brechen können!*

Die Mannschaft hatte im Wohnzimmer gehockt und war gerade dabei, sich sehr intensiv und schwül-erotisch mit der aufgedonnerten Blonden zu vergnügen. Da sie genügend abgelenkt waren, bekamen sie von Maximas überstürzter und halsbrecherischer Flucht nichts mit. Glücklicherweise war die Nachbarin daheim. Sie hatte Maxima eingelassen und sofort die Polizei verständigt. Wenige Minuten darauf waren mehrere Streifenwagen angerauscht gekommen, auf Geheiß der hilfsbereiten Nachbarin ohne Blaulicht und Sirenengeheul. *Die Beamten waren mitten unter die halbnackte, stark erregte Gesellschaft in diesen Privatkiez hinein geplatzt!* Maximas Peiniger, der wegen ähnlicher Delikte bereits schon ein Mal vorbestraft worden war und nun auf Grund des Bildes, das sich den Beamten jetzt bot, nicht mehr leugnen konnte, war hoch genommen und das gesamte Nest ausgehoben worden. Ende der Party - *over and out!*

Maxima war umgehend in das nächste Frauenhaus gebracht worden und hatte Anzeige gegen ihren Peiniger erstattet. Um sicher zu stellen, dass ihr Lude nicht mehr an sie heran kam und Rache nehmen konnte, wurde ihre neue Adresse strengstens geheim gehalten. Außerdem besorgte man ihr schnellstmöglich hier bei uns in M., in diesem weit entfernten Bundesland, einen anderen Frauenhausplatz…

Monate waren seither vergangen. Maximas Bauch war riesig gewachsen und es war ihr immer klarer geworden, dass sie das Kind auf keinen Fall behalten konnte. Sie hatte sich auch bereits mit dem Jugendamt in Verbindung gesetzt, sehr intensive Gespräche geführt und die entsprechenden Formulare für eine Adoption unterzeichnet. Ein Abbruch war für Maxima nicht in Frage gekommen. *Das Kind sollte eine Chance haben!* Jetzt würde das Schwerste erst noch kommen. Sie musste die Entbindung überstehen und dann, wenn Alles gut ging, zwei Stunden später ohne ihr Kind zurück ins Frauenhaus gebracht werden. Das Kleine würde sie gar nicht erst sehen. Auch das Geschlecht des Kindes wollte sie nicht erfahren. So war es bereits mit Jugendamt und der Klinik vereinbart worden. Der Abschied würde zu Mindest ein ganz klein Wenig leichter fallen…

Dann erfuhr ich eines Morgens, dass Maxima im Krankenhaus war. Ich hatte in der vergangenen Nacht derart tief und fest geschlafen, dass ich Nichts mitbekommen hatte. Dann kam der späte Nachmittag. Maxima war wieder da - *nur bedeutend schlanker!*

Sie begab sich sofort ins Bett. Ihr leises, ersticktes Schluchzen drang durch die Türe. Abends hatte sie sich ein Wenig erholt und beruhigt. Die Pillen, die sie aus der Klinik mitbekommen hatte, taten ihre Wirkung. Wieder saßen wir gemeinsam am Küchentisch und ich erfuhr schockiert, wie es mit meiner Kameradin gekommen war:

Spät in der Nacht zuvor hatten bei Maxima die Wehen eingesetzt. Die Frauen hatten einen Rettungswagen bestellt, der die Hochschwangere sofort in die nahe gelegene Klinik brachte. Gudrun hatte sie begleitet. Sie wartete draußen vor dem Kreißsaal und hörte in den frühen Vormittagsstunden Maximas gellende Schmerzensschreie durch den Flur hallen. Ohne jegliche Betäubung brachte Maxima das Kind zur Welt. In ihrem Leib tobte eine unbeschreibliche Pein. Dann drehte sie nur noch erschöpft und bibbernd den Kopf zur Seite, spürte, wie die Hebamme zwischen ihren Beinen in aller Eile abnabelte und bekam am Rande mit, wie ein in weiße Tücher geschlagenes Bündel einer Säuglingspflegerin übergeben wurde, die sich sofort weg drehte und den Kreißsaal verließ. Es war die endgültige Trennung - *für immer!*

„Schnell...“, hörte Maxima die Hebamme flüstern, *„bring' den Kleinen raus...“*

Sie hatte genug gehört. *Den Kleinen!* Ein Junge...

Maxima hörte das zarte, schreiende Stimmchen. Ein ganz kurzes Glücksgefühl durchrieselte sie, dann wich das Gefühl einer unsagbar grenzenlosen inneren Leere und Trauer. Sie schaute der Säuglingspflegerin vom Geburtsbett aus nach. Ein Stück des Tuches war über deren Arm gerutscht und Maxima sah - *nur für einen ganz kurzen Augenblick* - ein blutiges, strampelndes Beinchen mit einem winzigen, zuckenden Füßchen. *Es zerriss ihr fast das Herz!*

Beinahe hätte sie die Einwilligung zur Adoption auf der Stelle widerrufen! Dieses quäkende, zitternde Stimmchen, das blutverschmierte, winzige Beinchen und dieses zuckende Füßchen hatten das Kind so wirklich, so real gemacht!

„Bring' den Kleinen raus...“, hatte die Hebamme geflüstert. *Ein Jun-*

ge…

Alles, was Maxima von ihrem kleinen Jungen lebenslang überdeutlich in Erinnerung behalten würde, waren das zarte Stimmchen, dieses blutige Beinchen und das winzige, zuckende Füßchen! *Alles, was ihr bleiben würde, war die Erinnerung!* Diesen unbeschreiblichen, namenlosen Horror, in ausgerechnet einem solchen Moment eine derart folgenschwere Entscheidung treffen zu müssen, wünscht man wahrhaftig selbst seiner ärgsten Erzfeindin nicht…

Eine halbe Stunde später wollte Maxima von der Hebamme wissen, ob sie richtig gehört habe, dass es ein kleiner Junge war. Die Hebamme nickte nur betreten…

Zwei Stunden, nachdem sie das Kind geboren hatte, kleidete sie sich mühsam unter Schmerzen an und verließ unter dem Einfluss von starken Beruhigungsmitteln den Kreißsaal. Gudrun hatte in der Zwischenzeit im Frauenhaus Bescheid gegeben. Maria, die Vereinsfrau, kam mit dem Wagen vorbei und holte Maxima und Gudrun ab. Die gepeinigte, verwaiste junge Mutter musste dieses Datum radikal aus ihrem Leben streichen, musste vergessen, was an diesem Tage geschehen war…

Wie es mit Maxima weiter ging, ist mir nicht bekannt. Ich hatte in der Zwischenzeit den unverzeihlichen Fehler begangen, zu Frederik zu ziehen, den ich einige Zeit nach meiner Ankunft in M. kennengelernt hatte. Ja - *und dann hatte ich Frederik noch gründlich genug kennengelernt!* Nach einiger Zeit floh ich und wurde von der Polizei zurück zum Frauenhaus gefahren. Drei Tage später wechselte ich in das Frauenhaus L., weil Frederik mich ständig bedrängte und belagerte…

Maxima - ich kann nur Eines für dich wünschen: Dein Sohn ist mittlerweile ein längst erwachsener Mann. Seine Kindheit und Jugend hast du nicht erlebt. Diese Zeit mit ihm kann dir leider nicht mehr gegeben werden, denn Niemand kann die Zeit zurück drehen. Die Würfel fielen bereits vor zweiunddreißig Jahren. Wer weiß, vielleicht wurde dein Sohn irgendwann neugierig genug, um die genauen Hintergründe seiner Adoption erfahren zu wollen. Vielleicht hat er sich mit den Behörden in Verbindung gesetzt, um heraus zu finden, wer seine leibliche Mutter ist.

Vielleicht hat er sich mittlerweile mit dir in Verbindung gesetzt. Vielleicht wird er es noch tun. Falls ja, öffne ihm deine Türe und dein Herz. Er kann nichts für die Untaten seines brutalen Erzeugers.

Er ist nur ein Mensch…

Maxima - du bist eine sehr tapfere Frau, die weit, weit über ihre eigenen Grenzen gegangen ist. Deine Geschichte hat mich emotional mehr als tief berührt. Du hast Edelmut bewiesen. Du hast deinem Kind eine Chance gegeben, in dem du ihm das Leben nicht verweigertest, sondern es ihm geschenkt hast. Ich weiß nicht, wie viele brennend heiße Tränen du im Laufe vieler Jahre noch um deinen Sohn geweint haben magst. Du hast ihn her gegeben, damit er in einer heilen Umgebung in Frieden aufwachsen und das Leben genießen konnte. *Das ist wahre Größe!* Ich hätte das nicht verkraftet!

Dennnoch, Maxima - ich wünsche dir alles nur erdenklich Gute...

Gül - geflohen für ihr Recht

Eine der ersten Frauenhausbewohnerinnen in M., mit denen ich bekannt gemacht wurde, war Gül, eine sympathische Kurdin im mittleren Alter. Sie lebte mit Zweien ihrer vier Kinder seit wenigen Wochen im Frauenhaus M.

Gül war eine aufgeweckte Mittdreißigerin und hatte einen einfach umwerfenden Humor. Sie stand immer unter Strom. Kaum eine Minute saß sie ruhig, wieselte munter durch das ganze Haus, putzte hier und da, half bei der großen Wäsche und beim Großeinkauf mit, kochte, betreute neben ihren eigenen Kindern die Kinder ihrer Mitkameradinnen, half beim Abwasch. *Schlicht gesagt - Gül war einfach ein Hansdampf in allen Gassen!*

Sie war sehr jung, fast noch im Teenageralter, in der Türkei mit einem ihr unbekannten Mann verheiratet worden. Aus dieser Ehe gingen vier Kinder hervor. Liebe war für sie ein Buch mit sieben Siegeln. Faruk, der Älteste, hielt sehr zu seiner Mutter. Genau wie Hüliya, die Jüngste. Tülay, ihre andere Tochter, war, eben so wie Hilal, ihr zweiter Sohn, so massiv von Seiten ihres Vaters aufgehetzt worden, dass sie sich strikt weigerten, die Mutter ins Frauenhaus zu begleiten!

Auch Gül hatte zahlreiche Misshandlungen während ihrer Ehe erdulden müssen. Nach den vier Geburten hatte sie ohne das Wissen ihres Mannes heimlich mit der Pille verhütet. Ihr Mann hatte sich nur gewundert, warum Gül nach dem vierten Kind nicht mehr schwanger wurde. Als er nach einigen Jahren dann doch dahinter kam, hatte er seine Frau ohne langes Federlesen so dermaßen durch die Mangel gedreht, dass kaum noch ein Knochen in ihrem Leib heil blieb. Die Folge davon waren mehrere Wochen Krankenhausaufenthalt. Faruk und Hüliya besuchten sie heimlich, ohne das Wissen von Vater und Geschwistern. Kaum wieder daheim, verlangte der Ehemann nach weiteren Kindern. Gül dagegen wollte sich sterilisieren lassen. Woraufhin ihr Mann drohte, sie hinaus zu werfen. *Tülay und Hilal bespuckten ihre Mutter sogar!* Faruk und Hüliya stellten sich schützend vor sie. Kurz darauf hatte ihr Mann erneut zugeschlagen. So konnte es jetzt definitiv nicht mehr weiter gehen. Also fasste Gül den folgenschweren Entschluss, gemeinsam mit Faruk und Hüliya ins Frauenhaus zu gehen und von dort aus eine Sterilisation vornehmen zu lassen…

Ihr Zimmer lag direkt neben dem von Julla und mir. Eines Abends kam sie, beladen mit einem Tablett mit Tee und Gebäck, hinüber zu uns. Wir drei Frauen waren bereits in den Pyjamas. Gemütlich setzten wir uns zu einer kleinen Damenrunde zusammen. Natürlich ging es wieder um das Thema Männer. Gül fragte mich aus Jux, ob ich nicht wieder einen kurdischen Mann wolle. Sie kannte ja bereits meine Geschichte mit Hidir, meinem Ex. Ich winkte lachend und gespielt entrüstet ab und sagte, dass ich ein- für alle Male die Schnauze voll hätte - *und zwar bis Pflaumenpfingsten!* Woraufhin Gül mich angrinste und meinte, dass sei aber schade, denn kurdische Männer hätten doch so schöne dicke, schwarze Augen!

Julla und ich starrten uns an. Es kam eine Lachsalve, die sich gewaschen hatte - *es haute uns echt aus den Latschen!*

Nachdem wir uns wieder einigermaßen im Griff hatten, mussten wir Gül erst ein Mal den Unterschied zwischen *„groß"* und *„dick"* erklären. Julla stellte pantomimisch mit den Händen Froschaugen dar und quakte!

Den Rest des Abends wurde nur noch gelacht…

Ein andermal konnte Julla Gül dazu überreden, gemeinsam mit mir auf eine Tasse Kaffee und ein Stück Kuchen in ein Café zu gehen. Gül war zeitlebens noch nie in einem Café gewesen. Sie war Feuer und Flamme und begleitete uns zu dieser einmaligen Freude. Doch kaum saßen wir gemütlich am Tisch, griff Julla zu und riss ihr das Kopftuch herunter!

Eine derart unüberlegte Handlung hätte ich nicht von ihr erwartet!

Gül kreischte laut, entriss Julla das Kopftuch und versuchte, ihr Haar mit den Händen zu bedecken!

„Allah! Ich komme in die Hölle!", schrie sie durch das ganze Café, *„Ich bin doch ein guter Mensch!"*

Die Bedienung starrte entgeistert zu uns hinüber - *eben so wie die anderen Gäste!* Ich saß da und versank fast vor Scham im Boden!

In Windeseile band Gül sich das Kopftuch wieder um. Julla grinste sie an und meinte: „Mensch, lass´ doch das Kopftuch weg! *Du bist jetzt eine freie Frau! Du lebst hier in der westlichen Welt!* Kein Schwein interessiert es, ob du ein Kopftuch trägst oder nicht…"

„Tut es doch!", kreischte Gül aufgebracht, *„Die Leute glotzen!"*

„Die glotzen nur wegen deines Geschreis…", winkte Julla ab, „nun mach´ doch nicht so ein Spektakel wegen dieses Fetzens Stoff. Du bist frei. Dann kannst du dich doch auch so verhalten. Was ist denn schon groß dabei?"

„Julla…", flüsterte ich, *„…sie kommt aus einem völlig anderen Kulturkreis. Das hat religiöse Gründe. Bitte lass´ gut sein…"*

Julla schmunzelte. Einen Stein zusätzlich im Brett hatte sie dadurch bei mir nicht!

Mittlerweile hatten sich alle Beteiligten wieder beruhigt. Nur hin und wieder warfen Bedienung und Gäste uns einige verstohlene Blicke zu. Ich stand das Essen still durch und war dankbar, als wir das Café wieder verließen!

Zurück im Frauenhaus, redete ich Julla in einer ruhigen Stunde ernsthaft ins Gewissen. Ich machte ihr klar, dass, wenn Gül schon eine freie Frau sei, sie somit auch die alleinige Freiheit habe darüber zu entscheiden, ob sie ein Kopftuch tragen wolle oder nicht. Niemand könne ihr genau diese Entscheidungsfreiheit nehmen. Es habe schließlich auch zuvor Niemand im Café geglotzt, weil sie mit Kopftuch am Tisch saß! Julla hat sich dann auch wirklich bei Gül entschuldigt…

Mit der Zeit jedoch ließ Gül dann aber von sich aus so nach und nach immer häufiger das Kopftuch weg. Innerhalb eines Monats wurde es für sie fast schon zur Selbstverständlichkeit, auch draußen darauf zu verzichten!

Dann, eines Abends, hielt Güls Tochter Hüliya uns mit einer akuten Blinddarmentzündung in Atem. Sie erbrach, krümmte sich, wimmerte und hielt sich in Fötushaltung den Unterbauch. Hinzu kamen noch Fieber und Schweißausbrüche. Faruk, ihr Bruder, hielt ihr die ganze Zeit brav die Hand. Die Frauen verständigten einen Rettungswagen, der Hüliya umgehend ins nächst gelegene Krankenhaus brachte. Das kleine Mädel wurde operiert und war nach kurzer Zeit wieder auf dem Damm…

Dann bekam Gül endlich einen Termin für die Sterilisation. Der Rest ist schnell erzählt. Nach der Operation kam sie noch für eine kurze Zeit ins

Frauenhaus, um sich von den Folgen des Eingriffs zu erholen. Dann packte sie die Koffer und ging - *nun steril!* - mit ihren beiden Kindern zurück zu ihrem Mann und dem Rest der Familie…

Wie es ihr heute geht, weiß ich nicht.

Gül - du hast dich zum ersten Mal im Leben bis zu einem gewissen Grade durchgesetzt. *Damit hast du bereits ein großes Stück wahre Emanzipation bewiesen!* Gleichzeitig hast du deine Familie zusammengehalten und dich für sie aufgeopfert. Dieser Spagat zwischen den Kulturen war mit Sicherheit nicht einfach. *Du bist ein toller, mutiger Mensch!* Ich hoffe, deine beiden anderen Kinder haben das mittlerweile auch erkannt…

Gül - die heiteren Abende mit dir waren auch immer klasse. Du hast die Gabe, aufzubauen. Bleib so, wie du damals warst…

Karla - vom Arzt geprügelt

An die Geschichte von Karla erinnere ich mich noch in aller Deutlichkeit. Um nicht zu sagen, sie haute mich aus den Socken. *Es war mir nämlich zum damaligen Zeitpunkt schlicht unvorstellbar, dass es so Etwas überhaupt gibt!*

Karla lebte im Frauenhaus M. und hatte zwei schulpflichtige Kinder, eine Tochter namens Sabrina und einen Sohn namens Henrik. Von Beruf war sie Krankenschwester. In der Klinik, in der sie ursprünglich tätig war, hatte sie auch ihren künftigen Lebensgefährten kennen gelernt. Er war Arzt für Allgemeinmedizin und arbeitete zum Zeitpunkt des Kennenlernens auf der Station, auf der auch Karla eingesetzt war. Kurz, nachdem die Beiden sich begegnet waren, eröffnete er eine eigene Praxis und verließ die Klinik. Karla zog zu ihm und half ihm, die Praxis auszustatten. Auch sie verließ die Klinik. Ihr Gefährte stellte sie für die Vormittage ein. Karla war unter Anderem zuständig für Blutsenkungen, Urinproben, Blutdruckmessungen und Verbandswechsel. Gelegentlich machte sie auch die Patientenanmeldungen, saß vorne am Empfang und führte Telefonate. In der Mittagspause, wenn ihre Arbeit in der Praxis getan war, ging sie hoch in die Wohnung, kochte und erledigte den Haushalt. Nach Feierabend, wenn ihr Gefährte über den Abrechnungen saß, putzte sie noch die Praxisräume. Abends wurde dann gegessen.

Karla verfügte über ein gutes Einkommen und hatte nun einen geregelten Tagesablauf. Ihr Gefährte war approbierter Allgemeinmediziner mit gut gehender, eigener Praxis. Unter einem besseren Stern hätte die gemeinsame Zukunft also nicht stehen können…

Kurz hintereinander wurden die beiden Kinder geboren. Ihr Gefährte stellte eine weitere Sprechstundenhilfe ein. Karla musste kürzer treten. Nur morgens erschien sie noch kurz in der Praxis, um den Patienten die nötigen Blut- und Urinproben für das Laboratorium zu entnehmen. An Sonsten bestand ihr Alltag aus Einkäufen, Haushalt, kochen, Wäsche und Kindern. Neuerdings hatte ihr Gefährte ständig Etwas zu beanstanden. Mal war es eine Falte zu Viel im Arztkittel, mal war der Kaffee zu schwach, mal brüllten die beiden Kleinen, mal lag Spielzeug herum, mal war der Wein für den Abend nicht rechtzeitig kühl gestellt. Immer öfter rastete der Onkel Doktor aus. Am Meisten fürchtete Karla die Wochenenden, wenn ihr Gefährte Berufskollegen zu Tisch hatte. Alles musste pikobello sein und wurde bereits über die gesamte Woche im Voraus penibel bis aufs Kleinste geplant. Servietten hatten in einer absolut pedantischen Ordnung gefaltet und angeordnet zu sein, das Besteck hatte zu blinken, ja selbst die Dinnerkerzen und sogar Karlas Nagellack hatten farblich exakt auf die jeweilige Tischdecke abgestimmt zu sein. Sabrina und Henrik, die beiden Kinder, hatten bei Tisch zu schweigen und nach dem Essen möglichst unauffällig in ihren Zimmern zu verschwinden...

Waren die Fachsimpeleien beendet und die Arztkollegen gegangen, bekam Karla die kleinsten Schnitzer des Abends gleich zu spüren. Wie von Sinnen drosch ihr Gefährte auf sie ein. Ohrfeigen, Kopfnüsse, Bisse, Tritte und Vergewaltigungen waren mittlerweile an der Tagesordnung. Es gab ein Donnerwetter nach dem Anderen. Immer öfter musste Karla der zweiten Sprechstundenhilfe ihre Aufgaben überlassen, weil sie wieder ein Mal ein Brillenhämatom, ein Würgemal oder eine aufgeplatzte Lippe hatte. Sehr bald durfte Karla gar Nichts mehr in der Praxis übernehmen. In ihrem desolaten Zustand konnte sie sich den Patienten schließlich nicht zeigen. Sie brachte Sabrina und Henrik morgens in den Kindergarten, kaufte ein, machte den Haushalt, kochte, wusch die Wäsche, bügelte, holte die Kinder ab, plante das nächste Wochenend-Dinner und zitterte innerlich vor Angst. Über ein eigenes Einkommen verfügte sie praktisch nicht mehr. Sie und die Kinder waren nun mittlerweile vollkommen vom Onkel Doktor abhängig. Er hatte sie buchstäblich abgekocht…

Eines Tages - *die Kinder waren mittlerweile bereits im Grundschulalter* - betrat Karla die Praxis, um im Wartezimmer die ausgelegten Zeitschriften auszutauschen. Aus dem Sprechzimmer vernahm sie das gequälte Schluchzen einer Frau. Die Türe zum Behandlungsraum war nur angelehnt. Karla schlich sich von Außen heran. Eine Patientin in mittlerem Alter saß auf der Behandlungsliege. Ihr Gesicht war vom Weinen geschwollen und mit blutunterlaufenen Kratzern übersät, die Arme voller blauer Flecken. Auf dem Boden standen ein Koffer und eine Reisetasche. Karlas Gefährte stand neben der Liege, tätschelte der Patientin beruhigend die Hand und sagte mitfühlend: „Nein, da haben Sie Recht, so kann es nicht weiter gehen. Ich werde jetzt zu Nächst ein Mal ein medizinisches Gutachten für den Anwalt ausstellen und für Sie im Frauenhaus anrufen. Sie müssen von diesem Mann fort. Bringen Sie ihn unbedingt zur Anzeige. Er tut Ihnen wirklich nicht gut. Bleiben Sie hier in der Praxis; ich lasse Sie von Seiten des Frauenhauses abholen. Seien Sie ganz unbesorgt. Noch heute sind Sie in Sicherheit…"

Karla holte tief Luft und zog sich mit zitternden Knien zurück. Sie hatte genug gehört! Ihr Verstand regte sich. Leise verließ sie die Praxis, begab sich zur Rückseite des Hauses auf die Veranda und atmete erst ein Mal tief durch. *Ja, sie hatte es in der Tat begriffen!*

Ihr Gefährte prügelte bereits seit Jahren brutal wie ein Berserker auf sie ein - *und nun verhilft er in seiner Eigenschaft als Mediziner einer Frau, die häuslicher Gewalt ausgesetzt ist, zur Flucht!*

Karlas Gedanken rasten. Warum um Himmels Willen hatte sie sich immer wieder selbst jahrelanger häuslicher Gewalt ausgesetzt? *Hatte sie nicht ebenfalls ein Recht auf Schutz?* Warum hatte sie sich das gefallen lassen? *War sie etwa weniger als diese Patientin ein leidender Mensch?*

Schnell huschte sie nach Oben in die Wohnung und rief ebenfalls im Frauenhaus an. Es wurde ein Treffen an der Schule ihrer Kinder vereinbart. Dann packte sie in aller Eile die nötigsten Sachen und bestellte ein Taxi, das sie zur Grundschule brachte. Dort holte sie Sabrina und Henrik ab und erklärte ihnen, dass sie nicht mehr zu Papa zurück gingen. Sie sprach auch mit der zuständigen Direktorin. Kurz darauf wurden Karla und die Kinder von einer Mitarbeiterin des Frauenhauses abgeholt und in Sicherheit gebracht. *Die Ironie wollte, dass sie dort auch der Patientin begegnete, der ihr Gefährte gerade an diesem Morgen zur Flucht verholfen hatte!*

Es wurde ein langes, interessantes Frauengespräch. Am folgenden Tag wechselte Karla mit den Kindern aus Sicherheitsgründen die Stadt…

Als ich im Frauenhaus M. eintraf, wohnte Karla mit ihrer Familie bereits seit einigen Wochen ebenfalls dort. Auch sie hatte sich über die Klinik ein medizinisches Gutachten geholt und ihren ehemaligen Gefährten zur Anzeige gebracht. Sie hatte dazugelernt. Sabrina und Henrik waren auf einer neuen Schule und hatten dort auch bereits die ersten Freundschaften geschlossen. Väterliche Besuche liefen über das Jugendamt. Nun wollte Karla für sich und ihre beiden Kinder eine Wohnung nehmen und auch bald wieder als Krankenschwester arbeiten. Ihr Ex-Gefährte zahlte für die Kinder und hatte mittlerweile die Trennung akzeptiert…

Karla - deine Geschichte hat mich echt umgehauen! Sie zeigt, dass der Beruf Nichts mit dem wahren Charakter eines Menschen zu tun hat. Es war eine unglaubliche Ironie des Schicksals. *Ausgerechnet eine Patientin deines Ex-Gefährten hat dir die Augen geöffnet!*

Karla - ich hoffe, dass du deine Pläne verwirklicht hast und wünsche dir und deiner kleinen Familie alles erdenklich Gute…

Hildegard - Frau ohne Schmerzen

Eines Tages wurde Hildegard bei uns aufgenommen, eine Mittdreißigerin. Sie kam gemeinsam mit Jörn, ihrem elfjährigen Sohn. Der Junge wirkte total eingeschüchtert. So bald wir den Beiden ihr Zimmer gezeigt hatten, zog er sich zurück.

„Das ist schon in Ordnung.“, nickte Hildegard, „Er braucht das jetzt…“

Nach dem Einführungsgespräch kam sie zu uns in den Gemeinschaftsraum und trank mit uns einen Kaffee. Wie selbstverständlich legte sie ihre Hand um die heiße Tasse. Wir wunderten uns. Der Kaffee war ganz frisch aufgebrüht und dampfte. Niemand von uns wäre in der Lage gewesen, die heiße Tasse mit bloßen Händen anzufassen. Wir hätten sie am Henkel gegriffen. Hildegard trank auch zügig, ohne zu pusten. *Wie konnte sie sich das heiße Getränk nur so in den Hals schütten? Wir hätten gebrüllt!* Als sie unsere Blicke sah, griff sie die Tasse dann doch am Henkel und nahm deutlich kleinere Schlucke.

Nach dem Kaffee begab sich Hildegard in ihr Zimmer, um die Koffer auszupacken und den Inhalt in den Schrank zu räumen. An diesem ersten Tag sagte sie nicht Viel…

Am nächsten Tag kam Heike ganz verdattert in die Küche und sagte: *„Mädels, das könnt ihr euch jetzt nicht vorstellen!“*

„Was ist passiert?“, fragte Beate nach.

„Hildegard ist gerade dabei, den eingerissenen Rucksack ihres Sohnes zu nähen. Ich hab´ noch kurz mit ihr gesprochen. Dabei rutschte sie ab und stach sich ziemlich heftig mit der Nadel in den Finger. Es blutete ganz schön. *Aber holla!* Ich hab´ ihr eben mal ein Pflaster gebracht. *Aber was mir auffiel:* Als sie sich die Nadel einhandelte, zuckte sie nicht ein Mal mit der Wimper! Sie zog einfach ganz gleichmütig das Teil wieder heraus, lutschte an der Wunde und redete weiter, so, als sei überhaupt Nichts vorgefallen! *Könnt ihr euch das vorstellen?“*

Nein, das konnten wir in der Tat nicht…

Am späten Nachmittag gesellte sich Hildegard wieder zu uns in den Gemeinschaftswohnraum. *Alle starrten wir sie entgeistert an!*

„Ja, ich weiß…“, lächelte sie entschuldigend, „...ich glaube, ich hab′ euch bereits ziemlich geschockt. Eure Blicke gestern beim Kaffee habe ich bemerkt. Naja, und vorhin die Sache mit der Nadel…“ Sie zeigte auf Heike. „Das nächste Mal will ich mich ein Wenig besser vorsehen. Wisst ihr, ich kann nämlich keinerlei Schmerzen empfinden. Manchmal denke ich einfach nicht darüber nach. So Etwas darf mir regulär nicht passieren, weil ich mich damit selbst in fatale Gefahr bringen kann…“

Wir rückten zusammen und beugten uns interessiert vor. Hildegard setzte sich zu uns. Sie war bereit, zu sprechen. *Und so erzählte sie uns die Geschichte ihres Jahre langen, unvorstellbaren Martyriums:*

Hildegard hatte ihren Sohn Jörn aus einer früheren Beziehung. Der Schlingel blieb gerade ein Mal lange genug, um sie zu schwängern. Als ihr Bauch anschwoll, verließ er sie. Hildegard brachte den Sohn zur Welt und wurstelte sich mit dem Neugeborenen alleine durchs Leben, musste selbst schauen, wie sie zu Rande kam. Wenige Monate nach der Entbindung begegnete sie ihrem späteren Ehemann. Er machte ihr Komplimente, schenkte ihr Blumen und himmelte sie an. Auch Jörn bedachte er mit Spielzeug und wiegte ihn liebevoll in den Armen. Ziemlich überstürzt war sie die Ehe eingegangen, nicht ahnend, auf was sie sich da eingelassen hatte. Sie wollte ihrem Söhnchen eine heile Familie geben…

Doch die scheinbar so heile Welt hielt nicht lange. Anfangs trug er sie noch auf Händen. Nach einigen Monaten jedoch war Schluss damit. Hildegards Mann entpuppte sich als harter Trinker, der regelmäßig in den Spelunken versackte. Immer öfter und brutaler schlug er zu. Mehrere Krankenhausaufenthalte waren für Hildegard die Folge. Mal war es ein Nasenbeinbruch, mal eine Gehirnerschütterung, mal eine Fraktur der Rippe. Immer wieder mussten ihre Eltern den kleinen Jörn abholen und für einige Tage bei sich unterbringen. Immer wieder erfand sie andere Ausreden. Der Nasenbeinbruch kam angeblich durch die plötzlich von der rückwärtigen Seite aufgestoßene Wohnzimmertüre zu Stande, die Gehirnerschütterung durch einen unglücklichen Rutsch auf den feuchten Badezimmerfliesen. Selbst in der Klinik blieb sie eisern bei ihren Ausflüchten. Daher konnte Niemand etwas gegen ihren brutalen Mann unternehmen. Nach jedem Klinikaufenthalt holte Hildegard den kleinen Jörn ab und hinkte zurück zu ihrem Peiniger…

So waren die Jahre vergangen. Jörn bekam den ehelichen Terror regelmäßig mit. Er wurde zeitweise zum Bettnässer und begann, ganz massiv zu stottern. Bislang hatte der tyrannische Stiefvater sich allerdings noch nicht körperlich an dem Kind vergriffen. Nun aber ließ er seine ganze Wut an dem hilflosen Jungen aus!

„Guck' dir diesen Dummdödel an!", brüllte er, *„Der hat schon wieder in's Bett geschifft! Und stottern tut er auch noch wie ein Weltmeister! Der hat ja schon einen viereckigen Kopf, damit er nicht von der Düne rauscht..."*

Hildegard schwieg und brachte ihren Sohn aus der Schusslinie...

Eines Tages kam es zu der heftigsten Auseinandersetzung überhaupt. Es war so grauenvoll, dass man es sich kaum vorstellen mag. *Das Monstrum prügelte Hildegard zu Boden und sprang ihr mit voller Wucht mehrmals mit schweren Straßenstiefeln aufs Rückgrat!* Hildegard hörte ein deutlich knackendes Geräusch, dann wurde ihr schwarz vor den Augen. Eine ganze Weile später kam sie wieder zur Besinnung. Mühsam rappelte sie sich hoch. Eigenartigerweise verspürte sie keinerlei Schmerzen. Ihr ganzer Körper fühlte sich völlig taub an. Auf Händen und Knien robbte Hildegard zum Telefon und rief den Notarzt. Dann verständigte sie noch ihre Eltern, die Jörn abholen sollten. Hildegard erklärte ihnen mühsam murmelnd, sie habe beim Staubwischen auf dem Sitzhocker gestanden, sei an der Kante mit dem Fuß weg gerutscht, gestürzt und mit dem Rücken gegen die Tischecke geprallt. Ihr Mann sei nicht da und könne ihr also auch nicht helfen. Sie spürte den Hörer nicht ein Mal mehr in der Hand. Ihr Mann hatte das Haus mittlerweile verlassen. Hildegards Mutter und der Notarzt trafen fast gleichzeitig ein. Sofort wurde ein Rettungswagen verständigt, der Hildegard in die Klinik brachte. Sie wurde umgehend in den OP gebracht. Das Letzte, was sie mitbekam, war das helle, gleißende Licht der Lampe und eine Maske, die sich über ihr Gesicht legte...

Als sie am kommenden Tag wieder aus der Narkose erwachte, saß ein Arzt an ihrem Bett. Sie befand sich auf der Intensivstation. Der Arzt teilte ihr mit, man habe einen mehrere Stunden dauernden Eingriff an der Wirbelsäule vorgenommen. Hildegard erfuhr, dass sich wohl einige Wirbel verschoben hatten und die Reizleitungsorgane schweren Schaden genommen hätten. Laufen würde sie mit der Zeit zum Glück ohne Probleme wieder können. Die Empfindungsstränge aber seien bei dem *„Unfall"* gerissen und irreparabel zerstört. Hildegard musste sich mit der Tatsache abfinden, dass sie nie wieder im Leben in der Lage sein würde, Schmerzen oder sonstige körperliche Empfindungen wahr zu nehmen!

Der Arzt war selbst sehr misstrauisch ob der vielen, seltsamen *„Unfälle"* und stellte Hildegard auch sehr intensive Fragen. So viel Ungeschicklichkeit war doch einfach unmöglich. Doch wie sollte er gegen den brutalen Ehemann entsprechende Schritte einleiten, wenn die Patientin auch weiterhin absolut eisern bei ihrer Geschichte blieb…

Mühsam wurde Hildegard hoch gepäppelt. Von der Klinik ging es in die Reha, wo sie in speziellen Schulungen lernen musste, möglichen Verletzungsrisiken auszuweichen und eventuelle Verbrennungsgefahren zu vermeiden. Es wurden mehrere EKGs gemacht; ihr Gehirn war in Ordnung. Sie musste nun auch regelmäßig zu Kontrolluntersuchungen, um sicher zu stellen, dass sie an keinen ernsten Erkrankungen litt. Selbst Fieber oder Entzündungen nahm sie ja jetzt nicht mehr wahr...

In den nächsten Jahren beherrschte sich ihr brutaler Mann. Es gab nur noch hin und wieder eine Ohrfeige. Das hinterließ praktisch keine Spuren. Hildegard nahm die Schläge nur noch dumpf und taub wahr. Ihr Hausarzt stellte keinerlei Verletzungen mehr fest und war zufrieden. Bald brauchte sie nur noch zwei Mal jährlich zur Kontrolle des Blutes. Selbst, als der Ehemann ihr eines Tages im erneut aufkommenden Jähzorn einen glühenden Lötkolben in den Oberschenkel drückte, rührte sie sich nicht. Sie verband die lochartige Narbe, bis sie abgeheilt war. Die Bekleidung vertuschte die Wahrheit. Sie kümmerte sich weiterhin schweigend um den Haushalt und umsorgte Jörn, der nun inzwischen ebenfalls von seinem Stiefvater Backpfeifen bekam, mit mütterlicher Liebe!

Eines Abends war ihr Mann dann wieder ein Mal in der Kneipe versackt, sturzbetrunken nach Hause gekommen und hatte einen Streit vom Zaun gebrochen. Dieses Mal jedoch schlug er nicht zu, sondern grinste Hildegard nur an und bedachte sie mit hämischen Blicken. Dann schwankte er ins angrenzende Schlafzimmer. Wenige Augenblicke später drang sein lautes, orgelndes Schnarchen zu ihr hinüber.

Hildegard wollte die Nacht nicht bei ihrem brutalen und betrunkenen Ehemann verbringen. Irgend Etwas schien er zu planen. Es wäre längst nicht das erste Mal. Sie löschte das Wohnzimmerlicht, nahm im Sessel Platz und fiel sehr bald in einen unruhigen Schlaf. Irgendwann glaubte sie im Halbschlaf, eine dumpfe Berührung wahr zu nehmen. Auch ein lautes Knacken war zu hören, als ob ein Ast bräche. Mühsam riss sie die Augen auf. Ihr Mann war aus seinem Alkoholrausch erwacht und stand mit vor Wut glitzernden Augen neben dem Sessel. Hildegard sah an sich herunter. Ihr Arm hing in unnatürlicher Position über die Sessellehne hinab. Das Handgelenk war bereits dick geschwollen. *Der brutale Unhold hatte sich, während sie schlief, auf ihren Oberarm gekniet und ihr mit einem Ruck den Ellenbogen und das Handgelenk gebrochen!*

Sie hielt die Nacht durch. Am nächsten Morgen, nachdem ihr Peiniger das Haus verlassen hatte, fuhr sie mit dem Taxi zu einer anderen Klinik. Zu einer Klinik, in der man sie nicht kannte und somit auch keine bohrenden, peinlichen Fragen stellte. Sie war mittlerweile absolut handlungsunfähig, schämte sich bis in Grund und Boden. Jörn befand sich glücklicherweise gerade zu dieser Zeit im Sommerlager. Hildegard ließ sich als Notfallpatientin aufnehmen und wurde operiert. Neben dem Ellenbogen war die Speiche ebenfalls gebrochen. Den Ärzten der dortigen Klinik erzählte sie von einem unglücklichen Treppensturz. Ihr Peiniger machte sie ausfindig und mimte wie immer den besorgten Ehemann, der Blumen brachte und aufmunternde Worte sprach.

Kurz darauf wurde sie entlassen und fuhr, innerlich resigniert, in Begleitung ihres scheinbar so liebevollen Mannes mit eingegipstem Arm zurück zur ehelichen Wohnung…

Einige Zeit später sah Hildegard im Fernsehen eine interessante Reportage. Zum ersten Male erfuhr sie, dass es Frauenhäuser gab, die den Opfern von häuslicher Gewalt dauerhaften Schutz boten. Sie schlug sofort im Telefonbuch nach. Tatsächlich - *auch L. hatte ein solches Frauenhaus!*

In ihrem Kopf machte es klick! *Das war ihre Chance!* Sogleich notierte sie sich die entsprechende Nummer und rief auf der Stelle dort an. Dann riss sie die Koffer vom Schrank und gab Jörn Bescheid. Der Junge half augenblicklich beim Packen. Hildegard rief ein Taxi, das sie und ihren Sohn zum vereinbarten Treffpunkt fuhr. Dort wurden die Beiden abgeholt und endgültig in Sicherheit gebracht…

Ja, jetzt verstanden wir es! Die Sache mit der heißen Kaffeetasse, die Sache mit der Nadel. Hildegard ließ die Jeans herunter und zeigte zur Bekräftigung die lochartige Oberschenkelnarbe. Sie demonstrierte den ganz Hartgesottenen unter uns sogar ihre Unfähigkeit zur Schmerzempfindung. Wir hatten eine alte, ausgediente Pfanne. Die ließ sie sich geben, stellte sie auf den Herd, schaltete ein und gab einige Tropfen Öl hinzu. Als es siedete, drückte sie ganz kurz die Daumenfläche hinein. Es zischte. Wir schlugen entsetzt die Hände vors Gesicht! *Unsere Mägen schlugen Kapriolen!* Hildegard stand da und verzog keine Miene. Sie nahm den Daumen wieder hoch. Eine kleine, rote Blase hatte sich gebildet!

„So!“, sagte Hildegard energisch und atmete ganz tief durch, „Als Erstes werde ich mir jetzt ein Mal den Daumen verpflastern. *Als Zweites nehme ich mir einen Anwalt und reiche umgehend die Scheidung ein!“*

Wenige Tage darauf hatte sie einen Termin bei einer entsprechenden Anwaltskanzlei. Die Scheidung lief. Außerdem erstattete Hildegard auf dem Präsidium Anzeige gegen ihren brutalen Peiniger und informierte auch gleich telefonisch ihren Verwandtenkreis. *Nach fast zehn Jahren hatte Hildegard endlich den Absprung geschafft und kam zur Ruhe!*

Doch mit der einkehrenden Ruhe löste sich gleichzeitig auch der Schock. Abends brach Hildegard im Wohnraum unvermittelt zusammen. Der Notarzt wurde geholt. Er diagnostizierte schweres Nervenfieber, hervorgerufen durch die ganze seelische Anspannung der letzten Tage. Der Anfall war jedoch glücklicherweise nur kurz. Nach einigen Spritzen kam Hildegard wieder auf die Beine. Diesmal wollte sie ganz bewusst nicht in die Klinik. Im Frauenhaus fühlte sie sich jetzt besser aufgehoben!

Nach einigen Tagen fand sich eine Verwandte bereit, Hildegard und Jörn bei sich aufzunehmen, bis die Beiden eine eigene Unterkunft hatten. Diese Verwandte lebte in einer weit entfernten Stadt und hatte auch eine entsprechend große Wohnung. Hildegard packte die Koffer, verabschiedete sich und ließ sich mit ihrem Sohn in Begleitung von zwei Kameradinnen zum Bahnhof bringen!

Was weiter aus den Beiden wurde, ist mir leider nicht bekannt…

Hildegard - ich bin mir sicher, dass du deinen Weg gegangen bist. Die Medizin hat im Laufe der letzten drei Jahrzehnte erhebliche Fortschritte gemacht. Vielleicht hat sich ja mittlerweile eine Möglichkeit gefunden, dir mittels der modernen Technik zu Mindest einen Teil deiner körperlichen Empfindungen zurück zu geben. *Ich wünsche es dir sehr!*

Wünschenswert wäre auch, dass dein Sohn das Trauma der Kindheit überwunden hat und heute ein glücklicher Mann ist!

Des Weiteren hoffe ich, dass dein ehemaliger Peiniger auf Grund deiner damaligen Anzeige eine sehr harte Strafe erhalten hat. Diesen Unhold kann nur die Hölle ausgespuckt haben. Hoffentlich verrottet er im Knast…

Hildegard - du hast gerade im richtigen Moment diese Sendung gesehen. *Sie hat dir auf lange Sicht das Leben gerettet!*

Ich wünsche dir von ganzem Herzen noch ein langes, glückliches und erfülltes Leben…

Oxana - unbewältigter Kulturschock

Im Februar 1984 kam Oxana zu uns ins Frauenhaus L. Sie hatte mehrere Koffer und ihre drei kleinen Kinder dabei. Mirela war fast Sieben, Karol war fast Fünf und der kleine Jendrich war gerade ein Mal zehn Monate alt.

Oxana machte einen ziemlich verwirrten und verstörten Eindruck. Sie stellte sich kurz, hastig und knapp vor und sagte, sie sei Französin. Wir schauten uns Alle an. *Klar - der Name „Oxana" und das holprige Dialekt passten ja auch perfekt zu Frankreich!* Die Vereinsdamen nahmen sie erst ein Mal in Empfang und zeigten ihr später ihr Zimmer. Solveig nahm uns anderen Bewohnerinnen derweil bei Seite und erklärte uns, dass Oxana nicht zum ersten Mal hier in diesem Frauenhaus sei. Im vergangenen Jahr habe sie, hochschwanger, schon ein Mal eine kurze Zeit hier verbracht. Anke warnte uns vor, Oxana sei nicht nur stark traumatisiert, sondern auch schwer psychisch krank. Sie sei auch keine Französin, sondern Tschechin. Wir sollten auf Grund ihrer Erkrankung um das, was sie sagte, nicht allzu Viel geben…

Vom Tage ihrer Ankunft an hatten wir nun praktisch ein völlig unselbstständiges, achtundzwanzigjähriges Kind im Hause! Die Mahlzeiten, die Oxana kochte, waren schier ungenießbar; sie putzte nicht besonders gründlich und mit den Waschmaschinen kannte sie sich erst recht nicht aus. Ständig schien sie restlos überfordert. Meistens waren es wir anderen Bewohnerinnen, die den drei Kindern das Frühstück bereiten mussten. Am laufenden Band jammerte Oxana uns vor, wie grausam und brutal ihr Mann sei. Sie redete buchstäblich wie ein Maschinengewehr. Irgendwie wirkte sie auf uns Alle unglaubwürdig. Etwas an den Geschichten schien faul zu sein. Eine ganze Litanei von angeblichen Misshandlungen ratterte sie herunter. Nach wenigen Tagen reichte sie die Scheidung ein…

So unselbstständig Oxana auch am Tage war - *an ihren freien Abenden, in der nahe gelegenen Disco, drehte sie voll auf!* Sie schlürfte ihren Prosecco, flirtete ungehemmt mit den männlichen Gästen und legte dann eine flotte und kesse Sohle auf´s Parkett. An manchen Abenden versackte sie regelrecht. Mirela, Karol und Jendrich überließ sie während ihrer abendlichen Ausflüge in der Obhut ihrer übrigen Kameradinnen…

Mehr als ein Mal wurde Oxana zu einem Gespräch ins Büro des Frauenhauses geholt. Es wurde angeregt, dass sie sich zu einer Therapie entschließen solle. Sie schlug sämtliche Ratschläge in den Wind. Zwingen konnte sie auch Niemand. So krank sie auch war - *sie war trotz Allem eine erwachsene Frau!*

Natürlich wollte sie den Kindern gut sein; zu Mindest von Zeit zu Zeit schienen mütterliche Gefühle durch zu kommen. Diese Phasen hatte sie in der Tat. Sie stellte eine Babybadewanne für Jendrich in ihr Zimmer, schleppte warmes Wasser an und schloss die Zimmertüre. Wir hörten Geplantsche und Jendrichs lustiges Krähen. Beim Baden des Kleinen wollte sie ungestört sein. Das akzeptierten wir. Später kam sie dann mit dem sauberen, duftenden Söhnchen heraus, machte ihm seinen Brei und schmierte den beiden Größeren ein Marmeladenbrot…

Wirklich geschockt waren wir allerdings, als sie eines Tages einen Topf mit Wasser aufsetzte und dann ein Glas fettige Hühnersuppe hinein stellte. Bettina sagte ihr, sie solle doch die Suppe direkt im Topf heiß machen. Oxana winkte ab und meinte, nein, so sei es doch viel praktischer. Ich fragte sie, ob sie das fettige Zeug im Ernst essen wolle.

„Nein“, flötete sie, „das ist doch für Jendrich. Ist gut für ihn.“

Bettina riss entsetzt den Mund auf!

„Oxana!“, rief sie fassungslos, *„Das kannst du doch nicht machen! Donnerhacke - der kriegt einen Durchfall, dass er sich bis zum Hals einscheißt! Komm, ich mach´ dem Kleinen schon was Gutes zu essen…“*

Damit holte sie ein Tellerchen, zerdrückte ein paar gekochte Kartöffelchen und verknetete das Ganze mit ein wenig warmem Spinat, der vom Mittagessen noch übrig geblieben war. Ich schnappte mir den kleinen Jendrich und begann, ihn zu füttern. Er verdrückte den Brei mit großem Appetit. Oxana verzog sich leicht eingeschnappt…

Für uns aber war das Maß mehr als voll! Wir wanden uns an die Vereinsdamen. Es war unzweifelhaft, dass Oxana auf die Dauer alleine mit den Kindern nicht zurecht kommen würde. Denn über Kurz oder Lang würde sie ja auch eine eigene Wohnung haben und hätte dann keine

Unterstützung durch die Kameradinnen mehr. *Was dann?* Sie kam ja mit ihrem eigenen Leben schon nicht zurecht. Irgend etwas musste jetzt geschehen. Anke und Solveig setzten sich mit den entsprechenden Stellen in Verbindung. Eine Therapeutin erschien nun regelmäßig im Frauenhaus und führte lange Gespräche mit Oxana.

In der Tat schienen ihr diese Gespräche gut zu bekommen. Sie richtete die Mahlzeiten für ihre Kinder jetzt vernünftig, gab sich beim Putzen etwas mehr Mühe und half unter kameradschaftlicher Anleitung auch beim Kochen mit.

Doch plötzlich wendete sich das Blatt. Sämtliche Kinder erkrankten an Masern. Gleich nach den Masern kam die große Röteln-Welle. Oxana war erneut hoffnungslos überfordert. Nellie und Bettina wechselten sich bei der Betreuung von Mirela und Karol ab und ich übernahm Jendrich. Oxana brauchte den Kleinen praktisch nur noch zu baden und zu wickeln. Das tat sie immer noch alleine. Das heißt, Jendrich war scheinbar rundum versorgt. Um so mehr wunderte es uns, dass er nun plötzlich pausenlos schrie. Selbst sein Appetit ließ nach. Wir fragten Oxana nach dem Grund.

„Ach, das ist nichts Besonderes.", meinte sie, „Er bekommt gerade die nächsten Zähne. Bei den ersten Durchbrüchen hat er auch schon so gebrüllt…"

Später nahm Nellie uns bei Seite. „Wisst ihr was, Mädels?", meinte sie, „Wir sollten dem Kleinen doch mal in den Mund schauen. Irgendwie trau′ ich dem Braten nicht. Meine beiden Deerns haben nämlich nicht so gebrüllt. *Also - let′s go… "*

Ich ging in den Gemeinschaftswohnraum, holte den kleinen Jendrich aus dem Laufstall und brachte ihn in unser Zimmer. Nellie und Bettina schoben ihm nacheinander einen Finger zwischen die Lippen und tasteten behutsam seine Kiefer ab. In der Tat fanden sich entsprechende harte Beulen im Zahnfleisch des Kleinen. Das leichte Fieber passte ebenfalls zu den Symptomen!

Wir rieten Oxana, dem Kleinen harte, trockene Brotkanten zu geben, damit er darauf herum kauen konnte. Gegen die Schmerzen bekam er eine spezielle Paste, mit dem ihm das Zahnfleisch eingerieben wurde. Zum Schlafen gab es warmen Fencheltee. Genutzt hat es Wenig. Jendrich brüllte weiterhin lautstark, verweigerte feste Nahrung und fieberte. Wir alle rieten Oxana ernsthaft, mit dem Kleinen jetzt wirklich schnellstens beim Kinderarzt vorstellig zu werden. Sie versprach, sich darum zu kümmern. Sie müsse ohnehin am kommenden Tag zum Sozialamt und dann könne sie sich auch gleich beim nahe gelegenen Kinderarzt einen Termin geben lassen…

Daraus aber wurde Nichts. Es kam noch deutlich schlimmer. Am nächsten Morgen musste Oxana zum Sozialamt. Sie bat mich, in der Zwischenzeit auf die Kinder zu achten. Dann ging sie los. Wenige Minuten später kam Mirela angelaufen und sagte, Jendrich habe die Windel voll. Ich kam mit hinunter in Oxanas Zimmer. Jendrich war knallrot angelaufen und brüllte zum Steinerweichen! Seine Haut war, im Gegensatz zum vergangenen Abend, nun plötzlich knochentrocken und warf Falten! In meinem Hals bildete sich ein Klumpen. Karol hatte bereits fürsorglich und brüderlich eine neue Windel, Creme, Puder und feuchte Tücher heraus gelegt. Ich nahm das brüllende, mittlerweile fieberheiße Baby aus seinem Bettchen, legte ihn auf Oxanas Bett, zog ihm den Strampler aus und öffnete seine alte Windel. Was ich sah, versetzte mir einen regelrechten Schock!

Jendrich war nicht wund - *er war durch!* Der kleine, magere Babypopo war nicht nur mit Fäkalien verschmiert - *sondern auch noch mit Blut!*

Mir schossen die Tränen in die Augen. Ich konnte kaum glauben, was ich da sah. Behutsam tupfte ich den kleinen Hintern ab, reinigte, so gut es ging, die verletzte Region, schnappte mir das Baby, rannte in Richtung Büro und stieß mit dem Ellenbogen die Türe auf. Lucia, Anke und Solveig starrten mich an wie ein Gespenst!

„Schnell!“, rief ich, *„Einen Krankenwagen! Der Jendrich geht uns hopps!“*

Alles sprang auf. Wer mir das Baby aus den Armen nahm, weiß ich nicht mehr. Sämtliche Bewohnerinnen des Hauses liefen zusammen. Jemand führte mich nach Oben in den Gemeinschaftswohnraum. Ich stand in diesem Moment wirklich total unter Schock! Ein Arm wurde mir um die Schultern gelegt, ein heißer Kaffee vor mich auf den Tisch gestellt. Vor dem Büro entstand ein Tumult. Ich hörte ein Martinshorn. Es schellte an der Türe. Ich hörte eine Männerstimme sprechen. Später sagten mir die Kameradinnen, das sei der Notarzt gewesen. Kurz darauf entfernten sich die Sirenen. Anke kam nach Oben und teilte uns mit, dass Jendrich auf dem Weg ins Krankenhaus sei!

Oxana, die kurz darauf zurück kam, zuckte bei der Nachricht nur resigniert mit den Schultern…

Am nächsten Tag war ich wieder fit genug und begleitete sie ins Krankenhaus auf die Kinderstation. Was ich dort erfuhr, haute mich echt aus den Puschen. Die für die Kinderabteilung zuständige Ärztin erklärte mir, Jendrich ginge es den Umständen entsprechend schon etwas besser. Er habe, bedingt durch die massive Wundheit, eine extreme Menge Lymphflüssigkeit verloren und drohte auszutrocknen. Bei so kleinen Kindern könne dieser extreme Zustand sogar innerhalb weniger Stunden eintreten. *Jendrich war in der Tat dem Totengräber buchstäblich von der Schippe gesprungen!*

Ich erklärte der Ärztin, wie Alles gekommen war. Sie sagte, regulär hätte ich den Friedensnobelpreis verdient. Denn dadurch, dass ich mich sofort an das Büro gewandt hätte, sei Jendrichs Leben gerettet worden. Auch die übrigen Bewohnerinnen so wie die Vereinsdamen hätten sehr geistesgegenwärtig reagiert. Der Kleine habe großes Glück gehabt. *Ohne das schnelle Eingreifen hätte er die kommende Woche mit Sicherheit nicht überlebt!*

Die Ärztin führte mich in das Zimmer, in dem Jendrich lag. Sein nackter Hintern war mit einer weißen Zinkpaste dick eingeschmiert. Er hing am Tropf, schlief friedlich und atmete gleichmäßig. *Mir ging das Herz über!*

Die Stationsärztin führte mich hinaus und reichte mir einen Becher Mineralwasser. Oxana wandelte derweil geistesabwesend, als ginge sie das Alles nichts an, durch den Gang und schaute sich die lustigen, bunten Kindergemälde an den Wänden an!

„Ist das die Mutter?“, wollte die nette Ärztin wissen. Ich nickte nur schluchzend. Langsam sickerte mir die Bedeutung ihrer Worte ins Bewusstsein. Die Ärztin tätschelte mir beruhigend auf die Schulter, hängte sich sofort ans Telefon und rief im Frauenhaus an…

Wenige Tage später war Jendrich über den Berg. Er nahm Nahrung an und fieberte nicht mehr. Sein Gebrüll war verebbt. Statt dessen zeigte er ein strahlendes Lächeln. Das Frauenhaus hatte sich zwischenzeitlich mit dem Jugendamt in Verbindung gesetzt. Als Jendrich wieder entlassen war, kam neben der Therapeutin nun noch eine andere Dame, die regelmäßig nach den Kindern schaute und auch den Jüngsten sehr genau inspizierte...

Während Jendrichs Krankenhausaufenthalt hatte Oxanas Mann angerufen. Er hatte noch irgend eine Sache wegen der anstehenden Scheidung zu klären und war zu diesem Zeitpunkt, was seinen jüngsten Sohn anging, noch völlig ahnungslos. Da Oxana mich kurz zuvor mit in die eheliche Wohnung genommen hatte, um ihrerseits Etwas zu klären, hatten wir uns ja bereits persönlich kennengelernt. Also klärte ich ihn erst ein Mal über die Situation auf. Er war umgehend zur Klinik gefahren, Später rief er an und wollte mich persönlich sprechen. Er bedankte sich überschwänglich bei mir. Nun rief er öfter an, weil er mich sprechen wollte. Von ihm erfuhr ich auch die ganze traurige Geschichte von Oxana:

Sie war 1956 in einer tschechischen Kleinstadt geboren worden und das Älteste von insgesamt sechs Kindern. Sehr früh war sie in die Pflicht genommen worden, musste sich um ihre beiden jüngeren Schwestern und ihre drei kleinen Brüder kümmern. Ihr Vater war Ingenieur, ihre Mutter Sekretärin. Die Eltern waren ganztags berufstätig. Oxana musste also einen Großteil der mütterlichen Fürsorge tragen. Sie übernahm Aufgaben, die für ein Kind ihres Alters noch meilenweit zu schwer waren. Sie rührte Brei an, füllte Fläschchen, wechselte Windeln, musste Babysachen mit der Hand waschen, weil sie selbst noch viel zu jung und unerfahren war, um die Waschmaschine bedienen zu können. Zum Spielen kam sie praktisch überhaupt nicht. Die Kinder wurden trotz des guten elterlichen Verdienstes sehr kurz gehalten. An den Wochenenden betrank der Vater sich stark und geriet regelmäßig in Weißglut. Häusliche Gewalt, auch der Mutter gegenüber, war praktisch an der Tagesordnung...

1972 wanderte die Familie dann nach Deutschland aus, weil dem Vater dort eine weitaus besser bezahlte Stellung angeboten wurde. Oxana war sechzehn Jahre alt, als die Übersiedlung statt fand, also ein Teenager. *Bis zu diesem Zeitpunkt hatte sie nicht ein Mal gewusst, wie eine Pizza oder eine Cola schmeckt!*

Kaum in Deutschland, kam der gewaltige Kulturschock. Vor Oxana lag der schillernde Westen, der Glanz und Glamour versprach. Sie lernte eine ungeahnte, schier grenzenlose Freiheit kennen. Die Geschwister wurden nach und nach auch größer und selbstständiger. Oxana träumte von der großen Freiheit. Sie fühlte sich wie ein Adler, der nach etlichen Jahren der Gefangenschaft nun endlich hinaus in die Wildnis entkam. Sie flüchtete sich in eine grell neonglimmernde Scheinwelt, sehnte sich nach Frieden und Luxus. Sie wollte ihre verlorene Kindheit nachholen, geriet in einen regelrechten Begeisterungstaumel, dem sie längst noch nicht gewachsen war. Sie kam aus dem Staunen nicht heraus. Unzählige neue Eindrücke strömten auf sie ein. Alles schien wie ein einziges Märchen. Da war plötzlich die fremde Sprache, die fremde Währung. Da waren plötzlich Pizza, Cola und Kosmetik. Da waren Kinos, moderne Popmusik und zahlreiche Discotheken. Da waren die glitzernden Lichter der Großstadtmetropole mit ihren unzähligen Geschäften, verlockenden Einkaufszentren und Flaniermeilen. Da war die dynamische deutsche Jugend, die aufmuckte, sich radikal gegen bestehende Regeln und Gesetze auflehnte. Oxana begann, heimlich zu rauchen. Sie erlag den Verlockungen, konnte nicht widerstehen. Sie kaufte sich Kosmetik und billigen Modeschmuck. Hatte sie kein Geld, stahl sie die Sachen. Sie begann sich heimlich aufzulehnen. Auf ihre Weise. Nur an den Sonntagen begleitete sie die Familie noch zum Gottesdienst. Hinter dem Rücken ihres stark katholisch geprägten Vaters aber genoss sie endlich ein kleines Stück der Freiheit, nach der sie sich so gesehnt hatte…

1976, im Alter von zwanzig Jahren, lernte sie beim heimlichen Tanzen einen jungen Mann kennen. Im Anfang war es nur eine relativ kurze, stürmische Affäre. Der junge Mann zog aus beruflichen Gründen weiter in eine andere Stadt. Die Beiden verloren sich aus den Augen. Kurz darauf merkte Oxana, dass sie schwanger war. Ihre schockierten Eltern schluckten die Situation notgedrungen. Als streng gläubige Katholiken kam eine Abtreibung für sie ohnehin absolut nicht in Frage. Im achten Monat der Schwangerschaft zwang ihr Vater sie, ungeachtet ihres Unwohlseins, mit zum Gottesdienst zu kommen. *Als sie sich weigerte, trat er in einem Anfall von Jähzorn seiner hochschwangeren Tochter mit Schwung in den Leib!* Oxana rappelte sich ungeachtet der Schmerzen und des Schocks hoch und schleppte sich zitternd und bebend neben ihrer Familie zur Kirche. Mitten während der Predigt setzten dann plötzlich heftigste Wehen ein - *und zwar derart heftig, dass die Fruchtblase sprang und Oxana buchstäblich in der Kirchenbank zusammensackte!* Unmittelbar aus dem Gottesdienst heraus musste sie ins Krankenhaus gebracht werden, wo sie von Mirela, ihrer Tochter, entband…

Ein Jahr später traf Oxana bei einem Einkaufsbummel in der Stadt durch einen Zufall den Vater ihrer Tochter wieder. Er hatte mittlerweile den Job gewechselt und war zurück in die Stadt gezogen. Oxana hatte die kleine Mirela im Buggy sitzen. Der junge Mann erfuhr jetzt erst von seiner Vaterschaft. *Er hatte die Kleine sofort ins Herz geschlossen!*

Dann ging alles holterdiepolter. Oxana zog mit ihrem Freund zusammen und ließ ihr grausames Elternhaus zurück. 1979 wurde Karol geboren. Die ersten Probleme bahnten sich an. Oxana fühlte sich durch die doppelte Mutterschaft überfordert und eingeengt. So oft sie die Gelegenheit bekam, ging sie in den umliegenden Discotheken tanzen. Ihr Partner tolerierte es, weil sie ja selbst noch so jung war. Die Beiden heirateten. Als 1983 Jendrich geboren wurde, eskalierte die Situation. Bereits während dieser letzten Schwangerschaft flüchtete Oxana sich mit Mirela und Karol ins weit entfernt liegende L. ins Frauenhaus. Ihr Mann suchte sie verzweifelt. Als er endlich heraus gefunden hatte, in welcher Stadt seine Familie sich aufhielt, hatte seine Frau mit den Kindern bereits eine winzige, feuchte Wohnung in einer versifften, städtischen Notunterkunft bezogen. Der Mann verließ seinen Wohnort, brach sämtliche Brücken ab, besorgte sich in L. eine schöne, geräumige, moderne Vierzimmer-Wohnung und holte die Familie zurück. Oxana war anfangs sogar von der schicken Wohnung begeistert. Doch schon nach einer kurzen Phase überließ sie ihrem Mann die gemeinsamen Kinder, ging regelmäßig tanzen und versumpfte in den Kneipen. Mehrere Therapien hatte sie viel zu verfrüht abgebrochen. Mittlerweile ging sie auch für Geld oder Luxusartikel verschiedene sexuelle Liaisons ein. Im Februar 1984 packte sie dann die Kinder und flüchtete erneut ins Frauenhaus L. - *einfach, weil ihr Mann ihr das erträumte Luxusleben nicht bieten konnte!*

Sie flüchtete nicht vor häuslicher Gewalt, sondern vor der Tatsache, vor dem grellen Licht der Realität. Die Trugbilder waren wie Seifenblasen zerplatzt. Der deutsche Ehemann lebte mittlerweile von der Sozialhilfe. Er hatte nicht für sie, wie erhofft, den Mond aus den Angeln gehoben. Sie hatte drei Kinder auf dem Hals, zu denen sie nie ein echtes Verhältnis entwickelte. Die Familie musste massiv sparen. Die Wirklichkeit hatte ihr einen weit mehr als herben Dämpfer versetzt. Der schillernde, gaukelnde Traum von Freiheit, Märchenprinz, Glanz und Glamour war in diesem fremden Land für Oxana nicht in Erfüllung gegangen!

Sie reichte die Scheidung ein. Heinrich, ihr Mann, akzeptierte. Er war es müde, nur wegen der Kinder weiter an einer Ehe festzuhalten, die ohnehin schon durch und durch zerrüttet war. Außerdem hatte er nun in der Zwischenzeit auch mich kennengelernt…

Doch zurück zum Frauenhaus. Wenige Wochen nach Jendrichs Genesung kam es zu einem Streit zwischen Oxana und Bettina. Oxana wurde handgreiflich und prügelte Bettina laut krakeelend durch die Küche! Die Vereinsdamen hörten natürlich den Tumult, kamen nach Oben geschossen und trennten die Beiden. Oxana musste mit hinunter ins Büro. Im Anschluss wurde Bettina befragt, eben so wie wir anderen Bewohnerinnen.

Drei Abende später war die allwöchentliche Hausversammlung. Sie fand üblicherweise im Gemeinschaftswohnraum statt und ging etwa eine Stunde. Dabei wurden die verschiedenen Ämter besprochen, die die Frauen für die jeweils kommende Woche belegen sollten. Wer wann kocht, wer mit Treppe oder Bad dran war, wer beim Großeinkauf mitmacht, wer den Wohnraum putzt, wer die Kinder betreut, wer den Abwasch macht. All diese Dinge wurden wöchentlich abgesprochen, eben so, ob es Konflikte zwischen den Bewohnerinnen gab, die bereinigt werden mussten. Sämtliche Frauen hatten sich um zwanzig Uhr pflichtgemäß im Gemeinschaftswohnraum eingefunden - *nur Oxana war dieses Mal nicht dabei!*

Adelheid wollte wissen, warum sie nicht bei der Hausversammlung anwesend sei. Heike fragte, ob sie nun nach Allem auch noch eine Extrawurst gebraten bekäme.

„Nein“, antwortete Lucia, „und sie kommt auch nicht mehr. Sie wird unser Frauenhaus verlassen. Es ist einfach nicht mehr tragbar. Sie wird auch keine Ämter mehr belegen. In den nächsten Tagen wird sie mit den Kindern nach S. zu ihrer Mutter ziehen. Das ist auch schon abgeklärt. Wir haben bereits das hiesige Jugendamt verständigt. damit es sich mit dem dortigen Jugendamt in Verbindung setzt, weil auch in S. künftig unbedingt ein Auge auf ihre Kinder gehalten werden muss. Oxana packt bereits die Koffer. Sie steht unter Schock. Lasst sie auch bitte in den letzten paar

Tagen bei uns möglichst ganz in Frieden…"

Wenige Tage später verließ Oxana mit den Kindern das Frauenhaus, ganz ohne Abschied. Aus Heinrich und mir aber wurde ein Paar. Einige Monate später zogen wir zusammen. Oxana bekam später in S. eine eigene Wohnung. Wie voraus gesagt, ging es mit ihr und den Kindern nicht gut. Die Kleinen wurden in einem Kinderheim untergebracht. Heinrich und ich kämpften gemeinsam anderthalb Jahre lang mit dem Jugendamt.

Die Ehe zwischen Oxana und ihm wurde geschieden. Dann endlich wurde ihm schließlich das alleinige Sorge- und Aufenthaltsbestimmungsrecht zugesprochen. Oxana wurde einem Vormund unterstellt.

Heinrich und ich heirateten. Wir besuchten die Kinder regelmäßig und wollten sie ganz zu uns holen, um ihnen ein geregeltes, liebevolles Familienleben zu geben. Das Jugendamt hätte auch mitgespielt. Mirela und Karol jedoch wollten lieber in S. bleiben, wo sie mittlerweile zur Schule gingen und in einen neuen Freundeskreis integriert waren. Jendrich wollte da bleiben, wo seine Geschwister waren. In den Ferien besuchten sie uns regelmäßig…

Von Oxana wissen wir nur, dass sie im Laufe der Jahre wohl verschiedene Beziehungen eingegangen war, die ebenfalls scheiterten. Einige Alkoholiker müssen wohl darunter gewesen sein. Niemand konnte ihr das Leben geben, das sie sich erträumt hatte. Mittlerweile ist sie an Hepatitis B erkrankt und wurde vor einigen Jahren auch bereits an der Leber operiert. Es ist sehr ruhig um sie geworden…

Oxana - zu dir gibt es nicht mehr Viel zu sagen. Was zu hoffen bleibt, ist, dass du die Wahrheit im Laufe der letzten drei Jahrzehnte endlich erkannt hast. Nämlich, dass Glanz und Glamour oft nur pure und reine Gaukelei ist. Manches ist halt nicht so, wie es auf den ersten Blick erscheint. Ein gewisser Luxus will im Leben auch sehr hart erkämpft sein. Nichts ist selbstverständlich, fällt einem Menschen einfach so ohne weiteres Zutun in den Schoß!

Dennnoch hoffe ich, du hast dich gefangen und es geht dir so weit gut…

Helga - Flucht aus Bayern

Anfang der Neunziger Jahre hatte ich eine kleine, eintägige Ausstellung zum Thema *„amerikanische Ureinwohnerinnen"* in unserer Frauenberatungsstelle. Auch andere Frauen stellten an diesem Tage dort ihre Kunstwerke aus. Jede von uns Künstlerinnen hatte einen eigenen kleinen Raum. Wir unterhielten uns mit den Besucherinnen und tauschten Informationen aus.

Bei einem Kaffee sprach mich eine Frau in den Mittvierzigern an. Ihr gefiel mein Thema. Wir kamen schnell miteinander ins Gespräch. Ich erfuhr, dass sie Helga hieß und sich derzeit bei ihrer Cousine aufhielt, die ganz in der Nähe wohnte. Sie selbst stammte ebenfalls aus unserer Region, war dann aber der Liebe wegen nach Bayern umgesiedelt. Ihr Mann war ein bayerischer Tourist. Helga hatte ihn beim Tanzen kennengelernt. Sie verliebte sich Knall auf Fall und war diesem Mann kurzerhand nach Bayern gefolgt!

„Wenn ich geahnt hätte, wie es kommen würde", seufzte Helga, „wäre ich ihm gleich, als er mich ansprach, ausgewichen. Er hatte so schönes schwarzes Haar und strahlte mich mit seinen nussbraunen Augen so lieb an. Ich hätte mich gleich umdrehen und gehen sollen. Dieser Mensch hat mich mindestens ein Jahrzehnt meines Lebens gekostet…"

„Was ist denn passiert?", wollte ich wissen und beugte mich interessiert vor.

Und so setzten wir uns an einen etwas abgeschiedenen Tisch, wo wir ungestört waren. *Staunend erfuhr ich die unglückliche Geschichte von Helga:*

Kurz, nach dem sie ihrem Mann in diesem Tanzcafé begegnet war, machte er ihr schon den Vorschlag, zu ihm ins ferne Bayern zu ziehen. Viel zu überstürzt kamen Heiratspläne auf. *Es kam, wie es kommen musste:* Helgas Gefühle galoppierten durch! Sie brach innerhalb kürzester Zeit alle Brücken hinter sich ab und folgte diesem Mann in dessen weit entferntes bayerisches Heimatdorf. *In einer kleinen, abgeschiedenen Gemeinde fand sie sich wieder!*

Dann ging Alles ganz schnell. Das Aufgebot wurde bestellt, es wurde geheiratet. Das Paar zog in das elterliche Haus des Mannes. Helgas

Schwiegervater sagte nicht Viel, doch ihre Schwiegermutter machte keinen Hehl daraus, dass sie mit einer *„Preiß'n"* als Schwiegertochter nicht einverstanden war. Helga fühlte sich gleich unwohl in ihrer neuen Familie. Während ihr Mann sich auf der Arbeit befand, musste sie sich voll und ganz den Anweisungen der verhassten Schwiegermutter beugen. Sie musste lernen, Germknödel und Schweinshax'n zu bereiten. Ständig wurde sie durch das Haus gescheucht und musste sämtliche Stuben putzen. Beim Einkauf im Dorfladen wurde sie von Anfang an schief angesehen, weil sie eine Fremde war. Wollte sie mit den Dorfbewohnern ins Gespräch kommen, drehten sie sich abrupt weg und verweigerten ihr jegliche Unterhaltung. Hinter sich hörte sie Ausdrücke wie *„damische Preiß'n"*, *„Großstadtdepperl"* und andere wenig schmeichelnde Begriffe. Immer wieder versuchte Helga, es der verhassten Schwiegermutter Recht zu machen, so gut sie nur konnte. Immer wieder hoffte sie, irgendwann ein Mal anerkannt zu werden. Sie trug Dirndl und begleitete die Familie an den Sonntagen wie selbstverständlich in die kleine Dorfkirche…

Nach einigen Jahren starb der Schwiegervater. Von nun an bekam Helga den Hass der Schwiegermutter erst recht zu spüren.

„Dös räudige Preiß'nluader is' Schuld am Tod von mei' Moo'!", hörte sie die alte, verbitterte Frau einer Nachbarin sagen, *„I sag' ja immer scho', dös is' a ausgekochte, strunzdepperte Hex'n! Mei, dös damische Rindviech lasst 's Kaffeewasser anbrenna, wann'st net Acht gibst! Die hat wohl no' nia Viel 'taugt…"*

Buk Helga einen Kuchen, weil sie der Schwiegermutter gut sein wollte, bekam sie zur Antwort: *„Sag' amoi, du oide Trutsch'n - wer soll denn dös grauslige Pamperl fressa? Wuist mi' etwa mit dem Scheiß a no' vergift'n? Dös schmeckt wia der Deibel! Hast du an' Kuhflad'n eini'back'n oder wos soll der Schmarr'n?"*

Selbst ihrem Mann konnte sich Helga nicht anvertrauen. Er stellte sich grundsätzlich auf die Seite seiner Mutter. Sie blieb selbst innerhalb der Familie eine Fremde…

Irgendwann erlitt die Schwiegermutter einen sehr schweren Schlaganfall. Helga musste nun die alleinige Pflege der alten Frau übernehmen. Sie erfüllte ihre Pflichten, wusch die Hilflose, wechselte die Windeln, cremte, kleidete, fütterte, kämmte und hatte dabei noch ein Gemüt wie ein Schaukelpferd. Oft genug spuckte die Alte der Schwiegertochter die Mahlzeiten ins Gesicht oder schlug und trat um sich. Wenn sie auch auf Grund des Schlaganfalles nicht mehr sprechen konnte - *die Feindseligkeit blieb!* Den ließ sie Helga auch immer noch auf ihre Weise spüren. Bis zum letzten Atemzug spie sie ihr den Hass entgegen. Die alte Frau war unglaublich zäh. Doch nach einigen Jahren verstarb auch sie. Helga fiel ein Stein vom Herzen. Von nun an, so dachte sie, würde es wohl besser gehen…

Doch es wurde nicht besser. Nach dem Tode der Mutter hatte der Mann angefangen, seine Frau zu schlagen. Bei jeder sich bietenden Gelegenheit handelte sich Helga eine *„Watsch'n"* ein. Schon alleine die Tatsache, dass aus der ohnehin unseligen Ehe keine Nachkommen hervor gingen, brachte den Ehemann zur Raserei. Nacht für Nacht ließ Helga die Torturen der Vergewaltigung über sich ergehen.

„Für's Kocha bist' zu bleed', putza kannst' a net un' den ganze Tag tust' nur rumhocka un' heule!", schleuderte ihr Mann ihr ins Gesicht, *„Mei' Muaderl hatte Recht! Geh', warum hob' i mir dich nur ang'schafft? Kinderl bringst' mir a net! Zu wos taugst'n du überhaupt no'?"*

War der widerliche Akt beendet, drehte sich Helga zur Seite und dachte über ihr Leben nach. An den Tag, an dem sie ihrem Mann zum ersten Male begegnet war. *Warum hatte sie ausgerechnet an diesem verflixten Abend tanzen gehen müssen?* Hätte sie verzichtet, wäre ihr so Manches erspart geblieben…

Ihre eigene Familie war etliche hundert Kilometer weit weg im Norden. Für eine Flucht war es zu spät. Wie sollte sie das in ihrem desolaten Zustand auch noch bewältigen? Ihr Mann verbot ihr rigoros den Umgang mit ihren Angehörigen und schottete sie komplett ab.

Wie sollte sie sich mit der Verwandtschaft in Verbindung setzen? Einen Brief schreiben konnte sie nicht, weil sie jederzeit damit rechnen musste, dass Antwort kam, die ihr Mann abfangen konnte. Telefonieren konnte sie von Daheim ebenfalls nicht, weil ihr Mann Einzelverbindungsnachweise zugeschickt bekam. Natürlich könnte sie die Telefonzelle am Marktplatz benutzen. Doch was wäre, wenn sie von Einem der Dorfbewohner dabei gesehen würde? Das öffentliche Telefon befand sich gleich neben dem kleinen Laden. Jeder kaufte dort ein. Jeder kannte Jeden. *Ihr Mann würde es unbedingt erfahren!*

Helga sah sich in einer Sackgasse gefangen, aus der es keinen Ausweg gab…

In einem bayerischen Dorf ist es eine selbstverständliche Tradition, dass die Bewohner ein reges Vereinsleben führen. Auch Helgas Mann war aktives Mitglied in etlichen Heimatvereinen. Je nach Saison brachte er seiner Frau kisten- und körbeweise Obst nach Hause, damit sie für die regelmäßigen Vereinstreffen Kuchen backen sollte. Mal waren es Erdbeeren, mal waren es Äpfel, mal Marillen oder Rhabarber. Im Spätsommer standen Zwetschgen auf dem Plan. Zehn bis zwölf Kuchen waren dann jedes Mal auf Schlag zu backen. Alle paar Wochen gab es irgendwelche Vereinstreffen. Treffen, denen Helga nicht angehörte und auch niemals angehören würde. Ihre Pflicht bestand lediglich darin, für das leibliche Wohl der Vereinsmitglieder zu sorgen. Es konnten locker bis zu sechzig Personen und mehr auf einem solchen Treffen zusammen kommen. Der Kuchen wurde weggeputzt - *Helga aber war die unerwünschte Außenseiterin, die Fremde aus dem Norden!* Sie nahm es schweigend hin und machte sich in der Küche an die Arbeit…

Eines Tages war wieder ein Mal ein Vereinstreffen anberaumt. Ihr Mann hatte am Tage zuvor einen ganzen Schwung Zwetschgen angeschleppt. Genau genommen stand die halbe Küche voller Kisten. Noch am Abend hatte Helga das Obst aussortiert und gewaschen. Gleich am nächsten Tag stand sie schon vor dem Morgengrauen in der Küche und befasste sich mit dem Entsteinen der Früchte. Zum Glück verfügte sie über eine spezielle kleine Maschine. Das ersparte ihr eine ganze Menge Zeit. Ihr Mann hatte sich mittlerweile für die Arbeit fertig gemacht und verließ wie immer wortlos das Haus. Helga stellte die Plastikwanne auf den Tisch und mischte die Zutaten für den Teig. Die sechs Backbleche waren eingefettet und standen auf der Anrichte. Helga war zu Tode erschöpft. Sie hörte plötzlich draußen ein fröhliches Plappern und sah geistesabwesend aus dem Fenster. Mehrere Dorfbewohner hatten sich auf der schräg gegenüber liegenden Straßenseite zusammengefunden und hielten einen fröhlichen und recht angeregten Schwatz…

Es überkam Helga wie ein Donnerschlag! Sie sah auf ihre fettigen, bemehlten Hände hinab. Eine unbändige Wut baute sich in ihrem Inneren auf. Mädel, schoss es ihr durch den Kopf, ja bist du eigentlich meschugge? Für wen machst du dir die ganze Mühe? Du wirst doch nie dazugehören. *Sollen die Vereinsfreunde deines Mannes sich auf Kosten deiner Stunden langen Mühen und Plagen weiter mit deinem Kuchen voll stopfen?* Anerkennen werden sie dich doch nicht. Es wird ewig vergebene Liebesmühe sein…

Sie nahm die Hände aus dem Kuchenteig, wischte sich die Finger ab, löste die Schürze und warf sie mit Schwung auf den Boden. Dann ging sie zum Telefon und wählte die Nummer ihrer Cousine, der sie sich anvertraute. Nach dem Telefonat begab sie sich ins Bad und machte sich frisch. Sie holte die Koffer vom Schlafzimmerschrank und begann, ihre Plünnen zu packen. Dann rief sie sich ein Taxi, stieg ein und ließ sich zum Bahnhof bringen. Dort kaufte sie ein Ticket und wartete. Als der Zug kam, hievte sie die Koffer hinein und stieg zu. Es war ihr jetzt Alles egal. Sollte ihr Mann doch selbst sehen, wie er mit dem ganzen Schiet klar kam. Helga befand sich auf dem Kurs in Richtung Norden…

Nach einer sehr langen Reise und mehrmaligem Umsteigen kam sie am sehr späten Abend in ihrer Heimatstadt L. an. Dort suchte sie sich eine Telefonzelle. Kurz darauf traf ihre Cousine mit dem Wagen ein und holte sie ab. Helga kam im Gästezimmer unter. Sie bekam das Angebot, so lange zu bleiben, bis sie eine eigene Wohnung habe. Auch wollte die Cousine ihr helfen, beruflich wieder auf die Beine zu kommen. Sie brachte Helga sogar mit der Frauenberatungsstelle zusammen…

Zwei Wochen waren seitdem vergangen. Und nun saßen Helga und ich gemeinsam an diesem abgeschiedenen Tisch, tranken Kaffee und unterhielten uns sehr angeregt.

„Und?“, wollte ich wissen, „Hat dein Mann sich schon geregt?“

„Ja, das kann man wohl sagen!“, lachte Helga, „Diese Fehlkonstruktion hat gleich meine ganzen Anverwandten angerufen und ein Mords-Tammtamm veranstaltet. Die Koffer und meine gesamten Kleider seien fort gewesen - *und die Küche habe ausgesehen wie eine Achterbahn!*

Er habe einen gigantischen Schock bekommen! Einen Höllenspuk hat der veranstaltet…"

„Du wirst doch nicht wieder schwach?", schmunzelte ich.

„Nee - um Gottes Willen!", prustete Helga, „Ich bin doch froh, aus diesem mittelalterlichen, finsteren Loch heraus gekommen zu sein. Der kann meinetwegen schmoren bis Anno domini. Die Verwandten haben mir auch bereits allesamt ihre Hilfe angeboten. Es ist ja das Gute. Etwas Besseres kann mir gar nicht passieren. Es wird aufwärts gehen. Jetzt werde ich mich erst ein Mal hier wieder ganz neu orientieren. Das mit der Frauenberatung war eine sehr gute Idee. Die haben auch noch astreine Tipps auf Lager…"

Zum Abschied gab ich ihr meine Nummer. Einen knappen Monat später kam ein überraschender Anruf, mit dem ich schon gar nicht mehr gerechnet hatte - *Helga!*

Sie rief aus Bayern an!

„Ich bin wieder zurück…", stieß sie hastig und mit erschöpfter, bebender Stimme heraus, *„Mein Mann hat mich höchstpersönlich abgeholt. Ich schaffe es noch nicht ohne ihn. Mir fehlt die entscheidende Kraft. Vielleicht irgendwann ein Mal. Es tut mir so Leid. Ich kann nicht lange. Die Münzen gehen mir aus. Ich stehe hier am Marktplatz…"*

Das Gespräch brach ab. Es blieb bei diesem einmaligen Anruf. Helga hatte sich ergeben…

Wie es ihr heute geht, weiß ich nicht.

Helga - damals mag dir die Kraft für einen Neuanfang gefehlt haben. Selbst deine Familie konnte dir nicht helfen. Du gingst erneut über Bord. Vielleicht aber hast du ja mittlerweile ein rettendes Ufer gefunden. *Und einen Leuchtturm, dessen Licht dir den richtigen Weg weist!*

Helga - ich wünsche es dir von Herzen…

Veronika - auf Trebe

Während meiner Schulzeit war ich mit Veronika, einer Klassenkameradin, sehr dick befreundet. Sie war ein knappes Jahr älter als ich und bereits ein Mal sitzen geblieben. Da sie das Schuljahr also wiederholen musste, kam sie in unsere Klasse. Veronika hatte, genau wie ich, praktisch keine Freundinnen. Irgendwie aber *„erkannten"* wir Beide uns bereits auf den ersten Blick. Da war eine Seelenverwandte. Kinder spüren so Etwas instinktiv. Auch gewisse Lebensumstände ähnelten sich. *Es gab allerdings zwei gravierende Unterschiede:* Während mein Vater kaum Zeit für die Familie hatte, weil er für unseren Lebensunterhalt massenhaft Überstunden schob, hatte Veronikas Vater keine Zeit für die Familie, weil er ein notorischer Säufer und Schläger war, der sich außer für häusliche Gewaltausbrüche, Fußball und Saufen für nichts Anderes zu interessieren schien. *Der zweite Unterschied zwischen uns war:* Während in meiner Familie die Mutter die dominante Person war, der sich der Vater beugte, war es in Veronikas Familie die Mutter, die sich ganz und gar dem Vater unterordnete. Wir hatten also schon Vieles gemein…

Kurz nach dem Kennenlernen lud Veronika mich zu sich nach Hause zum Mittagessen ein. Ihre Mutter, eine schlanke, brünette, verhärmte, wortkarge und abgekämpft wirkende Frau, stellte uns gleich die gefüllten Teller vor die Nasen. Während wir beiden Deerns aßen, hörten wir aus dem angrenzenden Wohnzimmer die Stimme eines Sportreporters und zwischendurch das grunzende, heisere Gegröhle und halblaute Genuschel eines Mannes, der bereits Einige zu Viel im Tank hatte - *Veronikas Vater!*

Immer wieder klangen Begriffe wie *„blöder Hundsfott!"*, *„Foul!"*, *„oller Heringsbändiger!"*, *„Mensch, nun schieß' doch endlich!"*, *„den hätt'ste doch noch kriegen können!"*, *„Flanke!"*, *„Superschuss!"* und *„faule Kutterscholle!"* zu uns herüber.

Ich schielte vorsichtig um die Ecke ins Wohnzimmer. Dichte Rauchschwaden durchzogen den Raum. Auf dem Tisch ein übervoller Aschenbecher nebst mehrerer leerer Bierflaschen und Kronkorken. Im Sessel saß ein stämmiger, untersetzter Mann mit einem angegrauten Haarkranz um die Glatze und murmelte unzusammenhängend vor sich hin. Sein verschwitztes Unterhemd spannte sich über dem Schmerbauch. Zwischen den fetten, vergilbten Wurstfingern hielt er eine Zigarette. Die Beine in der verbeulten Jogginghose hatte er weit von sich gestreckt. Wie hypnotisiert starrte er auf die Mattscheibe, auf der gerade ein Fußballspiel im Gange war. Rülpsend und kichernd winkte er kurz zu uns herüber...

Nach dem Essen zeigte Veronika mir voller Stolz einen großen Blumentopf auf der Fensterbank. In der feuchten, lockeren Erde, halb unter der Pflanze verborgen, kroch eine Schnecke mit einem schönen, großen Haus umher. *Das einzige, geduldete „Heimtier" meiner Freundin!* Veronika legte ihr liebevoll ein kleines Salatblatt dazu. Die Mutter stand derweil am Spülbecken und machte den Abwasch. Ihr Gesicht war sieben Tage Regenwetter...

Mitten in die ruhige Stimmung gröhlte es plötzlich aus dem Wohnzimmer: *„He, du olle Fregatte, schieb' mal'n Bier rüber!"*

Veronikas Mutter zuckte zusammen wie unter einem Peitschenhieb und schoss zum Kühlschrank. Sie entnahm eine Flasche und eilte umgehend damit in den Nebenraum. Kaum stand sie wieder an der Spüle, kam der nächste Gröhler: *„Und'n Körnchen dazu - aber 'n bisschen zackig, wenn' s geht!"*

Ein lang gezogener, blökender Rülpser folgte!

Wieder griff die arme Frau in den Kühlschrank, brachte ihrem Angetrauten das Gewünschte. Ich starrte ihr entgeistert in das erschöpfte, ausgelaugte Gesicht, während sie sich seufzend wieder an der Spüle zu schaffen machte. Plötzlich drehte sie sich um und sah mich mit ihren dunkelbraunen, traurigen Augen resigniert an. *„Warte ab, Wencke, bis du selbst erst ein Mal verheiratet bist..."*, seufzte sie mit tonloser Stimme, *„...dann wirst du noch dein blaues Wunder erleben..."*

Es war einer der wenigen Sätze, die sie zu mir sprach!

Veronika nickte mir stumm zu und zog mich hinüber in ihr winziges Kinderzimmer, wo wir uns alte Platten anhörten. Sie holte ein Fläschchen perlmutterfarbenen Nagellack hervor und fragte mich, ob ich die Fingernägel lackiert haben wolle. Während sie sich ans Werk machte, erzählte sie mir von den allabendlichen, lautstarken Streitereien, dem Gezeter, dem endlosen Gebrüll, dem Möbelrücken und Geschepper, das sie nicht schlafen ließ. Erzählte von ihrer Mutter, die sich bedingungslos für ihren fast ständig betrunkenen Mann aufopferte und mit dem Haushalt und den eigenen Problemen weit mehr als genug am Hut hatte. Pia, Veronikas ältere Schwester, war bereits zu ihrem Freund gezogen. Hals über Kopf, bereits vor einigen Monaten. Während der Nagellack trocknete, sangen wir zu den Platten mit, bis es Zeit für mich wurde, nach Hause zu gehen - *jedoch keinesfalls ohne eine Gegeneinladung...*

Und so besuchten wir beiden Mädels uns von nun an regelmäßig und schütteten uns nach dem Mittagessen heimlich unsere Herzen aus, redeten uns unseren Kummer von der Seele, sprachen uns gegenseitig Trost zu. Es war eine tiefe Freundschaft gewachsen. Unsere Mütter dagegen, die sich ja durch unsere Verbundenheit ebenfalls kennenlernten, verband dagegen gar Nichts, außer einem kurzen, hastigen Klönschnack, wenn sie sich zufällig an den Elternabenden oder auf der Straße trafen…

Veronika und ich waren mittlerweile zu Teenagern heran gewachsen, die sich nun oft im Park trafen und dort heimlich ihre kleinen Zigaretten pafften. Wir gingen nun auch auf die selbe Hauptschule, nur in verschiedene Klassen. Auf dem Pausenhof aber saßen wir immer noch, wie in alten Zeiten, abgeschottet von den übrigen Mitschülern in einer ruhigen Ecke beisammen...

Dann, eines guten Tages, kam der Knall: Mutter kam vom Einkaufen zurück und erzählte mir, sie habe vorhin Veronikas Mutter getroffen. *Meine Freundin sei fort - wie vom Erdboden verschwunden!* Ihre Reisetasche habe gefehlt und einige Kleidungsstücke seien ebenfalls nicht mehr im Schrank! *Schon seit mehreren Tagen gäbe es kein Lebenszeichen mehr von ihr!* Veronikas Mutter habe bei der Polizei eine Vermisstenanzeige aufgegeben!

Es war ein herber Schlag! In den folgenden Nächten konnte ich nun nicht mehr durchschlafen, wälzte mich schluchzend und unruhig im Bett hin und her, zermarterte mir den Kopf aus Sorge um den Verbleib meiner einzigen Freundin…

Wenige Tage darauf schellte es an unserer Türe. Ich öffnete - *und da stand Veronika!*

„Himmel, wo warst du?“, schrie ich sie in der ersten Überraschung an

und zog sie in den Korridor, *„Ich hab' mir verdammte Sorgen gemacht, weißt du das?"*

„Ich war an der Elbe…", kam die tonlose Antwort, „...war einige Tage auf Trebe, hab' das ganze Affentheater daheim einfach nicht mehr ausgehalten..."

„Wie in Teufels Namen bist du denn bis an die Elbe gekommen?",staunte ich, „Das ist doch noch eine ganz schöne Strecke. Was zum Geier wolltest du denn da?"

„Ich bin per Anhalter gefahren und in Hamburg gelandet.", seufzte meine Freundin, „Es war reiner Zufall. Bin einfach in die Wagen gestiegen und etappenweise mitgefahren. Hab' mich auf älter geschminkt, Einen auf fröhlich gemacht und gesagt, ich sei Tramperin. In Hamburg angekommen, konnte ich nicht mehr, konnte einfach nicht mehr weiter. War komplett ausgebrannt vom vielen blöden Grinsen und Fröhlichspielen. Der Magen hing mir mittlerweile auch schon vor Hunger auf den Knien. Mir war schwindelig vor Müdigkeit. Hab' erstmal zwei Nächte in Toreinfahrten gepennt, bin dann kreuz und quer durch die Stadt gelatscht und hab' bei der Mission gegessen. Den Weg dorthin hatten mir ein paar Punks gezeigt. Plötzlich überall Wuschermänner und schrill aufgedonnerte Nutten. *Sankt Pauli lässt grüßen!* An jeder Ecke wirst du praktisch angeschnackt. *Du ficken - was kosten?* Irgendwie war ich dann am Hafen und da kam mir spontan die Idee mit dem Schiff. Mensch, dachte ich, du bist am Hamburger Hafen, bist an der Elbe, direkt mit den imposanten Schiffen und den stolzen Takelagen vor der Nase! Ich fing an zu kombinieren. Die Elbe fließt in die Nordsee. Die Nordsee führt in den Atlantik. *Hamburg - das Tor zur Welt!* In meinem Kopf hat es nur noch *„klick"* gemacht. *Genau das war die Lösung!* Hatte plötzlich vor, mich vielleicht im Schutze der Dunkelheit als blinder Passagier klammheimlich an Bord eines Schiffes zu verdrücken, im Lagerraum hinter die Kisten zu verschanzen und los zu schippern, einfach von der Elbe über den *„Blanken Hans"*, und mich vielleicht in einem fremden Land, dort an der Anlegestelle, still und leise von Bord zu schleichen und ganz neu anzufangen. Dort, wo Niemand mich mehr finden würde und ich meine Ruhe hätte. *Vielleicht Island? Norwegen? Die Orkney-Inseln?* Wer weiß. Nur noch möglichst weit fort von Zuhause. Bis zum Hafen hatte ich es schließlich doch schon geschafft. Der Rest würde mir auch gelingen. Ich war todmüde, stolperte fast schon über die eigenen Füße. Kurz vor dem Morgengrauen wollte ich los, hatte also noch ein paar Stunden Zeit. Nur noch eine kleine Mütze voll Schlaf. Da stand eine Bank und kaum dass ich lag, fielen mir die Augen zu. Irgendwann, spätabends, rüttelten mich dann plötzlich zwei Uniformierte hoch, mitten aus den tiefsten, schönsten Träumen raus. *Das musste ja so kommen, nicht?* Sie schleppten mich, überrascht und zu Mindestens noch zwei Dritteln verschlafen, wie ich war, zur nächsten Wache, filzten meine Tasche und fanden meinen Schülerausweis zwischen den Plünnen. Ein Unglück kommt selten allein. Na klar, dass sie meine Heimatadresse überprüften. Was bitte macht eine unbeaufsichtigte, vollkommen übermüdete, verschmuddelte Zwölfjährige mit einer ausgebeulten Reisetasche - *und noch dazu tief und fest schlafend!* - am späten Abend auf einer Bank am Hamburger Hafen? Die Uniformierten fanden gleich heraus, dass ich auf der Vermisstenliste stand. Sie schnappten sich das Telefon und verständigten umgehend meine Mutter. Einige Stunden später war sie dann da und nach einem langen Gespräch mit den Beamten nahm sie mich mit zum Bahnhof, von wo aus wir mit dem Zug heimwärts fuhren. Over and out! *Oh Mann - die beiden Uniformierten hatten mich so dermaßen aus dem Tiefschlaf hoch geschreckt, dass ich ihnen fast noch von der Bank gekippt wäre!* Ich hätte buchstäblich mit den Knien Funken schlagen können, als sie mich keilten und abführten! War halt nix mit *„über den Blanken Hans“* und dem schönen, neuen Leben. *Adios, Muchachos! Auf der Reeperbahn nachts um halb Eins!* Naja, Pech muss man haben...“

Ich schloss Veronika ganz fest in die Arme, war einfach nur dankbar, meine liebste Freundin wieder bei mir zu haben...

Natürlich sprachen unsere Mütter einige Zeit später sonntags vor der Kirche auch über diesen Vorfall. Der Effekt war, dass Mutter mir jeglichen weiteren Umgang zu Veronika strikt untersagte. Sie war - *wie nicht anders zu erwarten!* - blind für die Nöte und Verzweiflung meiner Freundin!

Ein Mädel, das einen Alkoholiker zum Vater habe, sich und auch mir die Fingernägel lackierte und dann zum Kummer ihrer Mutter obendrein auch noch Tage lang lustig und vergnügt auf Trebe ging und sich man eben in der Weltgeschichte herum trieb, war in ihren Augen definitiv keine geeignete Geselligkeit mehr für mich!

Einige Zeit darauf zogen wir in einen anderen Vorort…

Jahre später, ich war bereits Fünfzehn, wollte es der Zufall, dass Veronika und ich uns in meinem neuen Vorort wieder über den Weg liefen! Weinend und lachend fielen wir uns in die Arme. *Meine Freundin war eine hübsche Sechzehnjährige geworden!*

Ganz in der Nähe meines Zuhauses, nur zehn Minuten Fußweg entfernt, machte sie nun eine Ausbildung in einer Bäckerei. Sie hatte gerade Feierabend. Ich fragte sie, ob sie etwas Zeit habe. Ja klar, strahlte sie, auf ein Stündchen gerne. Also nahm ich sie mit nach Hause. Mutter war zwar alles Andere als begeistert, verbot mir den Umgang mittlerweile allerdings auch nicht mehr. Wie in alten Zeiten saßen Veronika und ich in meinem Zimmer, tranken Cola und klönten. Wir hatten uns - *vom Alter und gewissen Lebenseinstellungen ein Mal abgesehen* - kaum verändert. Unsere alte Freundschaft blühte im Nu wieder auf!

Veronikas Mutter ertrug ihren Mann immer noch. Der hatte auch bereits mehrmals kurz vor der Leberzirrhose mit Gelbsucht in der Klinik gelegen und sei trotz Allem vom Saufen nicht mehr weg zu kriegen. Er prügelte seine Frau mittlerweile auch nicht mehr. Einzig die körperliche Schwäche zwang ihn zu einem gewissen Frieden. Veronika legte nun jede Mark, die sie während der Ausbildung verdiente, zur Seite, um sich mit Eintritt der Volljährigkeit eine eigene, kleine Wohnung samt einem bescheidenen Mobiliar leisten zu können. Ein paar Tausender, so erzählte sie mir voller Stolz, habe sie bereits auf dem Sparbuch. Wir sprachen noch kurz über die alten Zeiten und dann musste sie aber auch wieder heimwärts...

Nun holte ich Veronika abends des Öfteren von der Bäckerei ab. Hin und wieder überreichte sie mir eine Tüte mit Puddingteilchen oder Rosinenschnecken. An meinem sechzehnten Geburtstag kam sie zum Kaffee und überraschte mich mit einem hübschen, kleinen Kerzenständer und einer dazu passenden roten Kerze in Form einer Rose!

Nun lachten wir nicht mehr über den damaligen Trebegang. Selbst Veronika war mittlerweile längst klar geworden, dass sie zum damaligen Zeitpunkt eine spontane, völlig unüberlegte Kurzschlusshandlung begangen hatte. Über die Idee, wie sie ihren Lebensunterhalt hätte dauerhaft bestreiten sollen, habe sie damals ebenfalls nicht nachgedacht. Auch nicht, wie sie sich als gerade ein Mal Zwölfjährige in einem fremden Land hätte verständigen sollen, dessen Sprache sie nicht ein Mal ansatzweise verstand. Wo und bei Wem hätte sie sich bis zur Volljährigkeit verstecken sollen? *Und selbst, wenn sie unentdeckt geblieben wäre:* Selbst als junge Erwachsene hätte sie sich in einem fremden Land nicht einfach so mir nix, dir nix bei den Behörden melden können. Man hätte sie - *im günstigsten Falle* - umgehend in ihr Heimatland überführt. Es war ihr damals auch nicht klar, dass sie auf einem Schiff, bevor es überhaupt abgelegt hätte, von der betreffenden Crew sehr schnell entdeckt worden wäre. *Vorausgesetzt, sie wäre überhaupt erst ein Mal unentdeckt auf ein Schiff gekommen!* Alleine auf diesem Anhalter-Trip auf den Autobahnen, meinte Veronika, hätte ihr ja schon eine ganze Menge zustoßen können. Vergewaltigung zum Beispiel, im schlimmsten Falle sogar Mord. Auch bedauerte sie aufrichtig, ihrer Mutter mit diesen krausen Hirngespinsten diesen zusätzlichen Kummer auch noch gemacht zu haben. Es sei schlicht und ergreifend ein aufgellendes, verzweifeltes, kindliches Ringen um Ruhe und Frieden gewesen. Ich hörte ihr zu und verstand sie durch und durch...

Nein, wir lachten nun weiß Gott nicht mehr. Mich persönlich nahm es nicht Wunder, dass meine Freundin auf Trebe gegangen war. Ihre damalige Kurzschlussreaktion war vollkommen verständlich. Der Vater hatte gesoffen und viele Jahre lang massiv die Familie tyrannisiert. Die Mutter hatte resigniert. Auch durch Resignation kann eine ganze Menge Unheil herauf beschworen werden. So wie zum Beispiel Veronikas damalige überstürzte Flucht nach Hamburg...

Eines Abends, als ich wie üblich meine Freundin von der Bäckerei abholte, wirkte sie, im Gegensatz zu sonst, auffallend beschwingt, entspannt und gelöst!

„Nanu“, bemerkte ich, „was ist los?“

„Was los ist?“, antwortete Veronika mit einem lapidaren Achselzucken, „Der Alte hat in´s Gras gebissen, das ist los!“

„Wie bitte?“, fragte ich überrascht nach, *„Wann ist das denn passiert?“*

„In der vergangenen Nacht.“, informierte mich meine Freundin, „Ist einfach zusammengeklappt. War quittegelb. Der Notarzt konnte nur noch den Tod feststellen. Die Leber hatte endgültig kapituliert. Meine Mutter setzte sich mit dem Bestatter in Verbindung und die Leiche wurde noch in der selben Stunde abgeholt…“

„Und du hast heute gearbeitet?“, fragte ich verdutzt, „Ich meine… er war immerhin dein Vater…“

„Ich bin doch dankbar, dass der alte, versoffene Bock weg vom Fenster ist!“, schnaubte Veronika, „Der hat uns weiß Gott das Leben schwer genug gemacht. Auch für meine Mutter wird jetzt endlich ein ruhiges, friedliches Leben beginnen. Ein Leben, dass sie seit fast zwei Jahrzehnten nicht mehr kannte, weil ihr zur juristischen Trennung der Mut fehlte. Pia kommt übrigens schon man nicht mit zur Beerdigung. Das kannst du mir glauben, wir weinen ihm bestimmt keine einzige Träne nach...“

Kurz darauf verloren Veronika und ich uns erneut aus den Augen. Diesmal leider für immer. Ich hoffe sehr, dass meine alte Freundin aus Jugendtagen - *und auch ihre Mutter* - zur Ruhe gekommen sind und ihren inneren Frieden gefunden haben!

Danke, Veronika - für die tiefe, verbundene Freundschaft und die gemeinsamen Jahre…

Tuula - die Liebe und der Alkohol

Vor geraumer Zeit sah ich im Fernsehen *(auf ARTE)* eine einstündige Reportage aus Finnland, die mich wahrhaft bis ins Innerste tief bestürzt hat. Es ging hierbei um eine achtundfünfzigjährige Frau namens Tuula, eine trockene Alkoholikerin, der es gelungen war, sich erfolgreich von der Trinkerei zu befreien. Tuula ist gelernte Altenpflegerin, die gerne häkelt, für die gesamte Nachbarschaft Kuchen backt und sich liebevoll um ihre Katze*(n)* sorgt. Sie versteht sich gut mit Ari, ihrem Nachbarn, hat eine liebe Freundin namens Henriikka Hemmi, Aris Partnerin, die ebenfalls im Haus wohnt, von Beruf Filmemacherin ist und auch die Kamera für diese Aufzeichnung führte. Eigentlich hätte Tuulas Leben perfekt sein können.

Doch Tuulas Leben verlief alles Andere als in normalen Bahnen. Sie war mit Esko liiert, einem Mittfünfziger, der ein weit mehr als starker Säufer war. Fünfundzwanzig Jahre zuvor hatten die Beiden sich kennengelernt. Zu diesem Zeitpunkt hatte Tuula auch noch sehr dem Alkohol zugesprochen. Irgendwann aber hatte sie auf Grund einer eigenen Krebserkrankung begriffen, dass es so nicht mehr weiter gehen konnte. Rigoros hörte sie mit dem Trinken auf und hielt sich auch nach ihrer Heilung konsequent daran. Als sie Henrikka kennen lernte, war sie bereits seit drei Jahren trocken.

Esko jedoch gelang dieser Sprung nicht. Er besorgte sich Alkohol bei jeder sich bietenden Gelegenheit, sei es beim Einkaufen, auf Picknicks mit Freunden oder auf dem Wochenmarkt. Oft genug war es jedoch Tuula selbst, die ihm den Alkohol besorgte, damit er Ruhe gab. Sie schämte sich bereits in Grund und Boden, wenn sie mit einer ganzen Einkaufswagenladung der entsprechenden *„Absacker"* im Supermarkt an der Kasse stand. Die Scham stand ihr mehr als deutlich ins Gesicht geschrieben. Schließlich besorgte sie die Alkoholika ja nicht für sich selbst, sondern für Esko. Kaum wieder daheim, verlangte er seine Buddel, die Tuula ihm auch augenblicklich brachte. *Dabei hatte sie nur einen einzigen sehnlichen Wunsch:* Dass Esko endlich das Schlürfen aufgeben würde…

Tuula schien für ihr eigenes Verhalten gute Gründe zu haben. Sie erzählte von ihrer traurigen Kindheit. Ihr Vater hatte ebenfalls stark getrunken.

Wenn er dann *„hacke"* war, mussten Tuula und ihre Schwester ihm explizit aus dem Wege gehen. Die Mutter hatte ihre beiden Töchter stets rechtzeitig vorgewarnt, an bestimmten Abenden dem Vater auf keinen Fall zu Nahe zu kommen. Taten sie es doch, hatte er gleich gebrüllt und die Kinder lautstark verjagt. *Die Familie war ihm im Wege!*

Der Großvater von Ari, dem Nachbarn, hatte ebenfalls gesoffen. Die Großmutter sah sich bereits gezwungen, ihrem Mann den Fusel umgehend zu besorgen. Unterließ sie es, dann ging es richtig zur Sache. Er erbrach und kotete sich im Delirium vollkommen ein - *mindestens für eine Woche!* Er kam richtig heftig auf den Hook. Es war unbestritten die körperliche Reaktion auf den plötzlichen Entzug. Der Großvater brauchte bereits dauerhaft einen gewissen Alkoholpegel. Unterschritt er diesen Level, ging es richtig los. Dann drehte es ihm restlos die Achsen ab. Eine Woche lang schiss und kotzte er durch. Es war grauenhaft. Die völlig geschlauchte Großmutter musste dann die *„Hinterlassenschaften"* ihres Mannes entfernen und wischen. Nur in dem sie den gewünschten Alkoholnachschub umgehend besorgte, ersparte sie sich weitere Demütigungen!

Tuula selbst geriet durch ihren Vater, von dem sie sich unbeachtet und ungeliebt fühlte, ebenfalls unweigerlich in diesen Teufelskreis. Sie zog Säufer magisch an. Sie kannte es ja nicht anders…

Dabei hatte es zu Beginn in ihrer Beziehung zu Esko gar nicht so schlecht gestanden. Die Beiden hatten gemeinsam im Wald Blaubeeren gepflückt, Bootsausflüge auf die Nachbarinseln gemacht, den Haushalt gemeinsam erledigt, Einkäufe getätigt. Die körperlich schweren Arbeiten hatte Esko übernommen. Von Beruf war er ursprünglich LKW-Fahrer. Überdies war er, wie zwei alte Fotos zeigten, in jüngerem Semester einst ein sehr attraktiver Mann!

Nun aber übernahm Esko gar Nichts mehr. Er verließ sich voll und ganz auf seine Gefährtin. Tuula plackte sich mittlerweile völlig alleine mit Allem ab. Sie ging einkaufen, warf sich in den Haushalt, pflückte in Eskos Gegenwart die Blaubeeren alleine und selbst bei den Bootsfahrten schleppte sie die schwere Picknicktasche und saß am Steuerrad. Esko ließ alle Zügel schleifen, folgte Tuula nur wie ein Hund und saß, halb im Dämmerzustand, tatenlos an ihrer Seite. Munter wurde er nur noch, wenn er sich dem Alkohol ergab. Seine saufenden Kumpane machten sich bereits lachend über Tuula lustig. Auf Grund seiner Alkoholabhängigkeit konnte er seinen Beruf längst nicht mehr ausüben und lebte praktisch von der Stütze. Mittlerweile lehnte er immer öfter sein Essen ab, weil er sich kurz zuvor erbrochen hatte. Nein, es ging aus dieser Reportage nicht hervor, ob er Tuula schlug, das stimmt. Dafür machte er ihr bereits genügend anderweitigen, dauerhaften Kummer. War er richtig *„hacke"* bis zum Stehkragen, dann sprang Tuula für ihn in die Bresche, wie einst Aris Großmutter es für den Großvater getan hatte. Sie entkleidete Esko, entfernte Kot, Urin und Erbrochenes, duschte ihn auf dem Fußboden des Badezimmers vom Scheitel bis zur Sohle ab, frottierte ihn und half ihm in neue Bekleidung. Sie übernahm wie selbstverständlich die Rolle der Co-Alkoholikerin, versorgte Esko mit dem gewünschten Fusel und hielt ihn sauber. Es war die selbe, alte Arie wie zu Zeiten der Großeltern des Nachbarn. Ein Fass ohne Boden. Wenn sie dann das Bad putzte, stank sie selbst schon am ganzen Leib nach Eskos Kot. Die Spuren des Leids hatten sich tief in ihr einst hübsches Gesicht gegraben. Mittlerweile litt sie an chronischen Brustschmerzen. Der Arzt machte den massiven Stress dafür verantwortlich. Er riet Tuula mehrmals dringend, sich von Esko zu trennen. Er käme doch niemals von der Buddel los. Selbst mehrere Freunde rieten ihr zu diesem Schritt. Sie jedoch war einfach innerlich nicht bereit dazu…

Eines Tages waren Tuula und Esko gemeinsam mit *„Freunden"* auf dem Braufest. Es war eine Einladung. Plötzlich begann es, Esko am ganzen Leibe durchzurütteln und er brach nach einigen hilflos staksenden, knicksenden Schritten vor laufender Kamera mitten auf dem Marktplatz zusammen. Die Beine versagten ihm den Dienst. Tuula und eine *„Freundin"* halfen ihm wieder in die Vertikale und führten ihn untergehakt zum Wagen. Alleine hätte Esko den kurzen Weg niemals bewältigt. Es war ein trippelnder Rüttelgang. Endlich im Auto sitzend, schien Esko einzusehen, dass er dringend Hilfe brauchte. Am nächsten Tag brachte Tuula ihn zum Arzt. Die Untersuchung ergab, dass Esko eine massive Leberzirrhose hatte, einen Milzschaden, ernste Gallen- und Nierenprobleme - *und zusätzlich noch an einer Diabetes litt!* Der Arzt meinte, dies sei auch der Grund für Eskos Zusammenbruch gewesen - *Unterzucke-*

rung! Er überwies Esko für den kommenden Tag ins Krankenhaus, um eine genaue Diagnose zu bekommen. Die dortigen Tests bestätigten Eskos Zustand. Selbst ein Klinikarzt in der Notaufnahme riet Tuula dringend, diese Beziehung zu beenden…

Vom Tage der Diagnose an begann Esko, sich zu verändern. Er rührte keinen Tropfen Alkohol mehr an, kontrollierte regelmäßig seine Zuckerwerte und hielt strenge Diät. Tuula setzte ihm die Lanzetten ins Gerät, weil seine Hände während des Entzuges unkontrolliert heftig zitterten. Sie unterstützte Esko, wo sie nur konnte. Sein Gesundheitszustand besserte sich ein klein Wenig. Wie in früheren Zeiten bastelte und werkelte er munter am Wagen, half Tuula bei den Einkäufen, beim Beerenpflücken, im Haushalt, auf dem Boot. Er sah deutlich gepflegter aus und unterhielt sich auch wieder liebevoll mit seiner Genossin. Seine trinkenden Bekannten witzelten schon über ihn. *Es würde gar nicht mehr lange dauern, dann würde Esko noch zum gläubigen Kirchgänger und Nichtraucher!*

Tuula war selig! Sie würde von nun an ein normales Leben führen und räumte dieser Beziehung gute Chancen ein…

Doch natürlich ging es nicht gut. Ganze sechs Wochen hatte Esko durchgehalten, Dann, eines Abends bei Kimmo, einem Kumpel, versumpft, warf es ihn erneut aus der Bahn. Er kam sturzbeschlürft, deliriös, lallend und eingenässt nach Hause gepoltert und Tuula wusste, es geht wieder von Vorne los. Immer wieder hatte sie jahrein, jahraus auf Esko eingeredet wie der Bauer auf sein krankes Pferd.

Immer wieder vergeblich…

Tuula hatte zu hoffen aufgehört. Gerne hätte sie sich - *angeblich!* - nun mittlerweile von Esko getrennt, doch gleichzeitig war sie vollkommen resigniert und half ihm immer wieder, unterstützte ihn, wo sie nur konnte. Oftmals bis zur eigenen physischen und psychischen Erschöpfung. Selbst, als Esko mit einem Kumpan völlig unangekündigt nach Estland reiste, verzieh Tuula ihm. Pausenlos war von Trennung die Rede - *und pausenlos sperrte sie sich selbst immer wieder gegen eine Trennung!* Sie war einfach zu sehr in ihrem altgewohnten Verhaltensmuster verstrickt, fand keinen Ausweg aus diesem Teufelslabyrinth, blockierte sich tief in ihrem Inneren selbst. Bei Alkoholikern kam sogleich automatisch ihr Beschützerinstinkt durch. Esko dagegen verließ sich absolut auf seine Gefährtin. Die gute Tuula würde es schon richten. Doch sie war psychisch und seelisch wie paralysiert. Vollkommen ausgebrannt. Ständig widersprach sie sich selbst. Ihr fehlte schlicht die entscheidende Kraft zu diesem endgültigen Schritt. Sie kannte es ja nun verdammt ein Mal nicht anders…

Eines Morgens, nach einer weiteren durchzechten Nacht, kam Esko nicht mehr aus dem Bett. Tuula lief zu ihrem Nachbarn Ari und erklärte ihm die Situation. Sie könne das Schlafzimmer nicht mehr betreten; es sei fast, als wäre der Tod persönlich im Raum. Esko liege im Bett und rühre sich kaum noch. Sie habe ihn in der Nacht sogar noch vom Boden ins Bett gehievt. Er habe ganz stumpfe, gelbe Augen, zittere extrem und sei entsetzlich eingefallen. *Tuula bat Ari, den Notarzt zu verständigen!*

Der Nachbar kam gleich mit hinüber und überzeugte sich von Eskos weit mehr als desolatem Zustand. Schnell verständigte er den Notarzt. Die Freundin Henriikka war anwesend, die Kamera lief. Esko war kaum noch ansprechbar. Er war gerade noch in der Lage, zu atmen. Einige wenige Biere hatten bereits gereicht. Der Notarzt, der ihn wohl bereits kannte, fragte ihn über das Handy, ob er nicht doch endlich ins Krankenhaus wolle. Esko murmelte nur, das wolle er spontan nicht. Er wolle sich aber am kommenden Tag ins Krankenhaus fahren lassen. Nein, meinte Ari mit fester Stimme, nicht am kommenden Tage - *sondern jetzt, auf der Stelle!* Esko nuschelte dumpf. Tuula war völlig schachmatt, bekam einen Weinkrampf und bat den hilfsbereiten Ari schluchzend, einen Rettungswagen zu schicken. Sie könne nicht mehr. *Keinen einzigen Tag mehr!* Sie sei mit ihrer Kraft am Ende!

Dann traf der Rettungswagen ein. Esko war auf Grund seines Zustandes absolut nicht mehr in der Lage, auch nur noch einen einzigen Schritt zu gehen. Die Leber kapitulierte. Außerdem hatte er zusätzlich noch sehr hohes Fieber, fast 39° Grad. Er glühte regelrecht, war quittegelb, kaum noch in der Lage, den Kopf zu drehen, vollkommen in Schweiß gebadet und todesschwach! Er wirkte abgedriftet, wie im Tran. Seine Umgebung schien er praktisch gar nicht mehr so recht wahr zu nehmen…

Tuula begleitete den Krankenwagen in Aris Auto noch in die Klinik. Aris Gefährtin, Henriikka Hemmi, kam ebenfalls im Wagen mit und führte auch hier die Kamera. Noch während der Fahrt sagte Tuula mit bebender, gebrochener Stimme, sie hoffe, man behielte Esko nun in der Klinik und er käme nicht mehr raus. Oder aber dass Esko nun in ein Pflegeheim verlegt werde. Zu Mindest, bis er dort erst ein Mal wieder zu Kräften kommen würde. Ari versuchte ihr klar zu machen, dass das Unterfangen sinnlos sei. So bald es Esko nämlich besser ginge, finge die ganze Arie doch wieder von Vorne an…

Tuula nahm Esko wieder auf. Es war voraus zu sehen. Eines frühen Morgens dann bekam Henrikka Hemmi einen sehr aufgeregten Anruf von Seiten Tuulas. Esko sei tot. Er liege total reglos im Korridor, sei ganz blau angelaufen und kühle bereits aus. Sein Körper sei völlig erstarrt. Tuula warte nun auf den Leichenwagen. Sie habe Esko angesprochen und sogar versucht, ihn zu beatmen. Vergebens…

Dann ein Rückblick. Esko sitzt im Sessel und sagt nachdenklich: „Ja, ich bin ein Schicksalsmensch. Meine Mutter ist am Lungenkrebs gestorben. Sie hat zeitlebens nie geraucht. Diese Krankheit hatte sie sich ganz gewiss nicht ausgesucht. Es kam einfach über sie und raffte sie hinweg. Das ist Schicksal. Ich saufe, weil ich keine Hoffnung mehr habe. Es ist Alles so sinnlos. Im Grunde hat Tuula, abgesehen von der Sorge um meine Trinkerei, deutlich weniger Probleme als ich. So ist das…“

Bis zum Schluss hatte Esko nicht eingesehen, was er Tuula angetan hatte. Er tat sich selber Leid…

Eskos Leichnam wurde eingeäschert. Tuula nahm an der Seebestattung teil, leerte die Urne ins Wasser, las schluchzend ein selbstverfasstes Abschiedsgedicht und warf eine gelbe Rose in die See, die Esko einst so geliebt hatte. Es war zu spät. *Der Alkohol hatte letztendlich gesiegt!*

Tuula hatte ihrem Genossen im Leben nicht mehr helfen können, doch zu Mindest wollte sie ihm im Tode noch einen würdigen Abschied zukommen lassen…

Einige Zeit später saß sie bei ihrem Nachbarn Ari. Über das Internet gab er eine Bekanntschaftsannonce für Tuula auf. Sie wünschte sich einen Partner, der nicht schlurfte. Das war ihre Bedingung. *Sie hatte eine stockpanische Angst vor der Einsamkeit!*

Tuula lernte einen neuen Partner kennen. Sie schwebte wieder ein Mal auf Wolke Sieben, saß auf dem Sofa, strahlte über das ganze Gesicht, kraulte ihre Katze und sagte, sie sei ganz frisch verliebt und fühle sich beschwingt wie ein Teenager. Sie sah um etliche Jahre verjüngt aus!

„Diesmal", so sagte sie im Brustton der Überzeugung, „diesmal wird es gut gehen…"

Kurz darauf filmte Freundin Henriikka Hemmi erneut, diesmal den Abschluss der Reportage. Tuula saß auf der Couch und sagte resigniert: „Tja… was soll ich sagen? Zu früh gefreut. Es ist wieder etwas Alkohol im Spiel. Schon wieder reingefallen! Die gute Tuula fällt immer auf die falschen Typen rein. Gut, es ist zwar etwas Alkohol im Spiel, aber er könnte sich ja immerhin ändern…"

Dann war die Reportage zu Ende und ließ mich sehr bestürzt und auch gleichzeitig sehr nachdenklich zurück. Mir fehlten in diesem Augenblick schlicht die Worte. Ganz klar, Tuula leidet massiv am so genannten *„Helfer-Syndrom" (einer psychischen Störung)* und das ist ihr, wie sie selbst mehrmals während der Dreharbeiten äußerte, auch vollkommen bewusst. Wie unter einem Zwang will sie für einen anderen Menschen da sein, ihn umsorgen und selig machen. Sie will bemuttern. Doch will sie es aus freien Stücken gerade so mega-extrem haben? *Braucht sie wirklich eigenes, kontinuierliches Unglück, um selbst glücklich sein zu können?* Hat sie sich diese Komasäufer ganz bewusst ausgesucht oder diese Komasäufer sich sie? Mit Bestimmtheit lässt sich das nicht sagen...

Meine Gedanken schweiften ganz automatisch zurück in die eigene Vergangenheit. Bei genauerer Betrachtung fielen mir einige deutliche Parallelen zwischen Tuula und mir auf. So verschieden verhielten wir uns gar nicht. Zu Mindest nicht, was die Vergangenheit betrifft. Auch ich hatte mich stets bis zum Gehtnichtmehr für die falschen Partner aufgeopfert, hatte sinnlose Bacchanale toleriert, eben so die mitleidigen Blicke der Passanten ertragen, mich in diesen Momenten am Liebsten tausend Klafter unter die Erde gewünscht vor Scham. Auch ich habe in der Vergangenheit Erbrochenes, Kot und Urin weg gewischt. Auch ich hatte eine Wahnsinnsangst vor der Einsamkeit, eben so wie es sich mit Tuula verhielt. Ja, auch ich war innerlich wie paralysiert, konnte mir zeitweise nicht mehr vorstellen, dass es noch ein anderes, besseres Dasein geben könnte. Verurteilen kann ich Tuulas Verhalten daher nicht. Ihr eigenes Leben hatte ja bereits unter einem denkbar schlechten Stern begonnen. Sie war in einen Kreis aus väterlichen Saufereien hinein geboren worden. Sie wurde ohne Liebe aufgezogen, bekam es frühzeitig vorgelebt. Sie war ihrem Vater vollkommen gleichgültig. Dieses schlechte Vorbild hatte ihre Kindheit und Jugend geprägt. Dafür konnte sie Nichts - *und darum kann ihre spätere, aufopfernde Verhaltensweise Esko gegenüber auch nicht verurteilt werden...*

Tuula - glaube mir: In gewisser Weise verstehe ich dein Handeln sogar. Auch dir fehlte die Familie, eben so wie mir. Du sehntest dich lediglich nach ein wenig Glück im Leben, nach Anerkennung und Akzeptanz, genau, wie es mir erging. Das ist in Finnland auch nicht anders als sonst wo auf der Welt. Esko hat dich mit seiner Alkoholsucht physisch und psychisch gebeutelt, genau so, wie Frederik es bei mir versuchte - *und fast geschafft hätte!*

Gut getan hat Esko dir jedenfalls nicht. Dazu kam, dass du dir ständig selbst widersprachst - *und das praktisch in einem Atemzug!* Du wolltest dich einerseits angeblich gerne von Esko trennen, gleichzeitig aber deiner geliebten Katze ihr Zuhause nicht nehmen. Dann aber – *und das praktisch in ein- und dem selben Satz!* – betontest du, dass du dein *„mieses Leben"* weiter führen musst, weil du dein schönes Heim nicht aufgeben willst. Mal ging es dir ausschließlich um das Wohl deiner Katze *(im Film waren übrigens eindeutig zwei Katzen zu sehen, so wohl eine grau Getigerte als auch eine Schwarze)*, dann ging es dir anscheinend wieder ausschließlich um dich. Du wusstest selbst nicht mehr, was genau du eigentlich wolltest. Einerseits schienst du permanent überfordert zu sein, weil du ständig Hilfestellung geben musstest. Zeitgleich schienst du andererseits aber auch glücklich zu sein, wenn Esko deine Hilfe benötigte. Du betontest in einer Stelle des Filmes, dass du Esko *keinen* Alkohol besorgt hattest, aber Ari hatte ja selbst mit eigenen Augen gesehen, wie du am Tage zuvor Fuselflaschen auspacktest. Darauf konntest du keine Antwort geben.

Du bist in bitterem Selbstmitleid zerflossen, um im nächsten Moment aber gleichzeitig wieder über die ganze Situation zu lachen, entsprechende

Witze über den *„Penner"* zu reißen und Eskos verwaschene Stimme und seine Säufermimik in affektierter Weise nachzuahmen. Und natürlich, dass der Herr Esko nach sechs Wochen Abstinenz erneut zur Buddel griff, bedeutete ja nicht, dass er sich jetzt dauerhaft weiter zunuckeln würde. Es könnte ja immerhin sein, dass er sich änderte. *Es war so, weil der Herr Esko es halt sagte!*

Die Hauptsache war, du hattest wieder ein Mal eine Erklärung...

In Einem hast du voll und ganz Recht: Trinker finden generell immer Gründe, um weiter zu trinken. Vererbung. Schicksalsschläge. Einsamkeit. Das Gefühl, nicht geliebt und nicht beachtet zu werden. Es gibt immer einen scheinbar triftigen Grund. Dein eigenes Verhalten lief allerdings in eine ganz ähnliche Richtung. Auch du hast immer wieder ausreichend Gründe gesucht und auch gefunden, um nur ja bei Esko zu bleiben. Du sagtest unter Tränen, dass du ein solches Leben nicht mehr wolltest. Gleichzeitig aber hieltest du krampfhaft an eben diesem Leben fest, ohne selbst wirklich begründen zu können, warum. Du warst am Ende deiner Kräfte, hast Eskos Trinkerei dennnoch hingenommen und die Rolle der Co-Alkoholikerin übernommen, wusstest nicht mehr Ein noch Aus, eben so wie ich es in der Vergangenheit bei Gernot und Frederik hingenommen habe. Ja, wir haben so einige Gemeinsamkeiten erlebt...

Einige gravierende Unterschiede zwischen uns habe ich ebenfalls entdeckt. Du hattest ein Alkoholproblem, ich dagegen hatte dergleichen nie. Du hast ein Vierteljahrhundert mit Esko leben können, gerade weil du das Alkoholikerdasein aus eigener Erfahrung kennst. Ich dagegen habe in meinen unseligen Beziehungen frühzeitig die Bremse gezogen und sprang vom Zug ab, gerade weil ich persönlich nie ein Alkoholproblem hatte. Ich verstehe voll und ganz, dass du Esko auf seinem letzten Weg begleitet hast. Ich selbst, da bin ich mir absolut sicher, hätte es in einem solchen Fall definitiv nicht getan...

Vielleicht hat Esko dich in gewissem Sinne einst sogar geliebt. Auf seine Weise. Er übte dir gegenüber - *erstaunlicherweise!* - anscheinend niemals körperliche Gewalt aus, war sich nur absolut in keiner Weise bewusst, was er dir mit seiner Trinkerei und den damit unweigerlich verbundenen Folgen antat. Statt dessen versank er in Selbstmitleid und spielte dein eigenes Leid sogar noch als kleinliche, unbedeutende Bagatelle herunter. Er versuchte, sich gegen den Alkohol anzustemmen, doch er konnte sich dir nicht beweisen. Die Liebe zur Buddel war stärker. Er kam gegen diesen Sog nicht an…

Aber natürlich, Tuula, verstehe ich deine Beweggründe. Fünfundzwanzig Jahre kann man nicht so einfach über Bord werfen und vergessen. Es ist wie in jeder Ehe. Die Bindung zwischen euch war da. Es hat nun ein Mal diese gemeinsame Zeit gegeben. Sicher gab es neben dem Horror, dem Stress und dem Ekel auch etliche schöne Momente. Halte diese schönen Momente fest. Du hast ein gutes, treues Herz. Orientiere dich aber nicht mehr an der Vergangenheit, sondern lerne vielmehr daraus. Eventuell würde eine geeignete Langzeittherapie dir helfen.

Mit Sicherheit jedoch wäre dir ein kompletter, radikaler Ortswechsel anzuraten. Lass das alte Leben zurück, baue dir besser an einem anderen, weit entfernten Ort ein ganz neues Leben auf. An einem Ort, wo Niemand von deinem alten Leben weiß…

Sei so konsequent und stark wie nach deiner Krebsheilung. Suche dir einen völlig neuen Freundeskreis, der ausschließlich aus Nichttrinkern besteht. *Trinkende Kumpel, die einen schwerst alkoholkranken Diabetiker, der kurz vor der Leberzirrhose steht, auch noch ganz bewusst zu einem Bierfest einladen, sind definitiv keine geeigneten Freunde!* Mach´ dich mit deiner Hilfsbereitschaft nicht mehr für die falschen Leute zum Narren!

Es gibt ein bekanntes, englisches Sprichwort: Everybodies darling is everybodies fool!

Sei dankbar für Henrikka und ihren hilfsbereiten, besonnenen Gefährten Ari, der dir stets geduldig und bedingungslos bei allen Problemen mit Rat und Tat zur Seite stand, sich sogar die eigene Nachtruhe um die Ohren schlug und dich statt dessen mit seinem Wagen ins Krankenhaus begleitete.

Ari - einer der treuesten Freunde, die ein Mensch nur haben kann!

Seltener als ein Diamant!

Was den traurigen Rest anbelangt: Breche sämtliche alten Brücken konsequent hinter dir ab. So Etwas hast du nicht nötig. Ich weiß, es klingt im ersten Moment wirklich sehr radikal, ist jedoch praktisch die einzig reelle Chance für einen Neuanfang!

Ich hoffe ferner, du hast deiner Internet-Bekanntschaft den Laufpass gegeben, noch bevor es richtig beginnen konnte. Es war ja immerhin erneut Alkohol im Spiel. Verfalle niemals dem Wahn, dass ein solcher Mensch sich ändert. Spiele diesen notorischen Schlürfern nicht noch mehr in die Hände. Verschwende deine aufrichtige Liebe nicht an die Falschen. Es lohnt definitiv nicht. Du hast es an Esko gesehen. Konzentriere dich lieber ganz auf die eigene Zukunft. *Du hast eine Zukunft!*

Tuula - du bist unglaublich stark und mutig! Stark, weil du dich aus eigener Kraft vom Alkohol losgesagt hast. Mutig, weil du mit deiner Reportage an die Öffentlichkeit gegangen bist. Du hast die ständige Kamera in allen Situationen wahrhaft kühn und mit einer großen Portion Galgenhumor ertragen. Vielleicht hast du bereits ganz tief in deinem Inneren geahnt, was kommen würde, dass das sehr baldige Ende nicht mehr aufzuhalten war, dass der Abschied kommen würde, dass Esko nicht mehr zu helfen war. Vielleicht wolltest du ihn auf diese Weise lebendig halten. Vielleicht hast du die Dreharbeiten nur aus diesem Grunde noch ertragen. Du hast den Fernsehzuschauern in sehr drastischen, aber bewegten Bildern verdeutlicht, wie es ist, mit einem Vollalkoholiker zu leben - *und das ist wirklich Mut!*

Vielleicht schreibst du ja eines Tages selbst ein Mal ein Buch über dein Leben. Glaube mir - *es würde dich befreien!*

Tuula - ich wünsche dir für dein weiteres Leben die nötige Kraft und Einsicht und von ganzem Herzen alles erdenklich Gute...

Frauenreport

Im Laufe der vergangenen zwei Jahrzehnte sah ich im Fernsehen einige Reportagen zum Thema *„Gewalt gegen Frauen“*. Oft kamen in mir gewaltige Bestürzungen hoch. Die Erfahrungen der interviewten Frauen verblüfften mich sehr, konnte ich mich doch selbst nur viel zu gut in diese Erlebnisse hinein versetzen.

Besonders erschreckend war für mich zu sehen, wie sehr einige Frauen im Laufe ihrer Beziehungen an Selbstständigkeit eingebüßt hatten...

An einen Fall erinnere ich mich noch sehr deutlich. Eine Frau, die mit der Kamera begleitet wurde, berichtete, dass sie praktisch in der Vergangenheit ohne ihren Ehemann gar nicht mehr zurecht gekommen war. Ausführlich berichtete sie vor der Kamera von ihrer langen Leidenszeit:

Seit etlichen Jahren hatte der Mann ihr die Freiheit immer mehr beschnitten. Mit der Zeit hatte er quasi sämtliche alltägliche Transaktionen übernommen, ob es sich nun um Geldüberweisungen handelte oder um die ganz gewohnten Einkäufe im Supermarkt. Die Frau erledigte im Grunde nur noch den eigenen Haushalt, kochte und wusch ab. An Sonsten hatte sie keinerlei Zerstreuung oder geistige Anregung. Sie führte ein Schattendasein. Ihr gesamtes Leben wurde einzig vom Geschick des Ehemannes bestimmt. Eigene kleine Wünsche wagte sie schon gar nicht mehr zu äußern, aus Angst vor erneuten körperlichen Attacken. Ohne ihren brutalen Mann wagte sie sich kaum noch einen Schritt aus dem Haus. Er hatte sie behandelt wie ein unmündiges Kleinkind und sehr bald traute sie sich fast überhaupt kaum noch eigene Schritte zu, überzeugt, dass sie unfähig und blöde sei.

Seit etlichen Jahren schon hatte sie keinen Supermarkt mehr von Innen gesehen. Daher konnte sie natürlich auch keine Preise mehr vergleichen, ja, sie hatte inzwischen nicht ein Mal mehr eine blasse Ahnung, was die einzelnen Produkte überhaupt kosteten. Sie verarbeitete die Lebensmittel, die ihr Mann nach Hause brachte, benutzte die Hygieneartikel, die er ihr vor die Nase stellte, las die Zeitschriften, die er vom Kiosk holte und, nach einigen *„Zensuren“*, für geeignet hielt. Seine Gehirnwäsche hatte Wurzeln gefasst. In der Öffentlichkeit war sie total unsicher geworden. Die

Wohnung verließ sie praktisch nur noch zur Treppenhausreinigung. Aus Angst vor der körperlichen Überlegenheit und dem unberechenbaren Jähzorn ihres Mannes hatte sie sich ihm total untergeordnet, sein Verhalten mittlerweile bereits als absolute Selbstverständlichkeit betrachtet…

Eines Tages, nach einer äußerst grausamen körperlichen Attacke, fasste diese Frau Mut, packte ihre Koffer und flüchtete ins Frauenhaus!

Die ersten Tage waren fast wie ein Kulturschock. Es traf sie wie ein Hammerschlag, völlig unvorbereitet - *sie wurde zum Großeinkauf eingeteilt!* Absolut ratlos und kurz vor einer ausgewachsenen Panik stand sie mit dem Einkaufszettel im Supermarkt vor den vollen Regalen, krampfhaft bemüht, sich in der riesigen Fülle von Lebensmitteln zu orientieren. Sie hatte ja seit etlichen Jahren nicht mehr eingekauft, betrat eine nun wieder völlig neue Welt. Alles war wieder gänzlich neu für sie. Fast hätte sie den Einkaufswagen mitten im Gang stehen gelassen und wäre ins Freie geflüchtet…

Dann kam ihr plötzlich der Gedanke: Mensch, Mädel, du willst doch ein Leben in Freiheit! Du willst es doch packen! *Wenn du das jetzt nicht packst, wann dann?* Sie hatte ein paar Mal tief durchgeatmet, um sich zu beruhigen. Als ihre Nerven aufhörten zu flattern, fragte sie sich bei den Angestellten durch. *Wo bitte steht Dieses, wo bitte finde ich Jenes?* Man zeigte ihr bereitwillig die Wege und sie lud den Einkaufswagen voll. Dann stand sie unsicher in der Schlange an der Kasse. Erneut überrollten sie die Wellen der Panik. Der kalte Schweiß brach ihr aus. Die Fragen wirbelten ihr unkontrolliert durch den Kopf. *Kriege ich das jetzt bewältigt? Habe ich überhaupt genügend Geld bei mir? Merkt man mir die Angst und die Unsicherheit an?* Dann war sie dran. Sie legte die Waren aufs Band und zog mit zitternden Händen die Geldbörse. Die Kassiererin nannte ihr den Betrag; sie zahlte und packte die Waren wieder in den Einkaufswagen. Als sie wenige Minuten später mit vollgepackten Taschen in Richtung Frauenhaus ging, überkam es sie wie ein Donnerschlag: *Sie hatte eingekauft!*

Im Frauenhaus angekommen, packte sie die Lebensmittel aus und fiel den übrigen Bewohnerinnen jubelnd um den Hals. Sie freute sich in diesem sehr bedeutsamen Augenblick wie ein kleines Kind. Der Stolz auf ihre eigenständige Leistung war einfach unbeschreiblich. Sie konnte es gar nicht fassen - *sie hatte tatsächlich einen Einkauf bewältigt...*

Doch auf dem Wege in die endgültige Eigenständigkeit musste sie sich zu Nächst noch anderen wichtigen Herausforderungen stellen. Schritt für Schritt musste sie sich nun aus eigener Kraft von den gewohnten Zwängen lösen und die unsichtbaren Fesseln abstreifen. Dieser Weg war nicht einfach. Sie benötigte ein eigenes Konto für ihre laufende Sozialhilfe. *Doch wie lief das ganze Prozedere ab?* Bei der Sparkasse half man ihr weiter und beriet sie geduldig. Also eröffnete sie ein eigenes Konto und lernte, wie man Geldbeträge abhebt und finanzielle Transaktionen abwickelt. Beim Einwohnermeldeamt musste sie sich ummelden, eben so bei der Krankenkasse. *Wie ging das von Statten? Welche Unterlagen wurden benötigt?* Die Angestellten erklärten es ihr ausführlich. Vom Sozialamt erhielt sie eine Bescheinigung zur Vorlage beim Wohnungsamt. Von Seiten des Frauenhauses erhielt sie entsprechende tatkräftige Unterstützung und ermutigenden Halt!

Dann war noch der Weg zum Scheidungsanwalt zu machen. Sie reichte die Scheidung ein und bekam auch bald vom Wohnungsamt eine kleine, gemütliche Sozialwohnung angeboten. Sie nahm den Besichtigungstermin wahr und unterschrieb den Mietvertrag, den sie wiederum beim Sozialamt vorlegte. Man händigte ihr eine Bescheinigung für den Gebrauchtmöbelhandel aus, eben so wie eine schriftliche Bestätigung der Mietübernahme. Sie suchte sich entsprechendes Mobiliar aus, das kurz darauf geliefert wurde. Liebevoll richtete sie sich ihre eigene, kleine Wohnung ein und zog mit Hilfe einiger Kameradinnen in ihr eigenes, friedliches Reich - *fernab vom allem Terror und Gewalt...*

Mit der Zeit hatte sie ihr eigenständiges Leben voll im Griff. Der Lernprozess war in der Tat hart gewesen, doch sie hatte sich sämtlichen Herausforderungen mutig gestellt. Zurückschauend auf ihre Vergangenheit erfasste sie zum ersten Mal, dass Alles, was sie mittlerweile erreicht hatte, ihrer eigenen Leistung entsprang. In der Tat hatte sie im Laufe weniger Monate Etliches gemeistert. Ihr Ehrgeiz hatte sich ausgezahlt. Sie ging nun ihren eigenen, selbstbestimmten Weg. Die Scheidung lief. Sie hatte eine eigene Wohnung mit Möbeln, verfügte über ein eigenes Bankkonto,

Fernsehen und Telefon, verglich regelmäßig Preise und studierte wie selbstverständlich Sonderangebote. Sie hatte einen Halbtagsjob gefunden, in dem sie aufging!

Ihr Leben hatte sich von Grund auf radikal verändert. Sie hatte eine süße Katze, einige sehr liebe Freundinnen aus dem Frauenhaus und genoss ihre wiedergewonnene Freiheit in vollen Zügen, kostete jeden Moment des Daseins aus, entdeckte ihre eigenen Möglichkeiten und Fähigkeiten ganz neu und stellte sich dem Leben. Sie wurde jetzt auch mutig genug, sich der Öffentlichkeit zu stellen. Als ein Fernsehsender für eine entsprechende Reportage Frauen suchte, die häusliche Gewalt erlebt hatten, meldete sie sich spontan. Interviewer und Kameras kamen. Mit ernstem, aber offenem Blick berichtete sie dem Fernsehteam von ihrer Vergangenheit und dem Hier und Heute. *Sie hatte es geschafft!*

Eines jedoch, da war sie sich vollkommen sicher, wollte sie garantiert nie wieder in ihrem Leben - *eine Beziehung...*

Auch eine andere Frau meldete sich in dieser Reportage zu Wort. Ihr Bericht macht deutlich, wie unzureichend selbst die Polizei in solchen speziellen Fällen geschult ist und wie viel Aufklärungs- und Handlungsbedarf besteht. Diese zweite interviewte Frau erzählte vor laufender Kamera, dass ihr Mann ihr im Laufe mehrerer unseliger Ehejahre nicht nur das Nasenbein, sondern auch noch mehrere Rippen gebrochen hatte. Verschiedene Krankenhausaufenthalte waren die Folge gewesen.

Eines Tages, nach einer erneuten heftigen Attacke, gelang es ihr, telefonisch die Polizei zu verständigen. Ihr brutaler Mann hatte das Haus verlassen. Zwei Beamte erschienen kurz darauf vor ihrer Türe. Sie schilderte, was passiert war. Es war ein Sonntag. Die Frau wollte nun endlich Anzeige gegen ihren Ehemann erstatten. Einer der Beamten sagte ihr, sie solle sich dann am kommenden Tag auf dem Präsidium melden. Dann könne man ihre Anzeige aufnehmen. Ungläubig und entsetzt hatte sie die beiden Polizeibeamten angestarrt. *Das durfte doch nicht wahr sein!*

Woher bitte, fragte sie, *sollte sie wissen, ob sie am nächsten Tag überhaupt noch leben würde?*

Eine Gewissheit dafür gab es praktisch niemals...

Doch die beiden überforderten Beamten blieben dabei. Ja, leierten sie fließbandmäßig ihren einstudierten Text herunter, vor dem Montag könne man leider keine Anzeige aufnehmen. Sie solle sich am kommenden Tag auf dem Präsidium melden…

Am nächsten Tag erschien sie nicht auf dem Präsidium. Statt dessen wartete sie, bis ihr Mann das Haus verließ. Sie konnte jetzt einzig nur auf sich selbst zählen. In aller Eile packte sie die nötigsten Sachen zusammen, rief beim zuständigen Frauenhaus an und machte sich entschlossen auf den Weg.

Ein Mal in Sicherheit, nahm sie sich einen Anwalt, reichte die Scheidung ein und brachte ihren brutalen Noch-Ehemann vor Gericht.

Den Glauben an die Polizei jedoch hatte sie restlos verloren…

Die Gewalt gegen Frauen hat nicht abgenommen, trotz des gesellschaftlichen Umbruchs, trotz aller politischer und gesellschaftlicher Schönfärberei. Alleine die offizielle Polizeistatistik aus Köln belegt, dass es - *nur in dieser Stadt!* - pro Jahr zu ca. 4000 Einsätzen wegen häuslicher Gewalt kommt. Das sind also ca. 10 Einsätze pro Tag. Und es ist nicht nur Köln. Man muss bedenken, wie immens viele Fälle von häuslicher Gewalt jährlich in Gesamtdeutschland registriert werden. Diese Zahlen alleine sind in der Tat schon schwindelerregend. Und es handelt sich hierbei lediglich um die offiziell gemeldeten Fälle, denn noch längst nicht jede betroffene Frau sucht Hilfe. Viele Opfer leiden stumm, schweigen lieber aus Angst und Scham. Auch reagiert nicht jeder Nachbar und verständigt die Polizei. Die Dunkelziffer ist also längst noch nicht mitgerechnet. Würden die nicht erfassten, still erduldeten Attacken auch noch mit hinein genommen: Die Skala der Fälle von häuslicher Gewalt schnellt - *alleine nur hier bei uns in Deutschland!* - in eine astronomische Milliardenhöhe!

Gesamtglobal betrachtet wagt man es sich schon erst gar nicht mehr auszurechnen…

In den letzten Jahren wurden bezüglich häuslicher Gewalt zahlreiche neue Gesetze erlassen. So kann ein gewaltausübender Ehemann/Partner durch die Polizei sogar für eine gewisse Zeitspanne *(bis zu zehn Tagen)* der ehelichen Wohnung verwiesen werden. Die betreffende Ehefrau/Partnerin hat das Recht, im Wiederholungsfalle die dauerhafte, alleinige Nutzung der Wohnung gerichtlich einzuklagen!

Wie schön! *Dabei wird aber Einiges von diesen ach so klugen Köpfen übersehen:* Selbst wenn ein gewaltausübender Wiederholungstäter sich der gerichtlichen Verfügung beugt, im Beisein der Polizei seine Sachen packt, die Schlüssel an seine Ehefrau/Partnerin aushändigt und das Feld räumt - *wer sagt denn, dass er dem Opfer nicht auch weiterhin auflauert und es massiv bedrängt?* An der Wohnadresse der Ehefrau/Partnerin hat sich schließlich Nichts geändert. *Das heißt:* Ein absolut hasserfüllter und rachsüchtiger Ehemann/Partner kann im Prinzip weiterhin zu jeder Tages- und Nachtzeit ganz unvermutet vor dem Haus auftauchen, sich über die Nachbarn *(denen er ja schließlich nicht fremd ist)* Zugang in das Innere des Gebäudes verschaffen und die Ehefrau/Partnerin erneut attackieren!

Und es gibt immer wieder weit mehr als gewaltbereite Desperados, die sich selbst von der gerichtlichen Androhung einer mehrjährigen Freiheitsstrafe nicht abschrecken lassen!

Dieses System ist also definitiv alles Andere als narrensicher...

Ein Frauenhaus dagegen ist anonym. In den Telefonbüchern sind lediglich die entsprechenden Rufnummern der jeweiligen Stadt bzw. Region angegeben. Möchte eine Frau sich aufnehmen lassen, ruft sie zu Nächst die entsprechende Nummer an und schildert kurz ihre häusliche Situation. Hat sie Kinder, wird sie nach deren Anzahl, dem Geschlecht und dem Alter gefragt. Gleich am Telefon wird ein Treffpunkt ausgemacht. Die betreffende Frau gibt am Besten eine Beschreibung von sich selbst durch, zum Beispiel zu Haarfarbe und Bekleidung. So kann sie von der Person, die sie abholen soll, sofort identifiziert werden. Die abholende Person ist oftmals ebenfalls eine Bewohnerin des Frauenhauses. Ist die hilfesuchende Frau am Treffpunkt erkannt und angesprochen worden, wird sie zu Nächst noch in einem kurzen, unverbindlichen Gespräch über gewisse Regeln innerhalb des Frauenhauses informiert. Ist die Frau einverstanden, nimmt die Person sie mit zum Frauenhaus, wo sie dann aufgenommen wird und in Sicherheit ist.

Eine Frau, die sich in einer akuten Notsituation befindet, kann sich auch mit Polizeibegleitung in das nächstgelegene Frauenhaus bringen lassen. Die Polizei gibt die Adresse des Frauenhauses nicht an Unbefugte *(z. B. Ehemann, Lebensgefährte)* heraus. Die Frauenhausbewohnerinnen verpflichten sich, die entsprechenden Adressen *(auch an Freunde und nahe Verwandte)* nicht weiter zu geben.

Keine Frau braucht zu befürchten, dass sie *(z. B. bei Überbelegung)* nicht aufgenommen wird. Sie wird trotzdem abgeholt und erst ein Mal zum Frauenhaus gebracht. Sind wirklich alle Plätze belegt, haben die Mitarbeiterinnen des Frauenhauses die Möglichkeit, telefonisch bei den umliegenden Frauenhäusern nachzufragen. Eben so kann es sein, dass eine neu aufgenommene Frau in einem sehr weit entfernt liegenden Frauenhaus untergebracht wird. Wird eine Frau an einem Wochenende oder einem Feiertag aufgenommen, steht in der Regel ein Notbett zur Verfügung. Keine Frau in einer Notsituation wird abgewiesen. *Es findet sich garantiert immer ein Platz!*

- Einige Großstädte *(z. B. Berlin, Hamburg, Köln u. s. w.)* haben mittlerweile bereits mehrere Frauenhäuser.
- Die Kosten für Unterkunft und Ernährung werden vom Jobcenter bzw. Sozialamt übernommen.
- Die Mitarbeiterinnen der Frauenhäuser stehen Ihnen bei Problembewältigungen gerne zur Verfügung.
- Auch die Einwohnermeldeämter oder sonstige Behörden geben die Adressen der Frauenhäuser nicht an Außenstehende weiter.
- Die Telefonnummern der Frauenhäuser finden Sie neben den Telefonbüchern auch im Internet.

Falls Sie sich in einer häuslichen Notsituation befinden sollten, ist nach Möglichkeit sehr genau zu überlegen, ob eine Unterbringung in einem Frauenhaus nicht vielleicht aus Sicherheitsgründen doch unter Umständen sogar sinnvoller ist!

Auf eine Sache muss unbedingt noch aufmerksam gemacht werden:

Je länger ein Opfer von häuslicher Gewalt bei dem Täter bleibt, desto schwieriger wird es im Laufe der Zeit, je wieder den Absprung in ein eigenständiges Leben zu schaffen. Man mag es kaum glauben, aber auch zwischen dem gewaltausübenden Partner und dem Opfer entsteht eine Art emotionaler Bindung, die sich immer mehr festigt. Es gibt ein deutsches Sprichwort: *Der Mensch ist ein Gewohnheitstier!* Der Eine gewöhnt sich ans Prügeln, der Andere gewöhnt sich ans Geprügeltwerden!

Je länger das Opfer geprügelt wird, desto weniger traut es sich noch zu, jemals ein eigenbestimmtes Leben zu führen - *weil es sich daran gewöhnt hat, in den Augen des gewaltausübenden Partners ein Nobody, ein absolut unfähiges Nichts zu sein!* Der Partner würde ja, so denken sie, nicht prügeln, wenn dem Prügelopfer nicht immer so viele grobe Fehler unterliefen. Die Gewaltausbrüche werden immer heftiger, die Opfer immer traumatisierter und handlungsunfähiger. Mit jeder neuen Gewaltattacke sinkt das Selbstbewusstsein der geprügelten Person um einige Grade - *bis sie sich irgendwann überhaupt nicht mehr zutraut, eigene Schritte zu gehen!* Statt dessen begeben sich die Opfer im Laufe der Zeit immer tiefer in ein emotionales Abhängigkeitsverhältnis zum Täter und verstricken sich buchstäblich in den unsichtbaren Fesseln - *bis sie sich am Ende sogar noch vehement gegen jegliche Hilfe von Außen wehren!*

Eines dürfen Sie mit absoluter Gewissheit glauben: Es wird nicht besser, wenn Sie bleiben - *höchstens deutlich schlimmer!* Lassen Sie es nicht ausufern, beenden Sie eine solch gewaltbereite Beziehung möglichst gleich nach der ersten Attacke! *Geraten Sie gar nicht erst in einen solchen Teufelskreis!*

Es gibt immer ein Licht am Ende des Tunnels...

Stalking - ein ganz besonderes Thema

Wer mein erstes Buch kennt, erinnert sich bestimmt an die Geschichte mit Jürgen, meinem damaligen Verlobten. Er litt an Spielsucht, veräußerte ohne mein Wissen den Fernseher, den sein Vater uns anlässlich unserer Verlobung geschenkt hatte. Eben so verfuhr er aller Wahrscheinlichkeit nach auch mit dem Mofa von Meral, meiner ehemaligen kurdischen Freundin und Kollegin. Er ging ganz methodisch vor, Schritt für Schritt. Jürgen verschwand immer wieder - *ohne jegliche Ankündigung!* - für mehrere Tage von der Bildfläche, um dann völlig unvermutet wieder aufzutauchen. Mehrmals unterschlug er sogar mein Mietgeld, um es dann in diversen Spielhöllen zu verprassen. Er hatte letztendlich dafür gesorgt, dass ich mein Appartement verlor und in einem Obdachlosenheim für nicht sesshafte Frauen endete. Ich trennte mich endgültig von ihm. Darauf hin begann er mit übelstem Stalking, tauchte irgendwann dann plötzlich vor dem Frauenhaus L. auf, startete sogar Telefonterror bei meiner Familie, bezichtigte mich der Prostitution und des Heiratsschwindels - *ein Zustand, der erst nach beinahe sechs Jahren massivster Verfolgung durch einen beherzten, gezielten Fausthieb meines Mannes endete!*

Niemand, der Ähnliches nicht selbst am eigenen Leibe erlebt hat, kann sich vorstellen, wie sehr die Opfer von Stalking leiden. Aus diesem Grunde habe ich mir überlegt, dieses Thema zusätzlich mit in dieses zweite Buch hinein zu nehmen. *Was geht in den Stalkern vor? Wie können Opfer sich schützen? Welche Präventivmaßnahmen gibt es? Wie ist in Deutschland die heutige Gesetzeslage?*

Hier also einige wichtige Informationen zum Thema Stalking:

Es gibt verschiedene Gruppierungen von Stalkertypen:

- *der zurückgewiesene Stalker* (erkennt nicht, dass er gerade wegen seines eigenen, ungezügelten Verhaltens zurückgewiesen wird)
- *der beziehungssuchende Stalker* (ist nicht in der Lage, eine harmlose Unterhaltung von wirklicher Liebe zu unterscheiden. Verwechselt oft ein freundliches Lächeln mit großen Liebesgefühlen ihm gegenüber und denkt in der Regel sehr ich-bezogen)
- *der intellektuell retardierte Stalker* (hat eine ungenügende Sozial-

kompetenz, tut sich äußerst schwer mit dem Schließen von Freundschaften. Denkt in kindlichen Maßstäben. Findet er endlich eine Partnerin, überschreitet er ihr gegenüber leicht seine Grenzen)

- *der rachsüchtige Stalker* (glaubt, dass er der Ex-Partnerin eine Höllenangst einjagen muss, um sie vielleicht um Aufgeben und somit zur Rückkehr zu zwingen. Betreibt oft üble Nachrede, beschmiert die Wohnungstüre des Opfers, bricht in dessen Wohnung ein, demoliert dessen Eigentum und setzt Alles daran, das Opfer glauben zu lassen, dass einzig eine Rückkehr zum Täter die Aktionen stoppt)
- *der erotomane Stalker* (sieht im Opfer eine Art persönliches Sexsymbol. Stöhnt in obszöner Weise ins Telefon, schickt gerne Sextoys, Pornohefte, aufreizende Dessous oder ähnliche Dinge an das Opfer in dem illusorischen Wahn, irgendwann auf Grund seiner *„Präsente"* ganz sicher *„erhört"* zu werden und sehr bald mit seinem *„Sex-Idol"* den ersehnten Geschlechtsverkehr ausüben zu können)
- *der sadistische Stalker* (akzeptiert eine Trennung in keiner Weise und bekundet seine unbändige Wut, in dem er dem Opfer z. B. ein totes Tier auf die Fußmatte legt, Fäkalien an die Türklinke schmiert, Kleidung zerschneidet u. s. w.)

Es gibt auch nicht selten Mischformen dieser Gruppierungen!

Die verschiedenen Formen des Stalkings können bestehen aus:

- *Anrufen, Briefen, SMS, E-Mail* (Liebesbekundungen, Drohanrufe u. s. w.)
- *Herumtreiben in unmittelbarer Opfernähe* (z. B. in der Nähe des Wohnumfeldes, der Arbeitsstelle, Freizeiteinrichtungen)
- *Kontaktaufnahme über Dritte* (z. B. Familie, Freunde, Kollegen, Nachbarn, um Etwas über das Opfer in Erfahrung zu bringen)
- *Im Treppenhaus auflauern* (Zugang über Nachbarn)
- *Nachlaufen auf der Straße* (Rufen, evtl. körperliche Belästigung)
- *Mit dem Wagen verfolgen* (evtl. auch Leihwagen, den das Opfer ja nicht mit dem Stalker in Zusammenhang bringt)
- *Eindringen in die Wohnung des Opfers* (Diebstahl, Sachbeschädi-

gung)

- *Paketsendungen mit obszönem oder schockierendem Inhalt* (z. B. tote Tiere, Sextoys, Dessous, pornographische Zeitschriften u.s.w.)
- *Bestellungen von Warensendungen im Namen des Opfers* (um Dieses in den finanziellen Ruin zu treiben)
- *Gewohnheiten des Opfers ausspähen* (Tagesablauf, Arbeitszeiten, An- und Abwesenheit, Freizeitaktivitäten, Familie, Freundeskreis, Lieblingsorte u. s. w.)
- *Verleumdung/üble Nachrede* (z. B. bei Arbeitgeber, Kollegen, Freunden, Famiilie oder Nachbarn wird erzählt, das Opfer sei eine Diebin, gehe der Prostitution nach oder habe sehr hohe Schulden)
- *Cyberstalking* (Belästigung unter Anwendung von technischen Hilfsmitteln wie z. B. Handy oder Internet. Der Stalker postet z. B. Nacktfotos des Opfers ins Netz und verbreitet Lügentexte)

Nach dem Gesetzesentwurf vom 22. März 2007 trat am 31. März des selben Jahres in Deutschland der neue Nachstellungsparagraph *(§238 StGB)* in Kraft. Es geht hierbei um den jeweiligen Straftatbestand der Nachstellung.
Präventive Maßnahmen: Das Opfer zieht die Polizei hinzu. Der Stalker kann der Wohnung verwiesen werden und/oder einen Platzverweis erteilt bekommen. Auch hat das Opfer die Möglichkeit, beim zuständigen Amtsgericht eine Schutzanordnung gegen den Stalker zu erwirken auf der Grundlage des GewSchG *(Gewaltschutzgesetzes)*. Das heißt z. B., dass sich der Stalker der Wohnung des Opfers oder diesem selbst in einen bestimmten, gesetzlich vorgegebenen Radius nicht mehr nähern darf.
Diese Anordnung genügt, wenn z.B. das Opfer von Seiten des Stalkers für ca. 10 Minuten am Betreten oder Verlassen der Wohnung gehindert wird! Falls eine Unterlassungsverfügung gegen den Stalker erlassen wird und er gegen diese Verfügung verstößt, so ist dieser Verstoß ein strafbares Verhalten nach §4 des GewSchG. Diese Straftat ist ein Vergehen wegen Missachtung einer gerichtlichen Anordnung! Wiederholungstäter können unter Voraussetzung des §112a StPo in Untersuchungshaft genommen werden!
Doch Achtung: Eine Nachstellung begründet keinen automatischen An-

spruch auf Entschädigung nach dem OEG *(Opferentschädigungsgesetz)*!

Das heißt: Psychische Einwirkungen auf das Stalkingopfer werden nicht als tätliche Angriffe gewertet. Das Bundessozialgericht entschied im April 2011, dass nur dann eine Opferentschädigung in Betracht kommt, wenn es zur direkten und unmittelbaren Körperverletzung gekommen ist! Eine Person wird erst dann als Stalkingopfer kategorisiert, wenn die Privatsphäre verletzende Verhaltensweisen von Seiten des Stalkers mindestens acht Wochen andauern und Angstgefühle auslösen!

Der Haken dabei allerdings: Ihre Ängste müssen klar nachgewiesen sein!

Gesundheitlich sehr häufige Folgen bei Stalkingopfern sind: Unruhe, Schreckhaftigkeit, Kopfschmerzen, Magenbeschwerden, Verdauungsprobleme, Bluthochdruck, Schlafstörungen so wie Depressionen.

Wie ist bei einem Stalkingfall also zu verfahren?

- Lassen Sie sich auf gar keinen Fall zu einer *„letzten Aussprache"* überreden! Der Stalker fühlt sich wahr genommen und er geht davon aus, dass er Ihnen immer noch wichtig ist - *weil Sie sich ja schließlich auf dieses Gespräch eingelassen haben!*
- Ignorieren Sie jeden Anruf, jede SMS, jede E-Mail, jeden Brief! Gehen sie nämlich darauf ein, fühlt der Stalker sich höchstens noch geschmeichelt!
- Wechseln Sie umgehend die Telefonnummer und/oder tauschen Sie die SIM-Karte aus!
- Beantragen Sie eine sofortige, allgemeine Auskunftssperre!
- Beantragen Sie eine Fangschaltung!
- Informieren Sie Ihr Umfeld *(z B. Nachbarn, Vorgesetzte, Freunde, Familie etc.)*
- Führen Sie ein ausführliches Stalkingtagebuch *(was passierte wann und wo?)*! Tragen Sie möglichst exakt Datum und Uhrzeit ein und geben Sie Zeugen an!
- Seien Sie nach Möglichkeit nie alleine!
- Heben Sie Alles auf, was der Stalker ihnen zuschickt *(Blumen, Briefe, Pralinen, SMS etc.)* als Beweismittel für weitere polizeiliche Ermittlungen!

- Suchen Sie schnellstmöglich eine Beratungsstelle auf! Hier wird man Ihnen gezielt weiterhelfen!

Häusliche Gewalt

Zu Nächst ein Mal: Was genau versteht man unter häuslicher Gewalt? Nach dem Gewaltschutzgesetzfällt unter diiesen Begriff:

- die vorsätzliche und widerrechtliche Verletzung von Körper, Gesundheit und Freiheit einer Person.
- die Androhung einer Verletzung so wie Morddrohung.

Es gibt verschiedene Formen von häuslicher Gewalt:

- *die körperliche Gewalt* (Prügeln, Würgen, Treten, Boxen, Stoßen, Vergewaltigen u. s. w.)
- *die seelische Gewalt* (Schimpfen, Drohen, Beleidigen u. s. w.)
- *die sexuelle Gewalt* (zu verschiedenen Sexpraktiken zwingen, gegen den eigenen Willen Pornofilme ansehen müssen u. s. w.)
- *die isolierende Gewalt* (Einsperren, Geld entwenden, Telefon oder Handy fort nehmen, Treffen mit Anderen strikt untersagen u. s. w.)

Rund 62 Millionen Frauen in Europa erleben tagtäglich Gewalt. Nur ca. 14 % der Frauen wenden sich an die Polizei und erstatten Anzeige gegen den Partner. *Das bedeutet:* rund 86 % aller Fälle von häuslicher Gewalt werden nicht angezeigt - *und somit gar nicht erfasst!*

Fakten der Vergangenheit: Bis zum Jahre 1958 hatte der Ehemann das alleinige Bestimmungsrecht über Frau und Kinder inne. Bis zum Jahre 1962 durften Frauen kein eigenes Bankkonto eröffnen. Erhielt die Frau die ausdrückliche Erlaubnis, einer Tätigkeit nachzugehen, wurde der Lohn alleine vom Ehemann verwaltet. *Erst nach 1969 wurde eine Frau als geschäftsfähig angesehen!*

Selbst wenn Ehepaare getrennt lebten, galt der Straftatbestand der Vergewaltigung nicht. Auch dann nicht, wenn sich der Partner gegen den Willen der Ehefrau körperlich an ihr verging. *Als sexuelle Gewalt in der Ehe wurden lediglich Körperverletzung und Nötigung angesehen!*

Im Jahre 1997 aber entschied das Bundesverfassungsgericht endlich, dass sexuelle Gewalt innerhalb der Ehe strafrechtlich als Vergewaltigung bestraft werden muss...

Man mag es kaum glauben: Frauen mit akademischer Bildung brechen ihr Schweigen übrigens noch deutlich seltener als ihre weniger gebildeten Leidensgenossinnen. Meist ist es die Angst vor Statusverlust und gesellschaftlicher Ächtung!

Psychische Gewalt ist meist der Vorläufer von physischer Gewalt! *Häusliche Gewalt ist die Haupttodesursache bei Frauen im Alter von 22-44 Jahren!*

Opfer von Gewalttaten haben das Recht, jederzeit die Polizei zu verständigen. Diese kann die gewalttätige Person umgehend der Wohnung verweisen und ein Betretungsverbot anordnen. Dieses gilt zu Nächst für zehn Tage. Das Betretungsverbot verlängert sich, wenn das Opfer in dieser Zeit die Überlassung der gemeinsamen Wohnung nach dem Gewaltschutzgesetz beantragt. Das Verbot bleibt so lange bestehen, bis das Gericht über diesen Antrag entschieden hat, längstens jedoch zwanzig Tage!

Das Gewaltschutzgesetz schützt ins Besondere:

- die verletzte Person innerhalb einer Ehe oder Lebensgemeinschaft
- Opfer von wiederholten Nachstellungen und Belästigungen

Hilfetelefon der Bundesregierung für gewaltbetroffene Frauen: 08000 / 116 916

Wenn Sie selbst von Gewalt betroffen sind, holen Sie sich umgehend Hilfe!

Bedenken Sie bitte: Ein Opfer von Gewalttaten kann den Gewalttäter niemals vor sich selbst retten!

Retten Sie ausschließlich sich selbst - *denn Gewalt und Missbrauch sind niemals Zeichen von Liebe!*

An alle gewaltbereiten Männer dieser Welt

Auch an armselige Kreaturen wie euch habe ich ein Wort zu verlieren. Ja, ihr seid in der Tat armselige Kreaturen. Ihr heuchelt, lügt, betrügt, prügelt, tretet, würgt, vergewaltigt, besudelt, demütigt mit Worten und Taten, befriedigt euch, macht klein, dressiert, drillt, kommandiert, sprecht Menschenrechte ab, lebt perverse, bizarre Gelüste aus, lasst fallen, buttert unter, zeigt verrohtes, viehisches Verhalten, jahrein und jahraus. *Und wem gegenüber?* Euren Lebensgefährtinnen, Verlobten, Ehefrauen und Müttern eurer Kinder!

Ihr seid ständig auf der Jagd nach der so genannten absolut perfekten *„Traumfrau"*, die euch alle eure noch so erdenklichen, perversen und leiblichen Wünsche erfüllt, noch bevor ihr sie überhaupt ausgesprochen habt. Die euch das perfekte *„Xanadu"* bietet - *und zwar zu jeder Tages- und Nachtzeit!*

Die große Frage ist: Wie stellt ihr euch eure persönliche *„Traumfrau"* eigentlich vor? Im Grunde genommen ist das ganz simpel. Bildhübsch soll sie sein, denn die übrige Männerwelt soll euch glühend heiß um eben diese Frau beneiden. Jung soll sie sein, jung genug, um möglichst noch ein paar stramme Stammhalter produzieren zu können, für die ihr dann letztendlich ja doch keinerlei Verantwortung übernehmt. Gesund und kräftig soll sie sein, um sich für eure permanente Bequemlichkeit abzuasten, wie ein entsprechend vorprogrammierter Roboter auf Befehl zu funktionieren und sich von euch Tag für Tag aufs Neue durch die Mangel drehen zu lassen. Ihr Horizont sollte möglichst beschränkt sein, beschränkt genug, dass es gerade ein Mal für die alltägliche Haushaltsführung und fürs Bett reicht, aber nicht so weit ausufert, dass sie euer viehisches, unmenschliches Verhalten in Frage stellt, euch in irgend einer Weise kritisiert und widerspricht. Möglichst sollte sie ihren eigenen Verstand gänzlich abschalten. Dumm, unwissend und ungebildet genug soll sie sein, damit sie ja niemals erkennt, dass auch sie eigene Rechte als gleichwertiger Mensch besitzt. Doof wie Bohnenstroh wäre schon mehr als intelligent genug. Verliebt in euch soll sie sein; und zwar möglichst so dermaßen bis über beide Ohren verknallt, dass sie jeglichen Bezug zur

Realität verliert und sich euch bedingungslos unterordnet...

Heißt also im Klartext: Das tumbe Hausmuttchen steht ganz oben auf eurer testosterongesteuerten Hitliste!

In Kurzversion: Das perfekt auf euch zugeschneiderte Weibchen sollte möglichst aussehen wie Lara Croft, kochen können wie Betty Crocker, auf der Matratze abgehen wie die Nitribitt - *und dabei bestenfalls einen IQ aufweisen a'la Else Tetzlaff!*

Eine gut abgerichtete, gedrillte *„Traumfrau"*, die einzig nach eurer Pfeife tanzt und notfalls für euch im Staub krepiert!

Ihr mögt euch im Laufe der Evolution eventuell noch so weiterentwickelt haben, jedoch keinesfalls in partnerschaftlicher Hinsicht. Ihr bedient Telefone, Faxgeräte, Handys und Computer, tätigt Online-Bankgeschäfte, duscht täglich, geht jeden Monat zum Friseur, rasiert euch, kleidet euch akkurat, tretet in der Öffentlichkeit höflich und gewählt auf. Eventuell haben Einige von euch sogar einen akademischen Grad. Vielleicht ist ja der eine oder andere Mediziner, Richter, Polizeibeamte, Rechts- oder Staatsanwalt, Sportler, Filmschauspieler, Großindustrielle oder Politiker unter euch. Es wäre ja schließlich längst nicht das erste Mal. Der hochrangigste Beruf und das höchste öffentliche Ansehen ändert Nichts an der persönlichen Einstellung. Die Welt kann sich der super-gebildeten Idioten und Bandidos gar nicht erwehren. Vielleicht sind einige eurer frauenverachtenden Spießgesellen aber auch Schreiner, Metzger, Fabrikarbeiter, Hausmeister, Landwirte, Bäcker, Glaser, Taxifahrer, Straßenfeger, Langzeitarbeitslose oder Sozialgeldempfänger. Auch das gehört mit in die heutige Zeit. Was ganz eindeutig nicht ins Holozän passt, sind eure Ansichten über alles Weibliche!

Die Zeiten haben sich geändert - *ihr aber habt den Gong nicht gehört!*

Die zweite große Frage ist: Warum generell vergreift ihr euch eigentlich an euren Partnerinnen? Begehen sie derart entsetzliche, tagtägliche Verfehlungen? Ist das Zusammenleben mit ihnen für euch so dermaßen unerträglich, dass euch scheinbar nichts Anderes übrig bleibt, als euren Gefährtinnen gegenüber brutale, körperliche Gewalt auszuüben? Wenn das Zusammenleben mit euren Partnerinnen angeblich für euch so unerträglich ist - *warum beendet ihr eine solche Beziehung nicht einfach, sucht euch eine eigene Bleibe und später eine neue Partnerin, die euren*

Vorstellungen vielleicht gerechter wird? Warum geht ihr, bevor ihr zuschlagt, nicht eure eigenen Wege? Habt ihr Angst, dass ihr euer eigenes Leben ohne dieses ach so entsetzliche *„Weibsvolk“* nicht mehr auf die Reihe kriegt? Könnt ihr euch nicht selbst um einen eigenen kleinen Haushalt und um eure Wäsche kümmern? Ist das wirklich ein so großes Problem für euch? Fürchtet ihr euch vor den möglichen Konsequenzen? Habt ihr Angst, keine neue Partnerin mehr zu finden? Bremsen wir euer Ego dermaßen aus? Seid ihr solche Paniker?

Ihr seid doch so schlau, wisst ja angeblich, wie es im Leben läuft, was falsch und richtig ist - dann bitte macht euren Krempel doch selbst, an Statt zu versuchen, eure Gefährtinnen durch permanente, körperliche Gewalt umzudressieren und ihnen ständig euren alleinigen Willen aufzupfropfen!

Nein, statt dessen hängt ihr euch wie brennende, juckende Klabusterbeeren an eure Partnerinnen - *um ihnen das Leben möglichst noch unerträglicher zu machen!*

Wenn der Verstand versagt, sprechen die Fäuste! Die ekelerregenden Methoden, die ihr teilweise anwendet, um euren Partnerinnen gegenüber eure höchstpersönlichen Ziele durchzusetzen, würden im Reich der Gorillas in der Tat noch so manchem *„Silberrücken“* die Tränen der Scham in die Augen treiben*! Der Chauvinismus lässt grüßen!* Da werdet ihr plötzlich zu Feudalherrschern, Wikingerkönigen und Freibeutern!

Der Mann - das Wunderwerk der Natur! Ja klar, ha, ha, ha! Damit man euer kindisches Schlottern nicht bemerkt, übertüncht ihr es lieber durch gewalttätigen und lautstarken Budenzauber!

Aber operative Hektik ersetzte bekanntlich ja schon immer geistige Windstille…

Gewaltbereite Despoten wie ihr sind in der Tat armselige Havaristen, die ihre eigenen Unsicherheiten und Ängste hinter gröhlenden, rüpelhaften und säuischen Aggressionen verstecken. Ihr knüppelt eure Gefährtinnen in die Kliniken und Frauenhäuser, nur, um ihnen anschließend deutlich geschrumpft nachzurennen und sie anzuflehen, doch bitte zurück zu kommen - *und zwar nämlich genau dann, wenn ihr feststellt, dass ihr ohne weibliche Unterstützung nicht mehr zurecht kommt!* Denn was hauswirtschaftliche Tätigkeiten angeht, wart ihr ja schon in der Vergangenheit so passiv wie Adlerfarn. Früher war dafür die liebe Mutti zuständig, später dann das Eheweibchen. *Hauptsache, ein gemachtes Nest!* Nun, ohne Partnerin, überkommt euch der große Katzenjammer. Besonders, was den Haushalt angeht. *Kaum ist das Frauchen ausgebüxt, geht's nämlich schon los:* Wie näht man*(n)* einen Knopf an oder repariert Reißverschlüsse? Wie wird Wäsche gefaltet? Wie bekommt man*(n)* streifenfreie Fensterscheiben? Wie zaubert man*(n)* einen deftigen Krustenbraten? Welches Reinigungsmittel für welche Oberfläche? Die Küche und das Bad werden in Kürze zum Seuchengebiet erklärt. Und das Wohnzimmer? Sehr bald kann man vom Boden essen - *falls man nicht zu pimpelig ist!* Da seid ihr seelisch *„klamm"*, sackt plötzlich wie ein Häuflein Elend in euch zusammen. *Jetzt kommt Endzeit-Stimmung auf!* Da fahren die mächtigen, bestimmenden *„Feudalherrscher"* dann plötzlich auf zahmen Schmusekurs, betteln, schleimen, flehen und versprechen. Da mutieren diese sagenhaften *„Helden"* dann ganz unvermittelt - *praktisch auf Schlag!* - zu niedlichen Trollen und Wichtelmännchen!

Kommt die Frau zurück, fallen solche Nobodies bereits sehr bald wieder in ihr altbekanntes, testosterongesteuertes Rollenverhalten zurück, prügeln schon nach kurzer Zeit weiter auf die Gefährtin ein. Sie wissen, dass es ihr Sieg ist, denn sie haben ihre entflohene *„Beute"* aufs Neue geschlagen, um sie diesmal endgültig zu unterwerfen. Bleibt die Frau jedoch stark, bricht der alte *„Wikingerkönig"* ebenfalls durch, da gehen die verlassenen Partner wieder zu massiven Verfolgungen, Bedrohungen und Psychoterror über. So oder so - *das schlummernde Raubein erwacht erneut!*

Für die Opfer, die zurückkehren, ändert sich hingegen auf Dauer letztendlich Nichts, außer, dass sie in diesem endlosen Labyrinth aus Gewalt irgendwann zu Grunde gehen und langsam ersticken. *Die Parole des „Paschas" nämlich lautet auch weiterhin:* Wenn du nicht spurst, setzt es halt was!

Rundherum im Reigen - und ob das Kreisel irgendwann vielleicht ein Mal zum Stehen kommt, ist den Häschern und Tyrannen vollständig egal...

Ist das, was euch in eurer persönlichen Vorstellung so aufwertet und auszeichnet, dieses Stück Fleisch zwischen euren Schenkeln? Sind es eure Genitalien, die euch scheinbar so aufwerten? Genitalien, die Frauenkörper öffnen und in sie eindringen können? Glaubt ihr, gleichzeitig damit das Monopol zu besitzen, auch in Frauenseelen eindringen zu können? Sie zu verletzen, zu zerreißen und zu besudeln, wie es euch gerade passt? *Ist das eure einzige Begabung?* Euch euren Partnerinnen gegenüber wie brünstige Stiere zu gebärden? Was für eine Geltungssucht treibt euch zu einem solchen Verhalten? In welcher Galaxie lebt ihr? Welche berauschende Allmacht glaubt ihr zu besitzen?

Ihr benutzt euren Verstand genau so wie eure Genitalien. Mit euren Geschlechtsorganen könnt ihr vielleicht von einer Koje in die Nächste hüpfen, um mit Frauenkörpern, die möglichst in euer persönliches *„Beuteschema"* passen, *„Bäumchen-wechsel-dich"* zu spielen. So lange nur Herz und Verstand möglichst aus dem Spiel gelassen werden. Ihr aber habt weder Herz noch Verstand!

Denn hättet ihr Beides, würdet ihr längst festgestellt haben, dass man gerade mit Frauenseelen - *Menschenseelen!* - nicht mal eben *„Bäumchen-wechsel-dich"* spielen kann.

Eine Frau, die sich euch bedingungslos unterordnet, freiwillig ihr eigenes Selbst zu euren alleinigen Gunsten aufgibt, liebt wirklich durch und durch - *oder besser gesagt:* sie meint es zu Mindest ...

Ihr aber hetzt, hechelt und jagt ständig auf der Suche nach Erfüllung und Glück der möglichst perfekt auf euch zugeschnittenen, wandelnden *„Traumfrau"* aus dem Hochglanz-Magazin hinterher und seid euch keinesfalls bewusst, dass das große Glück, der innigste, treueste und kostbarste Schatz, das teuerste Juwel auf Erden, ausgerechnet daheim in den eigenen vier Wänden auf euch wartet!

Würdet ihr eure Partnerinnen endlich ein Mal als gleichberechtigte Menschen begreifen und dementsprechend behandeln, könntet ihr euer Glück auch Daheim genießen. *Hand in Hand mit einer wahren Kameradin!*

Statt dessen erniedrigt, vergewaltigt, verbläut, würgt, bedroht, tretet und knüppelt ihr eure Partnerinnen massenweise in die Frauenhäuser - *der oftmals letzte und einzige Zufluchtsort für solche gepeinigten und geschundenen Opfer!*

Einige dieser Opfer erholen sich nie von dem Schock, den sie durch eure brutalen Misshandlungen erduldet haben. Sie bleiben lebenslang alleine. Andere dieser Opfer fangen sich wieder und gehen vielleicht später eine neue Partnerschaft oder sogar eine neue Ehe ein, weil sie sich endlich, nach all dem Leid, das sie durch euch ertragen mussten, wieder gefangen haben. Denn es gibt andere, weitaus bessere Männer als euch. Männer, die über die nötige Empathie verfügen, sich in eine ehemals geschlagene Frau hinein versetzen zu können, Gewalt in hohem Maße verabscheuen, eine deutlich humanere Denkweise haben, ihrer Partnerin wahre Liebe und Verständnis entgegen bringen und sie nicht als Mensch zweiter Klasse, sondern als gleichberechtigte Kameradin betrachten…

Gerade solche Individuen wie ihr gehören jedoch ganz bestimmt nicht dem *„starken“* Geschlecht an. Ihr seid bestenfalls Attrappenfürsten. Was ihr an euren Partnerinnen auslebt, ist lediglich ein deutliches Zeichen von absoluter Schwäche!

Eine Frau, die nur aus schierer Angst bei euch bleibt - *wie könnt ihr allen Ernstes solch eine Beziehung einer gesunden, heilen Partnerschaft vorziehen?* Ist es das, was ihr anstrebt? *Ist es euch wirklich lieber, eure Gefährtinnen lassen sich willenlos besudeln, starr und reglos wie Gummipuppen, ohne die geringsten Gefühle für euch zu empfinden, an Statt sich euch freiwillig zu öffnen?* Verabscheut ihr wahre Kameradinnen mit Intelligenz und eigenem Willen? Gefährtinnen, die aus freien Stücken den Wunsch haben, Seite an Seite mit dem geliebten Mann alt werden zu wollen, die Liebe und das Leben mit euch gemeinsam zu genießen?

Partnerinnen, die nicht aus Angst, sondern in der Freude an der Gemeinsamkeit das Leben mit euch teilen?

Wie dem auch sei: Die Frauen, die ihr bereits aus dem Haus geknüppelt habt, haben euch einst *(wie ihr euch vielleicht noch dunkel erinnern könnt)* in der Vergangenheit geliebt und vertrauensvoll eure Hand genommen. Nun habt ihr sie verloren. Durch eure weit mehr als verheerenden Wildwest-Methoden wurden heile, ehemals glückliche Familien, innige Liebe und Vertrauen mutwillig und unwiderruflich verjuxt und zerstört. Zurück blieben verhärmte, schwer traumatisierte Frauenseelen und verwirrte, kleine Kinder, die auf Grund ihres geringen Alters außer

Stande sind, das Geschehene, diesen familiären Holocaust, zu begreifen. Das Scheitern der Beziehung lastet ihr natürlich auch alleine euren ehemaligen Gefährtinnen an. Na klar. *Wenn der Bauer nicht schwimmen kann, liegt's garantiert an der Badehose!*

Einige ganz, ganz Wenige unter den gewaltbereiten Chauvinisten lernen vielleicht daraus. Die Meisten wahrscheinlich nicht…

Apropos: Eure weinerlichen, verzweifelten oder gar obszönen und drohenden Anrufe bei Frauenhäusern oder sonstigen Fraueneinrichtungen könnt ihr euch getrost sparen. Frauenhäuser sind generell in keiner Weise dazu gedacht, gewalttätigen Männern zu helfen, ihre entflohenen Partnerinnen wieder zu finden!

Nein, ich sieze euch nicht. Siezen kann ich nur Menschen, vor denen ich Achtung und Respekt habe. In eurem speziellen Falle aber gehen mir derartige Gefühle gänzlich ab - *alleine schon auf Grund meiner eigenen, persönlichen Erfahrungen mit eben solch gewaltbereiten Despoten!* Nein, auch belehren kann und will ich euch nicht. Hopfen und Malz sind in eurem Falle ohnehin verloren. Niemand wird so einfach vom Saulus zum Paulus. Das ist eine völlig fixe Idee. Man kann einen Wolf definitiv nicht zum Schäfer machen. Es ist ohnehin sehr stark zu bezweifeln, dass die schlimmsten Rowdies unter euch dieses Buch jemals lesen werden. In deren Köpfen wird niemals ein entsprechendes Umdenken statt finden. Sie vernebeln sich lieber weiterhin durch Alkohol den hinterletzten Winkel ihres vielleicht verbliebenen Hirns und werden niemals die wirklich wahre Größe und Bedeutung einer gleichberechtigten, harmonischen Beziehung erkennen. Nein, von Vernunft, Einsicht, Liebe und Menschlichkeit seid ihr noch Lichtjahre entfernt. Wem ihr was mit eurem säuischen Verhalten beweisen wollt, bleibt im trüben, undurchdringlichen Nebel verborgen. Was macht es schon? Den intelligenten, weitsichtigen, selbstbewussten Frauen jedenfalls beweist ihr lediglich eure eigene Schwäche! *Ihr seid keine Lust - sondern eine Last!*

Also sucht euch am Besten eine gemeinsame, hermetisch abgeriegelte, frauenlose Insel, gründet euren eigenen Ashram, hockt euch dort ans Feuer, fresst, rülpst, furzt, sauft und gröhlt ruhig nach Herzenslust weiter. Bis euch die vielleicht letzte verbliebene, graue Zelle auch noch restlos abhanden kommt. Schottet euch komplett vom Rest der Welt ab, suhlt euch weiter in eurer gnadenlosen, testosterongesteuerten Selbstverherrlichung. *Wenn euch danach ist, bis zum Ragnarök!*

Die Insel der seligen Rowdies! Ihr seid auf diesem Eiland unter Gleichgesinnten! Nur zu - *tut euch keinen Zwang an!*

Und noch viel Vergnügen weiterhin…

Es bleibt nur zu hoffen, dass die unüberwindlich gewaltbereiten Tyrannen und verrohtesten Berserker unter euch nie wieder eine Gefährtin finden. Jedenfalls nicht mehr in diesem Leben!

Vielleicht im übernächsten Leben - so fern sie im nächsten Leben allerdings erst ein Mal als Frau wiedergeboren werden …

An alle geschlagenen Frauen dieser Welt

Sie Alle sind die Opfer einer brutalen, testosterongesteuerten Männerwelt. Geprügelt werden Sie, vergewaltigt, bedrängt, verschachert, prostituiert, bedroht, beleidigt, erniedrigt und in den Staub getreten. In allen Teilen der Erde, auf allen Kontinenten. Sie haben meine ganze Empathie, denn ich selbst war ja ebenfalls ein solches ehemaliges Opfer.

Wir Frauen machten zu allen Epochen seit Bestehen der Menschheit immer wieder sehr schwere Zeiten durch. Bereits während der Steinzeit waren wir Freiwild für die so genannten *„Odinssöhne"*. Für einen Stapel Mammutfelle und Stoßzähne wurde Handel mit uns getrieben, wurden wir verschachert, verschleppt, in fremde Lager getauscht und einem unbekannten Mann zu dessen geilem, brünstigem Vergnügen in der Höhle auf das Schlaflager geworfen. Im Mittelalter waren es die Hexenverfolgungen. Frauen, die es auch nur ansatzweise wagten, selbstbestimmte Schritte auf eigenen Füßen zu gehen, endeten auf den zahllosen Scheiterhaufen, ertranken jämmerlich bei den so genannten *„Wasserproben"*, wurden geköpft, gerädert oder aufgeknüpft, weil sie den *„hohen Herren"* im Wege waren. Sie verreckten elend an den bizarren, barbarischen Folterungen, wie sie sich wahrscheinlich nur kranke Männerhirne ausdenken konnten. Es waren die Frauen, die sich während der Nachkriegszeit als Trümmerfrauen und Steineklopferinnen abasteten und neben Haushalt, Wäsche, Kinderaufzucht und anderen Verpflichtungen zusätzlich noch die so genannten *„Kriegskrüppel"* aufpäppelten…

Noch fast bis Mitte des vergangenen Jahrhunderts hatte der Mann das eheliche Züchtigungsrecht. Wollte eine verheiratete Frau einem Beruf nachgehen, hatte sie erst ein Mal ihren Ehemann zu fragen. Erhielt sie das entsprechende schriftliche Einverständnis, wurde sie oft von ihren männlichen Kollegen belästigt und von ihren Vorgesetzten herablassend belächelt. Bis zum heutigen Tage noch werden sie deutlich schlechter bezahlt als ihre männlichen Mitstreiter. Allein stehende, junge Frauen galten schon ein Mal von Vorne herein als potenziell gefährliche *„Allermannsliebchen"*, die ein *„ehrenhaftes"* Haus verseuchten und ganz offensichtlich völlig außer Stande waren, ohne männliche Führung ihr selbst bestimmtes Dasein auf die Kette zu kriegen. War eine sehr junge Frau dazu auch noch besonders attraktiv, wurde sie schon ein Mal von Vorne herein als potentielle Dirne eingestuft. Wollte eine junge, ledige Frau sich ein eigenständiges Leben aufbauen, verweigerten Hauseigentümer *(und selbst Hauseigentümerinnen!)* ihr einen Mietvertrag und eine eigene Wohnung, um sich tunlichst mögliche *„Scherereien"* mit ständig wechselnden Männerbesuchen und reihenweise vaterlosen Kindern zu ersparen. Um eine Wohnung zu bekommen, benötigte die junge Frau also eine rechtskräftig gültige Heiratsurkunde. Kaum ein/e Hauseigentümer/in wollte sich der Kuppelei schuldig machen. Ausnahmen von dieser Regelung gab es nur bei den jungen *„Fräuleins"*, die *„in Stellung"* waren. Sie bekamen oft ein möbliertes Zimmerchen im Hause bzw. der Wohnung des Arbeitgebers/der Arbeitgeberin. Männerbesuche *(mit Ausnahme enger Verwandter wie z. B. Vater, Bruder, Onkel etc.)* waren ihnen strikt untersagt. An ihren freien Wochenenden hatten sie sich zu einer ganz bestimmten Uhrzeit wieder im Hause einzufinden. Männliche Begleitung hatte sich vor der Haustüre *„in möglichst gesittetem Maße"* zu verabschieden. Der so genannte *„Kuppelparagraph"* galt noch bis zu den Anfängen der Siebziger Jahre. Wirklich dauerhaft allein lebende Frauen waren zu Meist ältere Witwen, bei denen kaum noch Hoffnung auf eine Neuverheiratung bestand. Eine geschiedene Frau musste dem/der Vermieter/in gegenüber ein gerichtlich abgefasstes Schriftstück vorlegen, welches eindeutig bewies, dass sie *„schuldlos"* geschieden war!

Sogar bis hinein in die Siebziger Jahre des vergangenen Jahrhunderts erhielt ein Paar einen Wohnberechtigungsschein, der ausschließlich unter Vorlage einer Heiratsurkunde gültig war. Zog wirklich ein Mal ein junges, noch unverheiratetes Paar zusammen, musste es innerhalb einer festgelegten Frist einen Trauschein nachweisen können. Wurde der entsprechende Nachweis innerhalb dieser vorgegebenen Zeit nicht erbracht, kam prompt die fristlose Kündigung. Die Seniorinnen unter Ihnen werden sich mit Sicherheit noch deutlich an diese Zeit erinnern. Frauen mussten sich selbst das eigene Wahlrecht mehr als sehr hart erkämpfen. Starb ein weiblicher Säugling bei der Geburt, wurde oft von der Verwandtschaft gesagt: *„Es ist zwar traurig - aber es war doch nur ein Mädel..."*

Ein Mädel, das dagegen gesund und munter heran wächst, wird, so bald seine erste Menstruation einsetzt, oftmals schon als *„Freiwild"* betrachtet und entsprechend angeprangert. Kaum wird der Zustand des Mädels bekannt, geht es los. Mundpropaganda. Die *„Odinssöhne"* kriegen Stielaugen, verrenken sich plötzlich reihenweise die Hälse nach diesem menstruierenden Kind! Es wird geglotzt, gegrabscht und gefummelt. *Peng - zum „Abschuss" frei gegeben!*

Schau' mal Einer an - *das kleine Luderchen ist so weit!*

Ich selbst erlebte es meinerzeit während eines Urlaubs auf dem Bauernhof, als im Alter von zwölfeinhalb Jahren meine erste Regel einsetzte - *und der bis dahin völlig desinteressierte Landwirt mir plötzlich bei jeder noch so kleinen Gelegenheit unangenehm auf die Pelle rückte!*

Oder mit Frederik, meinem Ex, der sich sogar regelmäßig - *gerade während meiner Menses!* - mit ganz besonderer Vorliebe an mir verging! Ich war zu diesem Zeitpunkt gerade ein Mal Zwanzig…

Man erinnere sich doch bitte nur zurück an den Horrorklassiker *„Carrie, des Satans jüngste Tochter" (aus dem Jahre 1976)*, als die religiös-fanatische Margaret White *(dargestellt von Piper Laurie)* ihrer jugendlichen Tochter Carrie *(gespielt von Sissy Spacek)* kurz nach deren erster Menses höhnisch ins Gesicht lachte und sagte: „Die Jungen. Die Jungen. *Die Jungen, ja, die Jungen! Nach dem Blut kommt der Junge!* Sie sind wie schnüffelnde Hunde; grinsend und geifernd vor Erregung nehmen sie die Spur auf. *Wo kommt der Geruch her, der Geruch?"*

Margaret White hatte in diesem ganz speziellen Punkt wohl nicht ganz Unrecht. An der Einstellung mancher Männer hat sich nämlich bis zum heutigen Tage Nichts geändert. Zahlreiche Mädel wurden *(und werden!)* in etlichen Ländern dieser Erde immer noch in viel zu jungen Jahren zwangsverheiratet und ins Ehebett gezwungen. Alleine in NRW gibt es derzeit noch knapp 70 registrierte Ehen, in denen mindestens einer der Partner unter vierzehn Jahren ist! In der Regel handelt es sich um den weiblichen Part. Zwölf- oder dreizehnjährige Mädel gelten nämlich - *bereits unmittelbar mit dem Einsetzen der Menarche!* - als unkeusche, verlockende, verführerische, skandalöse Hexen, die hemmungslos die Männerwelt betören und ständig zu unkontrollierten Handlungen reizen.

Um also die Vergewaltigung der jungen Töchter durch einen Fremden möglichst zu verhindern, werden die noch kindlichen Opfer - *mit dem Segen der gesamten Familie!* - durch eine Zwangsehe in der Hochzeitsnacht von einem Ehemann vergewaltigt!

Und es gibt Kinderbräute, die noch Jahre vor der Menarche stehen…

Auch hier zu Lande wurden noch vor knapp einem Jahrhundert nicht selten sanktionierte Ehen mit minderjährigen Mädeln geschlossen. Es gab Bräute, die vielleicht gerade Siebzehn oder Achtzehn waren - *und die gesetzliche Volljährigkeit begann erst im vollendeten Alter von Einundzwanzig!*

Egal - wir mussten möglichst frühzeitig einen männlichen, angetrauten *„Beschützer"* an unserer Seite haben, der uns belehrte und anleitete. Wir menstruierten und *„rochen"*, konnten Nachkommen gebären, waren eine ständige Gefahr für die Männerwelt und durften auf keinen Fall zu lange ledig bleiben. Ohne männliche Anleitung und Führung würden wir auf die Dauer unweigerlich zu unkeuschen, verdorbenen und unfähigen *„Frauenzimmern"* und *„Katzen"* verkommen! *Mahlzeit…*

Ja, wir Frauen galten schon immer zu allen Zeiten als unmündig und minderwertig. Erst waren wir abhängig von unseren Vätern, dann von unseren Ehemännern, später von unseren erwachsenen Söhnen. Und zwar so wohl in physischer, psychischer und finanzieller Hinsicht. Wir waren alleine auf Grund unseres weiblichen Geschlechts gelackmeiert und angeschmiert. Wir wurden regelrecht entwertet. Ständig hatten Männer drakonisch über unser Leben bestimmt, uns angeleitet und sämtliche Entscheidungen getroffen. Sie alleine hatten die Mittel und somit auch alle Rechte in der Hand. Eine Frau hatte tunlichst keine Fragen zu stellen. Sie hatte lediglich zu *„funktionieren"* und möglichst *„reproduktiv"* und fromm zu sein. Frauen waren lebenslange Mündel und Marionetten. Der Mann zog an den Fäden - *die Frau hatte zu tanzen!* Eine ganz klare Ansage!

Selbst mein eigener Großvater, Opa Erich, hatte gewisse chauvinistische Einstellungen drauf. Als nämlich meine Großmutter Grete ihm die Erlaubnis abringen wollte, wenigstens stundenweise arbeiten gehen zu dürfen, weil ihr daheim die Decke auf den Kopf fiel, antwortete er ihr: „Weißt du, ich kann ja mal den Küchenschrank ausräumen und dir die

Sachen auf den Tisch packen - *dann hast du Arbeit!"*

Wurden wir von unseren despotischen Gatten geprügelt, blieb uns nichts Anderes übrig, als weiterhin leidend und schweigend die kommenden Ehejahrzehnte durchzustehen. Wie, war unsere Sache. Rund herum im vorbestimmten Ehetrott. *Wohin bitte hätten wir auch gehen sollen? An wen hätten wir uns in unserer Not und unserem Elend um Hilfe wenden sollen?* Oftmals wurden die Opfer von häuslicher Gewalt von Seiten der Verwandtschaft, bei denen sie um Hilfe flehten, abgelehnt. Mit ihren Sorgen und Problemen wurden sie geflissentlich alleine gelassen. Der rettende Schoß der Familie wurde ihnen rigoros verweigert. Eine verheiratete Frau hatte bei ihrem angetrauten Herrn Gemahl zu bleiben. Dort gehörte sie hin - *zu Kindern, Küche und Kirche!*

Eine geschiedene Frau hätte der Familie die größte Schande beschert und ihr das Ansehen genommen. Nach ihrem Leid und ihrer persönlichen, oft namenlosen Qual wurde nicht gefragt. *Welche Frau litt denn nicht?* Häusliche Gewalt wurde totgeschwiegen. *Nein* - Frauen erlebten niemals die wahre Freiheit. Sie humpelten, hinkten und schlugen sich gebeugt und schleppend mit Hängen und Würgen irgendwie durchs Dasein, zogen zahlreiche Kinder auf und schwiegen ergeben. Von der Wiege bis zur Bahre knechteten sie sich für ihre Männer und Familien ab. In ehelichen Käfigen waren sie gefangen, verstummt, psychisch paralysiert, entmündigt, milliardenfach geknebelt und in unsichtbare Ketten gelegt. Lediglich zum Einkaufen, zum sonntäglichen Gottesdienst oder zu gelegentlichen Verwandtenbesuchen verließen sie das Haus. Ein kleiner, hastiger Schwatz mit der Nachbarin oder der Bäckereiverkäuferin - das war´s dann aber auch schon an Stoff zum Nachdenken. *Viel Zeit zum Plaudern blieb nicht; die Familie wollte ihr Essen auf dem Tisch haben!*

Geistige Anregungen gab es nur sehr Wenig. Nicht wenige Frauen *„verblödeten"* praktisch regelrecht in den eigenen vier Wänden. In vielen Ländern dieser Erde ist es noch bis zum heutigen Tage so. Das Leben legte uns zahlreiche Daumenschrauben an. Ja, wir Frauen machten zu allen Menschheitsepochen sehr schwere Zeiten durch…

Doch irgendwann kam der Durchbruch. Ende der Sechziger Jahre des vergangenen Jahrhunderts wagten in den modernen Industrienationen beherzte, entschlossene Geschlechtsgenossinnen die entscheidenden Schritte und läuteten die Wende ein. Diesen mutigen Pionierinnen folgten weitere couragierte Frauen, die für ihre Rechte und ihre Freiheit kämpften!

Es war ein wahrhaft sehr langer und bitterharter Kampf, aber er zahltc sich letztendlich aus und brachte zu Mindest den Frauen der westlichen Welt etliche Verbesserungen. Sie hatten plötzlich das Recht auf eine freie Berufswahl und durften, wenn sie wollten, alleine wohnen. Kein/e Vermieter/in durfte eine allein stehende, junge Frau noch wegen ihres weiblichen Geschlechtes ablehnen. Fraueninitiativen entstanden. Die Antibabypille, die Spirale und das Diaphraghma kamen und mit ihnen Einrichtungen wie *„Pro Familia"*. Zu Beginn noch bekamen ausschließlich junge, verheiratete Frauen die Pille verschrieben. Dieses Verhütungsmittel sollte ursprünglich kein *„Freibrief"* sein für wildes, promiskuitives Verhalten, sondern es jungen Ehepaaren ermöglichen, die Anzahl und die Geburten ihrer Kinder gezielt zu planen.

Mittlerweile aber nehmen selbst junge Mädel sie ein. Frauen können nun selbst - *ob verheiratet oder ledig* - über die Größe ihrer bereits existierenden oder künftigen Familie entscheiden!

Seit Mitte der Siebziger Jahre schossen plötzlich Frauenhäuser wie Pilze aus dem Boden. Geschlagene Frauen brachen massenweise aus ihren gewalttätigen Ehen aus, reichten die Scheidung ein, zogen gegen ihre Peiniger vor Gericht, bekamen ihre Kinder zugesprochen und den entsprechenden Unterhalt dazu. Sie waren nun nicht mehr auf Gedeih und Verderb von Ehemann oder Verwandten abhängig. Frauenberatungsstellen erteilen ihnen entsprechende Tipps und geben Hilfestellungen. Nein - *wir sind nicht länger die bis in alle Ewigkeit Gelackmeierten!*

Eine neue Ära der Frauen ist angebrochen!

Die Freyastöchter dachten noch weiter. Selbst der diskriminierende und abstempelnde Ausdruck *„Fräulein"* ist seit geraumer Zeit ebenfalls radikal aus dem deutschen Wortschatz gestrichen - *mit gutem Recht, denn schließlich wird ein lediger Mann ja auch seit der Zeit des Mittelalters nicht mehr als „Junker" bezeichnet!* Die irreführende und herabsetzende Bezeichnung *„Landsmännin"* gibt es zum Glück auch nicht mehr so häufig. Dieser Begriff wurde durch das Wort *„Landsfrau"* ausgetauscht. Das ist gut und richtig so, denn schließlich sind wir ja Frauen - *und kein*

Abklatsch der Männerwelt!

Und so ganz nebenbei erkannten wir Damen: Wenn ein erwachsener Mann bei einem jungen, fast noch kindlichen Mädel die Kontrolle verliert und außer Stande ist, sich zu beherrschen, ist es ja wohl ganz eindeutig er, der ein ernsthaftes Problem hat. Dann muss der Mann Selbstbeherrschung lernen. Seine perverse Gier ist schließlich nicht die Schwäche des Mädels…

Haben Sie, liebe Leserinnen, sich schon ein Mal gefragt, warum gerade in den westlichen Industrienationen mittlerweile jede zweite bis dritte Ehe nach wenigen Jahren bereits wieder geschieden wird?

Weil auf Grund der zahlreichen Hilfen keine Frau mehr gezwungen ist, häusliche Gewalt hinnehmen zu müssen - *und immer weniger Frauen nehmen es noch hin!* Das ändert zwar Nichts an der Häufigkeit von männlichen Gewaltausbrüchen, nein, daran hat sich Nichts geändert, aber die modernen Frauen der heutigen Zeit besitzen eine deutlich verbesserte Bildung und haben unzählige Möglichkeiten, an entsprechende Informationen zu Frauenberatungsstellen, Fraueninitiativen und Frauenhäusern heran zu kommen. Sehr hilfreich ist dabei auch das Internet.

Dort finden Sie auch Adressen und Nummern von in Ihrer jeweiligen Region ansässigen Scheidungsanwälten oder die neuesten Anti-Stalking-Gesetze.

Sie selbst sind ein Opfer von häuslicher Gewalt. Vielleicht sind Sie es bereits seit Jahren. Nehmen Sie diesen Zustand nicht länger hin. Es ist nie zu spät. Lassen Sie nicht zu, dass Sie zur Beute eines solchen Widerlings werden! *Wehren Sie sich, holen Sie sich Hilfe, machen Sie sich frei!* Es ist wahrlich kein bequemer Schritt, aber ein Ende mit Schrecken ist deutlich besser als ein Schrecken ohne Ende!

Machen Sie sich bitte Eines klar: Ein Opfer von häuslicher Gewalt - *das allerdings ganz sicher um die Existenz von Frauenberatungsstellen und Frauenhäusern seines eigenen Landes weiß* - bleibt nur dann weiter ein Opfer, so lange es sich weigert, aus freien Stücken Hilfe anzunehmen. Ein freiwilliges Opfer aber ist auf die Dauer ja kein wirkliches Opfer mehr. Hilfe ist da - *man muss nur zugreifen!*

Es gibt unzählige Länder dieser Erde, in denen Frauen bis zum heutigen Tage keinerlei Rechte als menschliche Wesen zugesprochen werden. Frauen in abgelegenen, fast unzugänglichen Regionen, vom Rest der Welt vergessen, die wirklich absolut unwissend sind und vom Klein auf nur eingetrichtert bekommen, wie unsagbar wertlos und dem Manne unterlegen sie sind. Die somit gezwungenerweise durch eigene, permanente körperliche Überanstrengung der Bequemlichkeit ihrer männlichen Partner Vorschub leisten, weil sie es nicht anders wissen können. Die in viel zu jungen Jahren Kinder gebären. Die weit vor ihrer eigentlichen Zeit altern und sterben. Deren erstickte Schreie des Schmerzes und der grenzenlosen Verzweiflung im mächtigen Tosen des Sturmes untergehen. Die zwangsläufig das glauben müssen, was die Männer ihrer Familien und ihrer Clans ihnen seit Jahrhunderten oder vielleicht sogar Jahrtausenden immer wieder eintrichtern, einbläuen und einhämmern. Frauen aus etlichen Entwicklungsländern, die täglich millionenfach verkauft, geprügelt, vergewaltigt, bereits im Kindesalter besudelt und geschunden, unter dem Joch eines Männerregimes und durch stark erhöhte Wochenbettmortalität zu Grunde gehen - *weil ihnen die medizinische Unterstützung, die schulische und intellektuelle Bildung eben so wie die entsprechenden staatlichen Hilfen fehlen!*

Der Kampf um die Rechte der Frau ist noch lange nicht zu Ende! Seien Sie dankbar, wenn Sie selbst in einem Land leben, in dem Sie eine andere Wahl haben - *in einer Nation, die Ihnen viele Chancen bietet!*

Nutzen Sie ihre Chancen! Nehmen Sie häusliche Gewalt nicht länger hin! *Schlüpfen Sie aus der Opferrolle hinaus!*

Dieses Buch soll versuchen, Ihnen ein klein wenig Mut zu machen. Es ist nie zu spät für einen Neuanfang. Sie haben meine volle Empathie...

Worte an Paps

Paps, ich weiß - das, was ich dir jetzt zu sagen habe, kommt in diesem Leben zu spät. Du bist leider nicht mehr unter uns. Du starbst vor vier Jahren, nach einem schweren Schlaganfall, an Lungenkrebs. Ich hätte dir noch zu deinen besten Lebzeiten mein Herz ausschütten können, doch glaube mir: *Du wärst daran zerbrochen!*

Du hattest im Leben sehr viele Fragen. Durchaus berechtigte Fragen. *Was war in diesen drei Jahren mit mir geschehen, in denen der Kontakt gänzlich abgebrochen war? Wie war es mir ergangen?* Ich weiß, du hattest beim ersten Zusammentreffen Heinrich bei Seite genommen, weil du die Wahrheit über eben diese Zeit in Erfahrung bringen und die Lücke in deinem Wissen schließen wolltest. Heinrich war so nobel und hat es dir verschwiegen. Er hatte dir gesagt, wenn überhaupt, würdest du ausschließlich von mir Etwas erfahren. Das war gut so.

Pauschal gesagt: Ich hätte über mein Leben in der Tat ein ganzes Album ellenlanger Country-Songs schreiben können...

Auch mich hast du mehrmals in einer ruhigen Stunde nach eben diesem Zeitraum gefragt. *Doch wie hätte ich dir erklären sollen, was ich erlebt und durchstanden hatte?* Es waren ja keine alltäglichen, gewöhnlichen Erfahrungen. Ich hatte meine Beweggründe für mein Schweigen. Wie hätte ich dir erklären sollen, dass ich zeitweise in einem Wohnheim für nichtsesshafte Frauen gelebt hatte? Dass ich voller Abscheu meinen noch sehr jungen Körper für ein paar mickrige Scheine an wildfremde Männer verkauft habe - *einfach nur, um von einem Tag auf den Anderen zu überstehen?* Dass ich sogar zeitweise ernsthaft an Suizid dachte? Dass ein junger Kurde, mit dem ich verlobt war, mich bei meiner überstürzten Flucht abgefangen und auf offener Straße, auf dem blanken Asphalt, durch eine barbarische Tat um Haaresbreite mein Leben ausgelöscht hätte? Wie hätte ich dir von Frederik erzählen sollen, der mit aller Macht die Geburt eines Sohnes erzwingen wollte und mich vielmals im Alkoholrausch geschändet hatte - *und den nicht ein Mal meine monatlichen Blutungen davon abhielten?* Von seiner achtköpfigen Familie, für die ich mich von Morgens bis Abends abgeplagt und abgeastet hatte - *fast bis zum eigenen, physischen Zusammenbruch?* Von meinen ständigen überstürzten Fluchten? Von den verschiedenen Frauenhausaufenthalten? *Wie hätte ich mich dir offenbaren sollen?*

Glaube mir, es hätte dich vor Jahrzehnten schon umgebracht…

Paps - wie hätte ich dir zu deinen Lebzeiten erklären sollen, dass deine einzige Tochter eine obdachlose Straßenhure war, der ständig Heuchelei und Nötigung widerfuhr? Die nichts Anderes kannte als Ausbeutung, Ekel, Abscheu, Panik, Verfolgung und Flucht? Und das nur, weil Mutter - *deine Frau!* - mir rigoros die Türe verweigerte!

Das Alles, was dann weiterhin mit mir geschah, schlicht unabwendbar war, weil du dich ihr gegenüber permanent unterordnetest und niemals wagtest, klare Linien zu ziehen…

Ich weiß, auch du hattest es in deiner Jugend sehr schwer. Viel zu verfrüht hast du deine Familie verloren, in der ebenfalls oft genug häusliche Gewalt geherrscht hatte. Du hast Kinderheimdrill, Hunger, Drangsal, Ausbeutung und Flucht erlebt. Auch du sehntest dich nach einem heilen, intakten Familienleben mit Frau und Kindern. Paps, das verstehe ich sehr gut. Vielleicht sogar besser, als du dachtest.

Du wolltest deiner Familie ein gutes Nest bieten, hast etliche Jahre lang sehr viele Doppelschichten abgeochst und dir mit den beißenden, ätzenden Chemikalien, denen du ausgesetzt warst, sogar deine Lunge ruiniert. Jahrzehnte lang hast du dich abgeknechtet. In deinen letzten Monaten hast du fürchterlich gelitten. Das Alles hast du nur für deine Familie getan - *glaube mir, ich weiß es!*

Wahrscheinlich hast du unsere Mutter einst wirklich geliebt. Liebe aber macht bekanntlich blind. Als du die Wahrheit endlich erkanntest, war es für dich scheinbar längst zu spät für den entscheidenden Absprung. Da warst du bereits zweifacher Vater. Julian und ich aber waren irgendwann längst erwachsen. Oft genug riefst du, immer wenn Mutter im Krankenhaus war, heimlich und ohne ihr Wissen bei uns an, um dein Herz auszuschütten. Ich habe leider nie gelernt, deine Argumentationen zu begreifen. Du redetest dich stets hinaus und hinein. Damals, so sagtest du, seist du wegen uns Kindern geblieben. Später, im Alter, konntest du angeblich deine *„kranke, hilflose Frau"* nicht im Stich lassen. Es gab aber auch eine lange Zeit zwischen diesen Phasen. Julian und ich waren bereits aus dem Hause, deine Frau war noch gesund, du selbst standest ebenfalls noch mitten im Leben und warst der häuslichen Zwietracht bereits längst ausgesetzt. Mutters Anmerkungen deiner Person gegenüber waren schließlich alles Andere als schmeichelhaft. Sie hatte dich praktisch als dummen, ungebildeten Dorftölpel und Döspaddel dastehen lassen, der ohne permanente Unterstützung einfach nicht klar kam.

Du hättest ihr durchaus das Gegenteil beweisen können. Warum hast du dich nicht aufgerafft und gingst zu eben dieser Zeit gemeinsam mit uns Kindern deinen Weg?

Oft genug hast du Julian, Heinrich und auch mir gesagt, du würdest sehr gerne die Zeit zurück drehen. Eben so oft hast du betont, dass deine Wahl ganz bestimmt nicht mehr auf unsere Mutter fallen würde. Trotzdem hat dir der Mut zum Absprung gefehlt…

Ein Mal ist dir wirklich im wahrsten Sinne des Wortes der Geduldsfaden gerissen. Ich erinnere mich noch sehr genau an diesen Abend im Jahre 1968. Julian war gerade ein Jahr alt; ich war Fünf. Wir saßen Alle gemeinsam im Wohnzimmer beim Abendbrot. Ein großes Tablett stand auf dem Tisch, auf dem sich eine Kanne Kaffee, ein Teller mit Brot, Eiern, Margarine, Wurst und Käse befand. Irgendwie kam es plötzlich zwischen Mutter und dir zu einem Streitgespräch. Worum es dabei genau ging, ist mir leider entfallen. Ich weiß nur noch, dass es im Laufe der Auseinandersetzungen immer lauter wurde. Julian begann zu plärren, ich zitterte am ganzen Leib wie Espenlaub. Mutter hatte wieder ein Mal ihre Launen und du brülltest. Sie musste dich wohl irgendwie mit ihren Sticheleien bis zum Siedepunkt gereizt haben. Ich erinnere mich nur noch, dass du plötzlich aufsprangst, dir das volle Tablett schnapptest und mit Schwung und lautstarkem Karacho volle Möhre an die Wand schleudertest. *Peng!* Gläser, Kaffeekanne und Teller flogen durch die Luft, explodierten an der Wand und landeten scheppernd und klirrend auf dem Boden. Kaffee spritzte auf. Eine einzelne Scheibe Fleischwurst war an der hellen Tapete kleben geblieben, umrahmt von braunen Kaffeespritzern. Es sah einfach grotesk aus. *Ein zu Fleisch gewordener Fixpunkt - umgeben von einem tropfenden, braunen Meteoritenschauer!* Ich erinnere mich heute noch in aller Deutlichkeit, dass es eine Scheibe Fleischwurst war! Dein Gesicht war zinnoberrot angelaufen; du atmetest schwer und hattest krampfhaft bebend die Fäuste geballt. Mutter fuhr hoch und brachte uns Kinder schleunigst zu Bett. Im Vorbeihasten kamen wir an der Wand vorbei, an der immer noch die Scheibe Fleischwurst klebte. Ich hätte mich in meiner Panik fast eingenässt, wünschte mich nur noch weit weg. Julian kreischte und hing schlotternd auf Mutters Arm. Vom Bett aus hörte ich, wie im Wohnzimmer Scherben entfernt wurden und in der Küche das Wasser rauschte. Julian schluchzte sich erschöpft in den Schlaf. Ich dagegen schlief in dieser Nacht überhaupt nicht, war mir mit meinen Gedanken selbst überlassen, die sich einzig mit Trennung, Scheidung, einem möglichen Kinderheimaufenthalt und der Angst vor der Zukunft befassten. Am nächsten Morgen waren alle Spuren weg - *bis auf die Kaffeespritzer und den kreisrunden Fettfleck an der Wohnzimmertapete, wo die Scheibe Fleischwurst geklebt hatte!*

Heute ist mir natürlich klar, dass dir an diesem besagten Abend der Kragen geplatzt sein muss. Ja, die Scheibe Fleischwurst. Schon verrückt, an was man sich im Laufe der Jahrzehnte noch erinnert. Ein einziges Mal hatte ich erlebt, dass du deinen Gefühlen derart Luft gemacht hast. Dergleichen geschah nie wieder. Es wurde eine neue Kaffeekanne gekauft. Du tapeziertest und strichst neu, machtest das Geschehene ungeschehen. Der Vorfall wurde quasi unter den Teppich gekehrt und im wahrsten Sinne des Wortes innerhalb der Kernfamilie tot geschwiegen. Das Thema kam niemals wieder zur Sprache, verkam im Laufe der Monate zur völligen Bedeutungslosigkeit. In der Zeit, die danach folgte, hielt Mutter sich dir gegenüber sehr zurück mit ihren Worten und verhielt sich auch zu Mindest eine Zeit lang umgänglicher. Doch dieser Abend ist mir bis zum heutigen Tage deutlich im Gedächtnis haften geblieben. *Gerade, weil du auf den Putz gehauen hast!*

Achtundvierzig Jahre ist das jetzt her. Ja, du hattest dir an diesem besagten Abend ein Mal richtig Luft gemacht. Dann aber nie wieder. Du hast dich nach dieser Begebenheit nur noch inkonsequent verhalten, hast nur noch eingesteckt und hingenommen, wie es kam. Im Laufe der Zeit wurde Mutter wieder launenhafter. Du bist geblieben, hast es zeitlebens geschluckt. Das sind meine Erinnerungen…

Warum hast du es hingenommen, dass Mutters herabwürdigendes und abwertendes Verhalten dir gegenüber derart ausufern konnte? Warum hast du dich permanent kränken lassen? Warum hast du dich, trotz deiner harten, körperlichen Arbeit, immer noch als *„faul"* und *„bequem"* abstempeln lassen? Warum hast du dich, obwohl du an den Wochenenden doch sehr oft im Alleingang Ausflüge mit uns Kindern unternommen oder hingebungsvoll mit uns gespielt, gemalt und gebastelt hast, immer noch als *„verantwortungsloser"* und *„desinteressierter"* Vater bezeichnen lassen? Warum hast du weiterhin Mutter gegenüber derart die Zügel schleifen lassen? Warum gingst du immer wieder in die Defensive und tanztest ganz nach ihrer Pfeife? Warum bist du geblieben, hast all dies klaglos hingenommen?

Warum, warum, warum...

Lag dein Handeln vielleicht darin begründet, dass du mit aller Macht vermeiden wolltest, so zu werden wie dein eigener Vater, der ständig in der Ehe zuschlug und seine Frau unterjochte? Dass du gleichzeitig auch kein Mann sein wolltest, der - *genau wie Onkel Justus, dein jüngerer Bruder* - bereits eine Scheidung hinter sich hat? Irgendwie verstehe ich das sogar. Vielleicht hast du gerade aus diesem Grunde weiterhin an der Ehe festgehalten. Eine andere pausible Erklärung finde ich nicht....

Die Männer in deiner Familie waren niemals wahre Kämpfernaturen. Sie litten ebenfalls an einer Art tiefer Entwurzelung und innerer Zerrissenheit. Onkel Justus reichte zwar damals die Scheidung ein, leitete aber dann letztendlich ebenfalls keinerlei Schritte ein, um Britta, seiner Tochter, beizustehen. Er ging zwar später eine neue Ehe ein, überließ Britta, trotzdem er das alleinige Sorge- und Aufenthaltsbestimmungsrecht für sie jetzt per Gerichtsbeschluss hätte beantragen und auch ohne Weiteres durchboxen können, dennoch vollkommen überfordert den Schikanen seiner cholerischen, launenhaften Exfrau…

Nein, Paps, du hast nicht zugeschlagen - *und das ist richtig!* Du warst nicht wie dein Vater. Widrigkeiten gingst du tunlichst aus dem Wege. Du wolltest keinen Krach herauf beschwören. Aber deine Konsequenzen zu ziehen wagtest du auch nicht, trotzdem du es unserer Mutter gegenüber unzählige Male angekündigt hattest. Du hast ihr letztendlich nur noch alle verbalen Erniedrigungen durchgehen lassen, hast dich permanent wie ein Fähnchen nach dem Winde gedreht. Du hast dich dein Leben lang ihren ständig wechselnden Launen unterworfen - *nur, um deinen Frieden zu haben!*

Gustaf, dein Neffe, zeigt übrigens eindeutig die selben Charakterzüge…

Du als erwachsener, mündiger Mensch hattest jederzeit die Wahl - *Julian und ich allerdings waren zum damaligen Zeitpunkt abhängige, unmündige Kinder und hatten diese Wahl eben nicht…*

In der Zeit, als ich bei Frau A. lebte, sahst du dich gezwungen, mich stets heimlich und gänzlich ohne das Wissen unserer Mutter zu besuchen, um keine weiteren Grundsatzdiskussionen auszulösen. Du wolltest allen Familienmitgliedern gut sein und hast dir damit selbst die größten Steine in den Weg gelegt. Auch du warst mit deiner Situation hoffnungslos überfordert.

Vielleicht hast du dich nach dem Frieden gesehnt, den du in deiner eigenen Jugend nicht hattest. Vielleicht hast du deshalb Alles schweigend hingenommen, hast dich praktisch zum lebenslangen Hundsfott herabsetzen lassen, um diesen Frieden endlich zu finden. Vielleicht hast du im Ehegelübde eine Art lebenslange Verpflichtung gesehen – *mit allen Konsequenzen!* Vielleicht hast du aus diesem Grunde nie um Julian und mich gekämpft. Vielleicht bist du deshalb geblieben.

Vielleicht, vielleicht, vielleicht…

Paps - du hast mir vor sehr langer Zeit ein Mal gesagt, in der Ehe müsse man sich zusammenraufen. *„Zusammenraufen"* aber heißt im Grunde nichts Anderes als *„zusammenreißen"*. Du hast dich dein Leben lang zusammengerissen. Viel zu lange…

Du hast wenige Monate vor deinem Tode sogar noch versucht, die Familie wieder zu vereinen. Fast wäre es dir gelungen. Du hast eisern darauf bestanden, dass Mutter sich endlich mit Julian in Verbindung setzt und ihn von deiner Krebserkrankung unterrichtet. Sie hatte ihn bereits Jahre zuvor mit ihren streitsüchtigen, mütterlichen Intrigen aus dem Hause getrieben.

Du wolltest deinen Sohn noch ein Mal sehen. Du wolltest eine Brücke bauen. Du hast Julian wieder zurück in die Familie geholt.

Ja, er ist gekommen! Mutter hat das neu aufkeimende, familiäre Verhältnis nach deinem Ableben jedoch erneut mutwillig zerstört. Was sie tat, ist unverzeihlich. Zum Glück hast du es nicht mehr miterleben müssen. Doch du hast zu Mindest dein Bestes gegeben. Du hast - *gerade in diesem Augenblick!* - wahrhaft väterliche Stärke bewiesen. *Das rechne ich dir hoch an!*

Paps - hätte ich dir zu deinen besten Zeiten von den Schicksalsschlägen erzählt, die mich getroffen hatten, wärst du mit Sicherheit deinen eigenen Weg gegangen. Aber du wärst verbittert und zu Grunde gegangen. Doch es lag nicht in meinem Ermessen, eure unglückliche, zermürbende Beziehung auch noch zu zerstören. Ich bin keine Richterin. Ich wollte dich niemals derart tief verletzen. Es stand mir nicht zu, einen Keil zwischen euch zu schieben. Diese letztendgültige Entscheidung konnte dir Niemand abnehmen. Sie lag ganz alleine bei dir. Du hast weiter an deiner unglücklichen Ehe festgehalten. Tief in meinem Herzen weiß ich, dass du uns trotzdem sehr geliebt hast…

Nun, da du nicht mehr unter uns weilst, kommt es mir so vor, als hätte ich nicht nur dich, sondern gleichzeitig beide Elternteile verloren. Mutter hatte den Bogen nach deinem Ableben mit ihrer Hadersucht und ihren massiven Schroffheiten derart überspannt, dass Julian und ich uns letztendlich gezwungen sahen, zu unserem eigenen Wohle den Kontakt endgültig abzubrechen. Es hätte an Sonsten allen Beteiligten auf die Dauer absolut nicht mehr gut getan. Sie muss ihren eigenen Weg gehen, genau, wie wir den Unsrigen…

Ich denke heute noch an den Tag zurück, drei Monate vor deinem Tode, als du mir in einem stillen Augenblick sagtest, dass uns, wenn du nicht mehr seist, mit Mutter noch sehr Viel bevor stehen würde. Julian und ich hatten die Warnung verstanden. Wir hatten uns wirklich sehr bemüht, doch die Situation uferte innerhalb weniger Monate derart aus, dass uns zum Schluss nichts Anderes mehr übrig blieb, als den Kontakt radikal abzubrechen!

Es ist besser so. Ich hoffe, du verstehst unsere Beweggründe…

Auch für Julian und mich bleiben viele Fragen unbeantwortet. Nun ist es leider zu spät. Zu Mindest in diesem Leben. Es vergeht kein einziger Tag, an dem wir nicht an dich denken. Du gabst uns eine Menge Rätsel auf. Ja, wir haben sehr viele Fragen. Sie bleiben offen. Verstehe meine Worte bitte nicht als Vorwurf. Ich habe dir deine menschlichen Fehler längst verziehen. Genau wie Julian es tat.

Deine Fragen, die du hattest, sind nun beantwortet. Vielleicht verstehst du mich. Mein Traum war der selbe Traum wie Deiner. Ich sehnte mich nur nach einer liebevollen Beziehung und einem harmonischen Familienleben, suchte, genau wie du, meinen Frieden. Und eben so wie du hatte ich mir, um diesen Frieden zu finden, zu viele Träume in die eigene Tasche gesponnen. Wir waren Beide zu harmoniesüchtig.

Ich wollte es gänzlich anders haben als Daheim - *und fand es gänzlich anders!* Schlimmer, als du es dir jemals hättest vorstellen können…

Mein Leben war unsäglicher Schmerz. Mein Schweigen sollte dich schützen, weil du die bittere Wahrheit niemals verkraftet hättest. Dazu nämlich kannte ich dich viel zu gut. Es war besser, dass diese Grauzone, dieses schmutzige, besudelte Kapitel meines Lebens, nie aufgedeckt wurde…

Nun aber habe ich mich dir offenbart. Ich hoffe, dass dich meine Gefühle und Gedanken auch drüben auf der *„anderen Seite"* erreichen!

Paps - ich war und bin eine Kämpferin und werde auch weiterhin stark sein…

Deine kleine Wencke

Ein abschließendes Wort an Mutter

Ja, auch an dich habe ich noch einige letzte Worte zu richten. Sie werden dir wahrscheinlich wenig schmeichelhaft sein. Vor Allem, weil du ja seit je her sehr gerne gewisse Tatsachen unter den Teppich kehrst und deine Augen, deine Ohren und dein Herz vor der Wahrheit verschließt.

Du hast sie schon immer verschlossen, um meine gellenden Schreie nicht hören zu müssen…

Dass ich dir bereits vom Zeitpunkt meiner Geburt an eine ständige Bürde war, darüber braucht kein Wort mehr verloren zu werden. Das geht bereits aus meinem ersten Buch deutlich genug hervor. Ja, ich habe ein Buch geschrieben und auch veröffentlicht. Und zwar über mein gesamtes Leben. Einfach, um zu verdeutlichen, wie sehr ein Mensch leiden und wie tief er sinken kann, wenn die mütterliche Liebe fehlt.

Ich schrieb über Dinge, die du niemals verstehen wirst, einfach, weil du dergleichen selbst niemals erlebt hast. Und ich schreibe noch dieses zweite Buch. Damit die Menschen von den Schicksalen erfahren, die Frauen dazu bewegen, in den zahlreichen Frauenhäusern eine letzte Zuflucht zu suchen!

Denke nur ein Mal an deine eigene Mutter, die nach ihrer ersten gescheiterten Ehe vorehelich von Opa mit deinem Bruder Karl schwanger wurde. Auch sie hat sich nach Liebe gesehnt. Hätte dein Vater nicht so fest und treu zu ihr gestanden, hätte sie ein ähnliches Elend ereilt - *und damals, im Jahre 1932, gab es noch keine Frauenhäuser!*

Man hätte sich das weitere Dasein deiner Mutter mit Leichtigkeit ausmalen können. Onkel Karl wäre eventuell in einem Lebensborn-Haus geboren worden und im Anschluss an die Entbindung in einem Kinderheim gelandet. Eine andere Alternative wäre vielleicht noch eine der so genannten anonymen *„Engelmacherinnen“* gewesen, von der zu dieser Zeit abertausende Frauen in einer solchen Notsituation Gebrauch machten. Ich bezweifle sehr stark, dass unsere sensible, sanfte Oma das übers Herz gebracht hätte. Sie hätte sich gezwungenerweise von ihrem neu geborenen Söhnchen trennen müssen und wäre höchst wahrscheinlich als billige Arbeitskraft in einer Fabrik oder als Waschfrau geendet, im allerschlimmsten Falle als obdachlose Prostituierte - *und das Alles, weil deine herzlose, unsensible Großmutter sie auf Grund ihrer Schwangerschaft hinaus geworfen hatte!*

Doch zum Glück hatte sie in deinem Vater einen Mann gefunden, der sie aufrichtig liebte und sie bedingungslos angenommen hat!

Ich selbst hätte, nur zwei Generationen später, im Alter von gerade ein Mal zwanzig Jahren, beinahe durch einen jungen Kurden, von dem ich mich gerade trennte, einen qualvollen Tod auf der Straße gefunden - *weil du mich mit deiner törichten Verhaltensweise völlig verfrüht und unfertig aus dem Haus getrieben und mir eine Rückkehr ins Elternhaus konsequent verweigert hast!*

Doch ich hatte das Glück, in einer Zeit zu leben, als es bereits Frauenhäuser gab. Diese Tatsache hat mein Leben gerettet!

Vielleicht wäre es besser gewesen, du selbst wärst von Vorne herein niemals eine Ehe eingegangen. Angeblich *„becherte"* und *„qualmte"* Paps ja so schlimm und benahm sich dir gegenüber so furchtbar daneben. Angeblich hattest du ja in der Ehe überhaupt ständig eine Menge *„erdulden, aushalten und ertragen"* müssen. Ständig sagtest du, wie sehr du gelitten hast - *ohne aber jemals konkret zu werden!*

Ich bin wirklich verblüfft darüber, was du für schier *„unerträglich"* hältst. Wenn das allen Ernstes deine Meinung ist, dann solltest du mal für eine kleine Weile mit Männern jenes Schlages zusammen kommen, wie ich sie erlebt habe. Damit du verstehst, was wirklich Saufen und Gewalt ist. Damit du zu einer völlig anderen Sichtweise der Dinge gelangst. Ich schwöre dir hoch und heilig - *du würdest im Anschluss nie wieder in deinem ganzen Leben über die kleinen Macken unseres Vaters jammern!*

Du würdest nie mehr behaupten, dass Frauenhäuser überflüssig sind!

Sei nur dankbar, dass dir eine solche Odyssee, wie deine Mutter und ich sie erleiden mussten, in deiner eigenen Ehe erspart blieb…

Du hast mich, so lange ich zurück denken kann, ständig klein gemacht, wo es eben nur ging. Mehrmals hast du mich in verschiedene *„Kindererholungsheime"* abgeschoben, angeblich, damit ich endlich lernen solle, Freundschaften zu schließen. Selbst warst du jedoch nicht in der Lage, Freundschaften einzugehen und sie dauerhaft zu pflegen. Die wenigen Freundinnen, die du jemals hattest, hast du durch dein doppelzüngiges

Verhalten und deine teils doch recht mittelalterlichen Ansichten sehr bald wieder vertrieben, weil du die Meinung Anderer einfach nicht gelten lässt. Paps, Julian, Heinrich und auch ich haben es selbst etliche Male erlebt. Maike, meine eigene Freundin, kenne ich mittlerweile seit rund zwanzig Jahren. *Wir sind immer noch gut befreundet.*

Wie oft du mir vorwarfst, ich würde im Leben wohl keine einzige gescheite Masche auf die Nadel bekommen, kann ich mittlerweile schon nicht mehr zählen. Heute stricke ich genau so gut wie jede andere erfahrene Strickerin und entwerfe die Muster für meine Pullover auch selbst. Ich lernte es nicht von dir - *sondern von der Mutter einer Freundin!*

Immer wieder hieltest du mir in der Vergangenheit vor, ich würde wohl niemals das Kochen erlernen. Wenn ich mich heute an den Herd stelle, wird Nachschlag verlangt und Niemand bekommt Magendrücken und Sodbrennen. Auch das Kochen erlernte ich nicht von dir - *sondern von meinen Leidensgenossinnen im Frauenhaus!*

Unablässig hieltest du mir vor, ich würde wohl niemals im Leben eine ernsthafte Beziehung eingehen. Mittlerweile bin ich mit meinem Heinrich seit knapp über drei Jahrzehnten verheiratet und habe die wahre Liebe erfahren. Nicht durch dich - *sondern durch seine Geduld entwickelte ich das Verständnis für die wahre Liebe!* Selbst ihn wolltest du bereits wenige Wochen vor der Eheschließung sogar noch brühwarm gegen mich aufbringen, nur, um mich anscheinend erneut scheitern zu sehen. Das hat nicht funktioniert - *weil Heinrichs Liebe stärker war als deine üblen Worte!*

Zwischen Julian und Susanne wolltest du ebenfalls, genau wie zwischen Heinrich und mich, immer wieder einen Keil treiben. Du wolltest Susanne - *noch bevor du sie überhaupt richtig kanntest* - im Grunde von Vorne herein gar nicht erst eine Chance zum gegenseitigen Kennenlernen geben!

Es ist immer die selbe Arie. Seit Jahr und Tag der selbe Shitstorm. Du kannst einfach nicht anders. Heinrich sieht schäbig aus und will nur mein bisschen Geld. Julian ist *„schwermütig"*, darf keine eigenen Entscheidungen treffen und lässt sich gnadenlos von Susanne *(und selbst von mir!)* beeinflussen und lenken. Onkel Julius sah *„vergammelt"* aus, Kerstin ist unstillbar neugierig, link, dabei noch feige und so *„doof wie Bohnenstroh"*, mit einem Gedächtnis wie ein Sieb. Tante Dagmar ist *„überkan-*

didelt" und unterjocht Onkel Karl am laufenden Band. Frau Sch., deine gute Bekannte, hat einen angeborenen *„Dachschaden"* und verfügt somit ebenfalls über keinerlei Hirngrütze. Paps *„schlürfte"* und *„becherte"* wie ein Ketzer und war ein völlig gleichgültiger Vater, der sich einen feuchten Dreck um die Familie scherte. Außerdem redete er den Leuten ständig nach dem Mund. Susanne hat ein *„Pfannkuchengesicht"* und *„dominiert"* und *„steuert"* Julian nach eigenem Gutdünken. Ich habe dürre X-Beine, bin *„einfältig"*, kann weder haushalten noch kochen, hetze meinen Bruder permanent gegen dich auf und lasse mich an Sonsten nur von aller Welt ausnutzen. Und so weiter und so weiter et cetera. Die Liste ließe sich endlos fortführen. Deine gnadenlose Dekadenz ist einfach nicht zu fassen. Es gibt keine Suppe, in der du nicht mindestens ein Haar findest! Meistens ist es sogar ein ganzer Zopf. Nur über den eigenen Tellerrand schaust du nicht. Ganz im Gegenteil. *Du verkörperst sogar noch einige nachteilige Eigenschaften, mit denen du deine Mitmenschen belegst, in eigener Person!*

Julian und ich haben den Kontakt zu dir nicht umsonst gänzlich abgebrochen. Wir hatten gute Gründe. Auch du bleibst auf Abstand. Du willst es so. Für diese Tatsache sind wir dankbar. Dieser Abstand zu dir hat unser persönliches Leben nur erleichtert. Diese Erleichterung schweißte uns als Geschwister enger zusammen denn je…

So lange ich zurück denken kann, hast du ständig Dinge von Anderen erwartet, an die du dich selbst aber nicht gehalten hast, weil sie dir persönlich zu unbequem gewesen wären. Von mir hast du zum Beispiel erwartet, ich solle in der Schule ein möglichst ordentliches Englisch lernen. Damals, nach Julians Einschulung, wolltest du ja angeblich wieder zurück in deinen alten Beruf. Du hättest dir dann allerdings über das Einwohnermeldeamt, in dem du früher ein Mal tätig warst, nun ebenfalls in einer entsprechenden Schulung die englische Sprache in Wort und Schrift aneignen müssen. Dieser Lehrgang war mittlerweile seit wenigen Jahren absolute Voraussetzung für einen erneuten beruflichen Einstieg.

Was hielt dich letztendlich davon ab? *Der Intensivkurs in Englisch!*

Also hast du im Grunde keinerlei Anlass, dich über Paps´ angebliche Bequemlichkeit aufzuregen. Er hat permanent fast bis zum Umfallen Doppelschichten geschoben und dich finanziell immerhin elf Jahre lang komplett mit durchgezogen…

Deine persönlichen Erziehungsansichten polten mich in der Vergangenheit praktisch zur Versagerin, zum ewigen Underdog. Egal, wie sehr ich mich im Leben auch anstrengte - *die Sprösslinge der restlichen Verwandtschaft konnten es deiner Meinung nach deutlich besser!* Immer hatten deine Nichten und Neffen wesentlich bessere Vorschläge als Julian und ich, obwohl wir dir haargenau die selben Vorschläge bereits lange zuvor ebenfalls schon gemacht hatten!

Lediglich unsere Fehler hast du sehr genau registriert und uns ständig zurecht gewiesen. Ständig nahmst du uns Alles ab, sei es das Ausfüllen von Formularen oder was auch sonst. Dazu dein ständiger Kontrollzwang, der Drang, jede noch so kleine Einzelheit über uns wissen zu müssen. Wir waren stets die ewig dummen Döspaddel, die eh Nichts auf die Bande kriegen. Genau so sollte es auch kommen. Deine Unkenrufe zeigten Wirkung; ich bekam in der Tat bald ohne Hilfe und Unterstützung Nichts mehr auf die Reihe, war total von dir abhängig. Ein eigens *„herangezüchtetes"* Sorgenkind! Ich sollte immer wieder angekrochen kommen, total abhängig von der Mama. Klar, denn wer abhängig ist, der wird sich nicht lösen - *und somit auch wohl kaum jemals einen Partner finden!* Ein solch einsamer Mensch klammert daher um so stärker an der Mutter fest, wird später im Alter nur für ihre Bedürfnisse da sein. Ich sollte ausschließlich für dich existieren. Die *„Weisheit"* der Mama ist ein unbedingtes Muss! Die Tochter findet sich im späteren Leben nicht zurecht - *also kommt sie selbstverständlich sehr bald wieder angekrochen!* Es war offenbar dein eigenes Wunschdenken, gepaart mit scheinbar absichtlich herbeigeführten Prophezeihungen. Du sorgtest dafür, dass sie auch tatsächlich in Erfüllung gehen mussten. *Der liebe Gott weiß Alles - Louise K. jedoch weiß es tausend Mal besser!* Gute Leistungen hast du als absolute Selbstverständlichkeit betrachtet, für die deiner Meinung nach keinerlei Lob nötig war. Mütterliche Inspiration erschien dir als vollkommen überflüssig. Die entsprechenden Ambitionen zur Mutter fehlten schlicht. Überhaupt hast du mir seit meiner Kindheit kategorisch vorgeworfen, ich würde in diesem Leben wohl niemals ein angefangenes Projekt zu Ende bekommen.

Doch, das habe ich. *Alleine mein erstes Buch beweist es!*

Du hast niemals den wahren Mut gehabt, zu deinen eigenen Fehlern zu stehen. Einigen ehemaligen Nachbarinnen hast du zum Beispiel erzählt, ich sei *„der Liebe wegen“* in eine fremde Stadt gezogen. Niemals hättest du zugegeben, dass Heinrich mich praktisch aus dem Frauenhaus zu sich geholt hat. Nein, du hattest Angst vor bohrenden und peinlichen Nachfragen, die deinen persönlichen Ruf und dein Image möglicherweise hätten ankratzen können. Du wusstest schon immer, wie du deine offensichtlich ganz bewusst herbeigeführten Prophezeihungserfüllungen, aus denen ja letztendlich mein ständiges Scheitern hervor ging, geschickt verbergen konntest, nur, um der Außenwelt gegenüber die Wahrheit zu vertuschen und deine Weste möglichst rein zu halten. Nein, zur Wahrheit hast du nie gestanden...

Deine ständigen verbalen, stichelnden Seitenhiebe waren zeitweise kaum zu ertragen. Zum Beispiel hattest du oft genug behauptet, Paps sei absolut kein hübscher Mann gewesen. Es hätte weitaus besser aussehendere Männer gegeben! Im selben Atemzug bemerktest du dann scheinbar beiläufig, dass ich, was das Aussehen angehe, ja sehr nach Paps käme. Ich sei ihm praktisch wie aus dem Gesicht geschnitten. Gut, damit wolltest du zwar *„durch die Blumen“*, gleichzeitig wiederum aber ganz klar und unmissverständlich zum Ausdruck bringen, ich sei absolut keine hübsche Frau. Bereits in meinen jungen Jahren betontest du es immer wieder ein Mal. Laufend machtest du mich madig. Dazu trautest du mir nie etwas Eigenständiges zu. Kein Wunder also, dass es mit meinem damaligen Selbstbewusstsein nicht sehr hoch her war. Eines führte unweigerlich zum Anderen. Es war eben dieses mangelnde Selbstbewusstsein, das mich später diesen brutalen Taugenichtsen und verkommenen Zechbrüdern immer wieder permanent in die Arme trieb. Deren Verbrechen wiederum trieben mich dann auch letztendlich in die verschiedenen Frauenhäuser!

Fragte ich dich, ob wir mal gemeinsam kochen könnten, lehntest du stets mit der fadenscheinigen Begründung ab, wenn ich später eine eigene Küche hätte, könne ich dort ja nach eigenem Gusto schalten und walten. *Natürlich – eine logischere Erklärung gibt es wohl kaum!*

Du warst schlicht zu desinteressiert, mir das Kochen überhaupt auch nur beizubringen...

Julian hattest du geraten, es mit dem KFZ-Führerschein besser gar nicht erst zu versuchen. Paps hätte schließlich auch keinen Solchen. Es seien teilweise ziemlich komplizierte und derart schwere Prüfungsfragen, die Paps wohl auch ohnehin auf Grund mangelnder deutscher Rechtschreibkenntnisse niemals bewältigt hätte. *Aha - deutsche Texte entziffern konnte er obendrein also auch nicht gescheit!*

Peng! Wieder ließest du unseren Vater als einfältigen und absolut unfähigen Hundsfott dastehen - *und Julian war ja schließlich dessen Abkömmling!*

Eines aber hattest du dabei völlig übersehen: Paps hatte zwar nie einen KFZ-Führerschein angestrebt, war dafür allerdings im Besitz eines Motorradführerscheines - *und um Diesen zu erlangen, ist eben so eine theoretische wie praktische Prüfung notwendig! Und Paps war ein verdammt guter Fahrer!*

Oft genug machte er mich auf interessante Zeitungsartikel aufmerksam - *auf Deutsch gedruckt!*

Angeblich konnte unser Vater ja nicht ein Mal eigenständig ein modernes Tastentelefon bedienen. *Doch, konnte er!* Kaum lagst du nämlich im Krankenhaus, rief er abends von Daheim aus bei uns an!

Heute wunderst du dich sehr. Julian und ich telefonieren, bedienen Handys, schreiben uns gegenseitig SMS, beherrschen Englisch in Wort und Schrift und arbeiten ganz selbstverständlich am Laptop!

Ja, es ist richtig - *wir sind die Kinder unseres Vaters!*

Sämtliche so genannten *„negativen Eigenschaften"*, die angeblich uns Kinder betrafen, brachtest du mit Paps´ genetischem Erbe in Verbindung. Ohne Rücksicht auf Verluste. Deine Verachtung ihm gegenüber - *und somit gleichzeitig auch uns gegenüber!* - muss in der Tat groß sein…

Du scheinst einen festen Leitsatz zu haben: Kinder können *(und dürfen!)* niemals intelligenter und gebildeter sein als ihre Eltern! Du hast uns lieber von Vorne herein als kleine Einfaltspinsel dastehen lassen, die selbst unter Einsatz beider Hände praktisch außer Stande waren, ihre eigenen Ärsche zu finden - *nur, um uns in deiner Eigenschaft als Mutter ständig einige Nasenlängen voraus zu bleiben!*

Also musstest du tunlichst dafür sorgen, dass sich daran möglichst auch Nichts änderte…

In deiner eigenen Verwandtschaft hat es bereits - *lange vor unserer Zeit* - mehrere Fälle von gravierenden, psychischen und seelischen Erkrankungen gegeben. Zwei Personen waren sogar in entsprechender psychiatrischer Behandlung. Zum Beispiel eine deiner Tanten mütterlicherseits so wie deren Enkelin. *Woran liegt das wohl?* Überlege ein Mal selbst. Deine Tante zum Beispiel wurde angeblich auf der Toilette von wer weiß wem *„abgelichtet“* und hatte imaginäre *„Männer“* unter dem Bett liegen. Sie war die Schwester deiner Mutter. Oma wiederum skandierte, man solle einen Vater möglichst niemals mit der Tochter unbeaufsichtigt in der Wohnung lassen. Beide hatten somit den selben, sauflustigen, brutalen Vater und die unterkühlte, bereits durch die eigene. unselige Ehe tief traumatisierte, ausgelaugte und verhärmte Mutter gehabt, die schon alleine mit ihren eigenen, alltäglichen Problemen weit mehr als über Gebühr zu kämpfen hatte. Es musste also dem zu Folge bei den Schwestern irgend ein gemeinsames Schlüsselerlebnis in der Kindheit gegeben haben. Deine eigene Mutter, besagte Oma Grete nämlich, hatte wiederum dich heran gezogen und ebenfalls bestimmte, kleine Absonderlichkeiten, von denen sie Einige unweigerlich an dich weiter gab.

Julian und ich zeigten in der Kindheit ebenfalls gewisse Grundzüge. Wir litten Beide an Hospitalismus, hatten den emotionalen Dünnpfiff. Mein Bruder nässte sich fast Nacht für Nacht ein und ich fiel bis ins Grundschulalter durch das ständige Daumenlutschen und Körperschaukeln auf. *Warum bitte machen Kinder so Etwas, fallen derart aus der gewohnten Norm?*

Du sagtest immer wieder, das stecke halt einfach drin. Nein, tut es garantiert nicht! Jede Art von psychischen oder seelischen Störungen, jede Übersprungshandlung, hat Ursachen, die eindeutig außerhalb der Gene liegen. Das ist mittlerweile medizinisch sogar erwiesen. Egal, ob es sich nun beispielsweise um das Borderline-Syndrom *(dem „Herumschnippeln“ an der eigenen Haut, um seelischen Druck heraus zu lassen)*, um Bulimie *(„Fress-Brech-Sucht“)* oder sonst Etwas handelt. Derart massive Auffälligkeiten sind wohl eher in der fehlerhaften, elterlichen Erziehung als Ursachen zu suchen. Kein Mensch wird mit derartigen Absonderlichkeiten geboren. Der Teufel steckt im Detail. Eine verdorbene Generation verdirbt die Nächste!

Naja, es *„steckt halt drin"*. Eine bequeme und praktische Denkweise…

Wie oft denke ich heut zu Tage in stillen Momenten noch immer über meine eigene Gegenwart nach. Wie oft lasse ich die Vergangenheit in ruhigen Augenblicken Revue passieren. Wie oft geht mir durch den Kopf, welchen beruflichen Weg ich vielleicht hätte einschlagen können, was für ein Einkommen ich eventuell heute hätte, in welchem anderen sozialen Umfeld ich vielleicht heute leben würde - wenn du ein weit mütterlicheres, liberaleres Denken gehabt und mich ermuntert und gelobt hättest, an Statt immer nur Druck, Zwang und Abwertung auszuüben und mir permanent deinen persönlichen Willen aufzupfropfen. Vielleicht hätte ich an Stelle der Hauptschule ja die Realschule oder sogar das Gymnasium besucht. Das Zeug dazu hatte ich. Meine damalige Klassenlehrerin hat es dir selbst bestätigt.

Mehrmals wurde ich zu einem späteren Zeitpunkt von unabhängigen Stellen getestet. Mein IQ liegt konstant bei 110. Leichter Überdurchschnitt. Du jedoch sprachst mir - *und zwar scheinbar völlig beabsichtigt!* - jegliche Intelligenz ab. Ich war und bin in deinen Augen anscheinend heute noch das ewig naive, dumme Döspaddelchen, das sich permanent ausnehmen lässt wie eine Weihnachtsgans!

Du hast offenbar ganz bewusst darauf hin gearbeitet, scheinst es dir ja regelrecht zu wünschen! Der Mensch, der ein Kind erzieht, prägt es gleichzeitig für sein ganzes Leben. Ich lernte lediglich, von dir verstoßen und aufgegeben zu werden. Darauf war wirklich absoluter Verlass…

Viele Jahre lang war Julian dein erklärter Liebling. Während ich frühzeitig zu rebellieren begann, nahm er Bevormundungen kritiklos hin und tanzte ganz nach deiner persönlichen Pfeife. So lange er es tat, war offenbar Alles im Lot. Ob er mit dieser Situation glücklich war, stand auf einem ganz anderen Blatt. Selbst er handelte praktisch permanent entgegen seiner eigenen Natur und gegen seine persönliche Überzeugung, einzig von dem innigen Wunsch nach mütterlicher Anerkennung getrieben. Jedenfalls stand Julian *„auf deiner Seite"*. Er war ja stets ein *„pflegeleichter"*, liebenswerter Junge. Niemals jedoch hast du dich gefragt, was er dabei empfand, ständig nach deinen Vorstellungen *„funktionie-*

ren" zu müssen, um sich ein wenig Anerkennung zu erkaufen. *Er war dein „lieber, braver" Junge!* Das war Alles, was zählte. Deine Gefühle für deinen Sohn änderten sich jedoch schlagartig, als er irgendwann begann, seine eigenen Ansichten zu entwickeln und seinen selbstbestimmten Kurs anzusteuern. Er segelte nun nicht mehr unter deiner Flagge in deinen persönlichen Hoheitsgewässern, sondern nahm eine Partnerin nach seinen eigenen Vorstellungen und zog von Daheim aus. Julian *„klammerte"* nicht mehr! Du verlorst die Kontrolle über deinen einzigen noch lebenden Sohn. Deine Liebe wurde zu purer Ablehnung und Julian begriff - *eben so wie ich* - was er wirklich an dir hatte...

Damals habe ich mich nach einer wahren Mutter gesehnt. Dieses Urvertrauen jedoch konnte niemals aufgebaut werden. *Wie sollte ich dir auch vertrauen?* Nicht ein Mal mein Tagebuch war dir heilig. Selbst da schriebst du nach dem Herumschnüffeln noch deine *„Randkommentare"* hinein...

Heute, nach all meinen Erfahrungen der Vergangenheit, sehe ich es mit anderen Augen. Vermissen kann man nur das, was man kennengelernt hat. Ich lernte es nie kennen. Gerade weil es so ist, vermisse ich dich nicht. Ich bin mittlerweile ein erwachsener, rational und logisch denkender Mensch, kenne die Grenze zwischen Phantasie und Wirklichkeit sehr genau. Die Wirklichkeit zeigte sich deutlich grausamer, als ich es mir jemals in den schlimmsten Albträumen hätte vorstellen können!

Geträumt hatte ich von einer wahren Mutter. Dieser Traum zerplatzte. Eben so für Julian, der irgendwann auch nicht mehr länger als kleiner Underdog dastehen wollte und ebenfalls seine Konsequenzen zog. Gerade, weil du dir dein Leben aus einem Gespinst aus Ausreden, Intrigen und Halbwahrheiten aufbaust.

Eines ist klar: Du hättest niemals eine Familie gründen dürfen. Doch du wirst es niemals einsehen…

Damals, in meinen jungen Jahren, hätte ich deine Hilfe, deinen Beistand und dein mütterliches Feingefühl mehr denn je gebraucht. Dieses wertvolle Gut hast du mir verweigert und mich zurück gestoßen und aufgegeben. Statt aufmunternder Liebe gab es löffelweise *„Nervacit"*. Emotionen lagen weit auf Halde. Ich war lediglich dein Blitzableiter. Nonstop hast du mich in eine ganz bestimmte Schablone gepresst. *In das Klischee des auf alle Ewigkeit total unfähigen Dummerchens!*

Auf das reelle Leben dort Draußen hattest du mich gar nicht erst vorbereitet. Noch in der Pubertät spielte ich mit Puppen und kannte praktisch sämtliche Heintje-Jammer-Schinken auswendig. Ich wusste, dass man den Muttertag nicht vergessen durfte und höflich-distanziert zu den Anverwandten zu sein hat. Sehr schön. Gewisse Tugenden im Leben haben schließlich noch Niemandem geschadet.

Doch was war mit vernünftiger Haushaltsführung? Mit Handarbeit? Mit Kochen, Backen, Braten? *Dem Ausfüllen von Formularen, dem Umgang mit Behörden?* Alles, was der Vorlauf auf ein späteres, eigenständiges Leben gewesen wäre, hast du mir unentwegt und rigoros abgenommen - *um mich dann mit deinem Verhalten praktisch völlig unvorbereitet aus der Höhle zu jagen!*

Du gabst mir weder Wurzeln noch Flügel mit auf meinen Weg, wolltest nur stets Alles unter deiner persönlichen Kontrolle haben. Wahre Mutterliebe konntest du auf die Dauer einfach nicht zeigen. Zeitweise warst du wirklich heiter, liebevoll und ganz anders, doch so bald es brenzlig wurde, schwenktest du abrupt um, schobst die Probleme stets systematisch an andere Personen ab, sei es an Lehrerinnen gewesen, Kinderheimtanten, Sozialarbeiterinnen, Pastore, Katechetinnen oder an unseren Vater. Das erschien dir offensichtlich deutlich praktischer. So brauchtest du dich mit den Problemen nicht mehr selbst zu befassen. Mögliche Scherereien wolltest du dir tunlichst ersparen. Doch trotz Allem betontest du immer wieder, wie sehr du dich angeblich aufgeopfert hast.

Immer wieder auf′s Neue hast du mich verbal als Mauerblümchen gebrandmarkt und abgetan…

Es gab immer wieder diese periodischen Schübe. Immer wieder haben wir uns erneut aneinander aufgerieben. Mein eigenes, ständiges Fehlverhalten war praktisch nur eine normale Reaktion auf ein ganz und gar nicht normales Familienklima. Gerade dieses Fehlverhalten meinerseits löste bei dir aber nicht etwa ein Umdenken aus, sondern nur weitere Zermürbung, die du mich auf deine Weise mit noch mehr Liebesentzug spüren ließest und auf den ich meinerseits mit erneutem Fehlverhalten reagierte. Ich wurde zum *„Trouble-shooter“*. Das regelmäßige, spätabendliche, lautstarke elterliche Geplärre zwischen dir und Paps machte die Sache nicht auch noch wirklich besser...

Ein Ende der Spirale war nicht abzusehen. Wir waren Beide nervlich völlig erledigt. Du wolltest nicht mehr, ich konnte nicht mehr. Es trieb mich letztendlich völlig verfrüht und unfertig aus dem Haus!

Und es war nur die Spitze des Eisberges…

Auf meiner späteren Suche nach Liebe und Geborgenheit geriet ich in etliche gefährliche Fahrwasser, kam immer wieder aus der Spur und wusste weder ein noch aus. Mehr als ein Mal stand ich auf der Straße - *quasi barfuß bis zum Hals!* - und durfte selbst schauen, wie ich alleine zu Rande kam!

Du scheinst einfach aus irgend einem Grunde nicht fähig oder nicht bereit, dein eigenes Fehlverhalten zu überdenken, setzt dir statt dessen lieber die Scheuklappen auf, damit du die Wahrheit niemals siehst. Das ist der bequeme Weg. Ich weiß noch nicht ein Mal, ob du es unbewusst oder mit voller Absicht tust. Die Hauptsache war, es ging Alles einzig nach deiner Mütze. Doch das Leben ist nun ein Mal kein Wunschkonzert. Das war es in der Tat auch für mich nicht. Viele Dinge, die mir im Laufe meines Lebens zugestoßen sind und denen du mich letztendlich ausgesetzt hast, wären wohl andernfalls aller Wahrscheinlichkeit nach nicht geschehen.

Du hast den Lauf der Dinge durch dein Verhalten geradezu befördert. Auf der Suche nach Verständnis und Geborgenheit zog ich gerade diese Art Männer buchstäblich an wie ein frischer, warmer Dunghaufen die Fliegenschwärme! Ich selbst sah anfangs die drohende Gefahr nicht, weil ich sie nicht erkannte - *und ich erkannte die Gefahr nicht, weil ich nicht darauf vorbereitet war...*

Glaubst du etwa ernsthaft, ich wäre immer wieder gerne und freiwillig derartig auf die Nase gefallen? Alles, was geschah, geschah zwangsläufig. Deine ablehnende Haltung mir gegenüber hatte mich für dieses Elendsdasein systematisch reif gemacht. Alle Sinne für eine liebevolle, gleichberechtigte Beziehung waren in mir abgestorben. *Es musste so kommen!*

Glaubst du wirklich ernsthaft, ich hätte von einem solchen Dasein, wie es sich in meiner Vergangenheit abspielte, geträumt? Glaubst du, dass es genau das war, was ich anstrebte? Durchgeprügelt und besudelt zu werden? Auf der kalten, zugigen Straße mit Tunnelblick und knurrendem Magen an einer grauen Häuserwand zu stehen, nicht wissend, mit welchem unbekannten Mann ich vielleicht zwanzig Minuten später in der Kiste landen würde? Mich abgrundtief vor diesen brünstigen Freiern zu ekeln und gleichzeitig Tag für Tag auf's Neue zu hoffen, dass mich eben ein solch brünstiger Freier anspricht, weil es mir ein wenig Geld einbringt? Keinen Schimmer zu haben ob ich am Abend hungrig oder satt zu Bett gehen würde? Nicht die blasseste Ahnung zu haben, wie ich den kommenden Tag überstehen würde - *aber dabei ganz klar begreifend, dass ich Daheim absolut unerwünscht bin?*

Du hattest in deinem gesamten Leben lediglich einen einzigen Mann und fandest es schon weit mehr als eklig. *Was bitte soll ich denn erst sagen?*

Eines kannst du mir getrost glauben: Es gab durchaus Situationen in meinem damals noch sehr jungen Leben, in denen ich, hätte man es mir angeboten, sogar Satan persönlich in die Unterwelt gefolgt wäre - *und das aus absolut freien Stücken!* Die Hölle hätte gegen das, was mir bereits hier auf Erden widerfahren war, keinesfalls schlimmer sein können. Im Gegenteil, eher hätte ich sie wahrscheinlich sogar noch als Befreiung gesehen!

Bei diesen Mannsvölkern, mit denen ich dann im Laufe der Jahre noch überreichlich Bekanntschaft machte, hätte ich den Teufel allerdings von Vorne herein gar nicht mehr großartig bemühen brauchen!

Du willst wirklich wissen, was häusliche Gewalt ist? Ich kann dir ein langes Lied davon singen…

Dein Mangel an Gefühl, deine ständige verbale Geringschätzung und Abwertung, hatte mich diesen Männern, denen ich mich auslieferte, um Halt zu finden, im Grunde nur in die Arme getrieben. Ich wurde zur regelrecht perfekten Zielscheibe. Es war praktisch schon vorprogrammiert. Stocknaiv war ich, dank deiner dogmatischen, verknöcherten Erziehungsansichten. Diese geilen, verkommenen Schluckspechte, die in der Nasenbleiche mit Sicherheit besser verwahrt gewesen wären, brauchten das unscheinbare, stille Mauerblümchen, das dumme Puttchen, buchstäblich nur noch aufzugabeln und konnten - *je nach Bedarf* - entweder in aller Gemütsruhe ihre *„Rohre verlegen“* oder aber hemmungslos auf mich eindreschen und meine eigene, anerzogene Unsicherheit und Naivität ganz zu ihren individuellen Vorteilen ausnutzen. Diese Beziehungen, die allesamt ausschließlich aus Wasser, Sand und Kacke aufgebaut waren. Ein unbändiger Ekel ergriff von mir Besitz. Das war keine Liebe. Das war pures Vernaschen. Diese Mistkerle hatten sich reihum an mir bedient. Ein Eldorado für sexuell überstimulierte, hirnlose Zecher, die den Körper eines sensiblen, blutjungen Mädels benutzten wie einen lebenden Flipperautomaten! *Nämlich ausschließlich zum Fummeln, Grabschen und Stoßen!* Ich hatte ihnen jederzeit gegeben, wonach sie verlangten - sie dagegen gaben mir *(außer Betrug und Gewalt!)* nicht das Geringste zurück! Und ein Zuhause hatte ich ja nicht mehr. Ende der Fahnenstange!

Der 15. Januar 1981 - *das war für dich der magische Stichtag!* Von meinem vollendeten achtzehnten Lebensjahr an sahst du dich nun plötzlich restlos aus jeglicher mütterlicher Verantwortung befreit! Mehr als ein Mal stand ich ängstlich, traumatisiert und verstört auf der Straße und wusste nicht, wohin. Ja, in deinem Schatten war ich schwach…

Heute dagegen komme ich sehr gut alleine zurecht. Erlernt habe ich all die Dinge, die im Leben nötig sind, ohne deine Hilfe, nämlich, in dem ich notgedrungen - *plopp: quasi von Jetzt auf Gleich!* - alleine gezwungen war, mich durchs Leben zu kämpfen - *und dank wildfremder Menschen, die mir in den entscheidenden Momenten zur Seite standen und mir auf meinem weiteren Weg wertvolle, hilfreiche Unterstützung zukommen ließen!*

Mittlerweile habe ich es geschafft. Ich lebe mein eigenständiges Leben! Dir gegenüber brauche ich gar Nichts zu beweisen - *nur mir selbst!*

Was mich weit mehr als verwundert, ist, dass du dich an sehr viele Vorkommnisse der Vergangenheit angeblich einfach nicht mehr erinnern willst. Und das, wo du doch scheinbar - *zu Mindest deinen eigenen Worten nach* - über ein so sagenhaft ausgeprägtes fotografisches Gedächtnis verfügst. Du willst dich, wie du selbst mehrmals betontest, sogar an bestimmte Ereignisse erinnern, die sich zutrugen, als du gerade ein Mal zwei Jahre alt warst. Also, das schafft ja wohl kein durchschnittlicher Mensch.

Höchstens ein Super-Genie oder ein Hochleistungs-Computer!

Bei Angelegenheiten dagegen, die du selbst vermurkst hast, versagt dein *„fotografisches Gedächtnis"* dann allerdings…

Nein, ich gebe in meinen beiden Büchern deine wahre Identität nicht preis. Niemand wird mit dem Finger auf dich zeigen. Auf Niemanden von uns. Darüber habe ich mir während des Schreibens bereits sehr reifliche Gedanken gemacht und entsprechende Namens- und Berufsabänderungen so wie Ortsabkürzungen vorgenommen. Ich mache mich darüber hinaus selbst nicht mehr erpressbar.

Des Gleichen nahm ich zusätzlich noch einige Veränderungen vor, die nur Julian, Susanne, Heinrich und mir alleine bekannt sind. Keiner der Beteiligten, die in meinen Büchern vorkommen, soll entlarvt und diffamiert werden. Derart tief will und werde ich nicht sinken. Niemand soll dich auf Grund meiner Bücher erkennen und ausgrenzen. Du grenzt dich bereits mit deinem Verhalten und der Wirkung deiner Worte auf deine Mitmenschen selbst mehr als genug aus...

Auch werde ich dir nicht den Rat geben, dir entsprechende Hilfe einzuholen. Jede Diskussion zu diesem Thema wäre sinnlos. Selbst Paps riet es dir bereits mehrmals an, denn du hast ein ernsthaftes, emotionales Problem. Es wurde so nach und nach im Laufe der Jahrzehnte immer extremer. Deine wahren, inneren Gefühle sind, eben so wie du selbst, nicht einzuschätzen. *Warum redest und handelst du zeitweise, wie du eben zeitweise redest und handelst?*

Warum bist du mit Paps die Ehe eingegangen, wenn er doch angeblich von Vorne herein so ganz und gar nicht deinen persönlichen Erwartungen entsprach?

Warum erwartest du ständig Unterstützung und willst zeitgleich aber deine absolute Ruhe haben?

Warum hast du so eine extreme Abneigung gegen eine mögliche, unmittelbare Nachbarschaft? *Was hast du gegen Menschen, die du ja doch überhaupt noch gar nicht kennst?* Warum meidest du Gesellschaft wie die Pest, vergräbst dich lieber wie ein Maulwurf in den eigenen vier Wänden?

Warum ist jede ältere Mitpatientin, mit der du dir während deiner Klinikaufenthalte ein Zimmer teilst, immer gleich *„dement"* und *„blöde"* oder leidet sogar an Alzheimer? Hast du die entsprechenden medizinischen oder psychiatrischen Fachkenntnisse, um bereits innerhalb weniger Minuten nach dem Kennenlernen den Geisteszustand deiner jeweiligen, praktisch noch wildfremden Zimmergenossin beurteilen und eine gezielte Alzheimer-Diagnose stellen zu können? Mit welcher Berechtigung stellst du derartige Behauptungen in den Raum?

Wieso verfällst du auf den völlig absurden Gedanken, ein Hospiz könne seine todkranken, austherapierten Bewohner möglicherweise *„einschläfern"*? Was sind das für krause Ideen? Wie kommst du darauf, man könne bei Paps´ Ableben - *eventuell* - ja sogar ein Wenig *„nachgeholfen"* haben?

Warum wechselst du innerhalb weniger Stunden so abrupt deine Launen? Warum hockst du an manchen Tagen Stunden lang grübelnd im Halbdunkeln? Warum beschäftigst du dich so außergewöhnlich gruselig-intensiv mit dem Thema Tod?

Warum ist es dir so dermaßen egal, ob du deine Mitmenschen provozierst und kränkst? Warum dieser gnadenlose Shitstorm? Warum überhaupt provozierst und kränkst du deine Mitmenschen pausenlos? Warum bist du moralisch so abgestumpft?

Warum kämpfst du so massiv gegen die eigene Familie an? Was für ein entfesselter Hass treibt dich dazu? Was veranlasst dich fortwährend zu bestimmten negativen Äußerungen und diesen tief unter die Gürtellinie gehenden, verbalen Seitenhieben? Welcher Beelzebub reitet dich da?

Du gibst dir nicht die geringste Blöße, bist nach Außen hin stets höflich und eisern beherrscht. Als hättest du zwei Persönlichkeiten. Es ist fast schon wie *„Twilight Zone"*…

Eben so extrem ist deine ständige Sucht, Alles und Jeden komplett unter deine bestimmende Fuchtel zu zwingen. Du willst über sämtliche Bereiche unseres Lebens bestimmen können, uns am Liebsten unsere eigene Entscheidungsfreiheit restlos absprechen. Julian zum Beispiel hast du gesagt, für den *(zum Glück sehr, sehr unwahrscheinlichen) Fall*, dass entweder er oder aber ich *(beispielsweise durch Unfall oder Krankheit)* vor dir sterben würde, du - *wenn du zu entscheiden hättest* - mit Sicherheit einen katholischen Priester zur Beisetzung heran ziehen würdest. Und das, trotzdem du sehr genau weißt, dass wir Beide schon vor knapp drei

Jahrzehnten aus der katholischen Kirche ausgetreten sind. Julian und ich sind nun ein Mal definitiv nicht vom Christentum überzeugt. Deine Glaubenseinstellung ist halt nicht unsere Glaubenseinstellung. Das solltest du regulär auch akzeptieren können. Schließlich herrscht hier zu Lande Religionsfreiheit. Julian und ich sind mündige, erwachsene Menschen, die selbst entscheiden können, ob irgendwann zur eigenen Beisetzung ein Priester anwesend sein sollte oder nicht. Du aber kannst - *aus welchem Grund auch immer* - einfach nicht akzeptieren, dass wir über die Belange unseres Lebens und unserer Glaubensansichten *(eben so wie über unsere jeweiligen späteren Beisetzungsrituale)* eigene Entscheidungen treffen und du eventuell nicht gefragt würdest. Klipp und klar sagtest du Julian ins Gesicht, dass, falls du auch nur Einen von uns Beiden überleben würdest und die Entscheidung bei dir läge, mit absoluter Sicherheit ein katholischer Priester bei der Beisetzung anwesend wäre!

Meinst du das allen Ernstes - *oder triezt du auch in diesem Falle einfach nur gerne?* Wir wissen es nicht...

Was für Schoten gingen dir da durch den Kopf? Julian und auch ich erfreuen uns eines blühenden Lebens - *und du machst dir bereits Gedanken, dass wir ja immerhin vor dir abtreten könnten!*

Auch sprachst du mit Julian bereits vor Jahren über ein von dir ursprünglich geplantes Vierer-Urnengrab. Als er fragte, für wen denn die beiden anderen Ruheplätze gedacht seien, meintest du, für uns Beide. Du wolltest im Tode möglichst die Familie zusammen haben. Wieder ein Mal hattest du also sehr intensiv das Thema *„Tod“* drauf.

Julian erwiederte, er selbst wolle liebend gerne eine gemeinsame Grabstelle mit Susanne haben. *Was mich betreffe:* Ich sei ja schließlich mit Heinrich verheiratet und wolle mit Sicherheit irgendwann nach meinem späteren Ableben auch an der Seite meines Ehemannes ruhen. Auf Julians Bemerkung winktest du nur ab und meintest lapidar, Susanne und Heinrich gehörten ja schließlich nicht zur *„Blutslinie“* und würden somit ohnehin nicht zählen...

Wieso bitte zählen Ehe- und Lebenspartner nicht? *Was Paps angeht:* Mit dir war er ja auch nicht blutsverwandt und doch willst du irgendwann im Tode an seiner Seite sein. Schließlich hast du dich nach seinem Ableben für eine Zweier-Urnenstelle entschieden. Es ist also wohl davon auszugehen, dass du deine Ablehnung und deine Geringschätzung so wohl

Susanne als auch Heinrich gegenüber einfach mit deinen Äußerungen deutlich zum Ausdruck bringen wolltest!

In deinen Augen zählen die Beiden halt nicht - eben, weil sie deinen Kindern offensichtlich zu gut tun...

Du wolltest die Familie im Tode möglichst vereint haben, so sagtest du. Im Leben allerdings sind *(und waren)* wir dir dagegen ganz offensichtlich ständig im Wege. Warum sollte der Tod eine Familie vereinen - *wenn selbst das Leben es nicht ein Mal schaffte?* Warum machst du dir nun plötzlich so intensiv über solche morbiden Themen Gedanken? Du jagtest uns im Leben, weil du die Faxen dicke hattest, als zwei *„Trouble-shooter"* aus dem Haus - *und denkst gleichzeitig aber bereits über eine gemeinsame Familien-Grabstelle nach, weil du plötzlich im Tode mit uns die Ewigkeit verbringen willst!*

Hasst du das Leben so sehr? Man könnte fast meinen, du könntest ausschließlich für Verstorbene Liebe empfinden. Wirklich, deine pathologischen Gedankengänge sind schon weit mehr als gruselig und mit Sicherheit nicht mehr als normal zu bezeichnen...

Ja, du brauchst in der Tat Hilfe. Moralische Abstumpfung nimmt einem Menschen ganz klar die Verantwortung für sein persönliches Handeln. Ich kenne jedoch deine Einstellung nur zu gut und weiß, wie es ist. Konfrontiert man dich mit einigen Tatsachen, gilt es ja schon beinahe als Majestätsbeleidigung. Du erkennst lediglich die Probleme und die kleinen, oft harmlosen und liebenswerten Schrullen und Macken Anderer und würdest meine *(so wie auch Julians und Heinrichs)* Worte ohnehin in den Wind schlagen. Was dich selbst betrifft, weist du weit von dir…

Du erwartest Unterstützung von deinen Kindern und bist gleichzeitig weit mehr als gehässig denunzierend – *damit wir aber auch möglichst schnell wieder verschwinden und du deine Ruhe hast!* Deine verbalen Geringschätzungen, Seitenhiebe und bissigen Bemerkungen sind weit mehr als harmlose Schildbürgerstreiche. Du versuchst, die Clanmitglieder regelrecht gegeneinander an die Wand zu spielen, so fern sie dir nicht völlig nach dem Mund reden. Ständig überhäuftest du uns mit Schuldzuweisungen für deine eigenen Fehler der Vergangenheit. Zu guter Letzt versuchtest du ja sogar noch ein Mal, mich gegen Heinrich aufzubringen. Traust du mir wirklich so wenig eigenes Urteilsvermögen zu, dass ich einem Menschen, der - *im krassen Gegensatz zu dir!* - immer treu zu mir stand, zu deinen Gunsten den Rücken zukehre, um mich weiterhin von dir demütigen zu lassen?

Es ist schlimm genug, dass mir solcher Art Demütigungen in weit mehr als ausreichendem Maße bei Fremden begegnet sind. Sie kamen, sie nahmen - *sie traten mich in den Arsch! Skål!*

Ich bin durch die Hölle gegangen, wurde geprügelt, vergewaltigt, bedroht, verfolgt und geschröpft. Doch was juckte es dich? Ich war ja immerhin Achtzehn. *Du warst mich endlich los*!

Tief in meinem Inneren aber war ich zu diesem Zeitpunkt noch ein Kind. Deine klirrende Gleichgültigkeit hat letztendlich mein Leben nachhaltig ruiniert. Du jedoch erkanntest niemals die Wirklichkeit, sagtest nur, es sei ja auch schließlich nicht unbedingt nötig gewesen dass ich immer wieder zu diesen Haudegen gezogen bin. *Womit du vollkommen Recht hast, denn das wäre es wahrhaftig nicht!*

Alleine die Tatsache, dass es ja Paps war, der die Nachkommen haben wollte, enthob dich in deiner Eigenschaft als Mutter schließlich keinesfalls fast komplett der emotionalen Verantwortung!

Doch deine Türe war zu. Was also sollte ich tun? Augen zu und durch. Etwas Anderes blieb nicht. Du nahmst mich nicht mehr in den Schoß der Familie auf. Schließlich war ich ja immerhin Achtzehn…

Dein Motto ist: Wahre peinlichst deine Grenzen - oder trag´ die Konsequenzen!

Ja, ich habe mich in der Vergangenheit viel zu oft anflachsen, ausnutzen, schröpfen und verheizen lassen. Noch weit abstruser aber ist, wenn die eigene Mutter in genau die gleiche Kerbe schlägt wie eine außenstehende Person. Selbst auf deinem Sohn hacktest du herum, versuchtest, seine heile Beziehung zu zerstören. Das werden Julian und ich uns mit Sicherheit in diesem Leben nicht mehr antun…

Eines will ich dir ganz klar sagen: Ich hasse dich nicht. Ich hasse deinen chronischen Mangel an Sensibilität und dein eiskaltes Unverständnis. Ich empfinde aber auch keine Liebe für dich. Du selbst musst letztendlich entscheiden, wie es in deinem persönlichen Leben weiter geht. Diese Entscheidung kann dir Niemand abnehmen. Sie liegt ausschließlich bei dir.

Du bist geprägt durch deine eigene Vergangenheit, gefangen im damaligen, papistischen, starren, elterlichen Kontroll- und Erziehungssystem, dem auch du leider untergeordnet warst. Du hättest als junge Erwachsene dagegen ankämpfen können. Entsprechende Optionen gab es schließlich auch bereits zur damaligen Zeit.

Auch heute noch könntest du Etwas tun. Wenn du statt dessen allerdings weiterhin in Zorn, Depression und selbst geschaffener Isolation versinken möchtest, gut. Mache aber Julian und mich nicht für deine persönlichen Entscheidungen verantwortlich. Wie du dein eigenes, weiteres Schicksal gestaltest, liegt nun ganz alleine bei dir…

In diesem Leben werden wir uns nicht mehr wieder sehen. *Eines jedoch gebe ich dir noch mit:* Ich weiß, dass meine Worte ganz bestimmt einer Tochter nicht rühmlich sind. Ich bin auch weiß der Kuckuck nicht stolz darauf. Unter normalen Umständen wären diese Worte auch niemals gefallen. Mir wäre es selbst tausendmal lieber gewesen, wir hätten ein ganz anderes Verhältnis zueinander entwickelt. Ein wahres Mutter-Tochter-Verhältnis. Und zwar von Anfang an. Wenn ich dir nur tief in deinem Herzen jemals wirklich Etwas bedeutet hätte…

Nein, eine Bilderbuchfamilie waren wir wahrhaftig nicht! Hätten Julian und ich auf emotionaler Ebene das gehabt, was wir auf materieller Ebene hatten, wären wir wahrhaft glückliche Kinder gewesen. Es hat nicht sollen sein. Wir fanden einfach keinen Zugang zueinander. Nichts konnte unsere Gedanken und Gefühle je miteinander in Einklang bringen. *Wonach auch immer du suchtest:* ich hoffe, du hast gefunden, was du wolltest.

Du hast dich gegen deine Familie entschieden. An dem Abend, an dem du mir sagtest, auf mich könne Niemand stolz sein, hast du mich zum definitiv letzten Male in diesem Leben gedemütigt. Nun bist du mich endgültig los. Ich bin kein Mensch, der sich allein nur durch die Tatsache, dass die Mutter ihn einst geboren hat, lebenslänglich dazu verdonnern lässt, permanent Dinge zu tun, die ihm absolut widerstreben und der aus reiner Verpflichtung immer weiter gegen seine eigene Natur handelt. Wir brauchen Nichts mehr in endloser Zermürbung durchzukauen. Zwischen uns gibt es definitiv Nichts mehr zu sagen. Jeder normalsterbliche Mensch weiß, wo seine moralischen Grenzen liegen. Du dagegen weißt es anscheinend nicht…

Deinen Sohn hast du im Laufe von zwanzig Jahren bereits drei Mal mit deiner zwanghaften Kontrollsucht und deinem permanenten Gestichel erfolgreich aus dem Haus getrieben. Mich immerhin schon zum zweiten Male. *Auf ein drittes Mal lasse ich es nicht mehr ankommen!*

Für ein dauerhaft harmonisches und glückliches Familienleben bist du einfach nicht geschaffen. Paps wollte lediglich seinen Frieden. Niemals jedoch werde aber ich für ein wenig Waffenruhe den Kopf in den Sand stecken, wie er es tat. Ich bin autonom und gehe nun meinen eigenen Weg! *Niemals mehr in meinem ganzen Leben werde ich schwach und wertlos sein!*

Bleibe du in deiner Welt und lasse uns auch weiterhin in der Unsrigen…

Deine Tochter

Heinrich

Wer mein erstes Buch gelesen hat, weiß, dass Heinrich, mein Mann, einige chronische Erkrankungen hat. Er leidet an COPD *(einer Lungenerkrankung)*, am Katarakt *(grauer Star)*, offene Beine, einer leichten Gehbehinderung und hat eine Diabetes, die zum Glück noch keine Insulingaben erfordert. Mehrmals war er auch bereits im Laufe der Jahre in der Klinik. Mal war es eine Lungenentzündung, mal hatte er sich bei einem Sturz auf Glatteis den Oberschenkelhals gebrochen, mal sollte er am Katarakt operiert werden. Der Eingriff konnte allerdings nicht durchgeführt werden, da Heinrich plötzlich im Operationsraum auf Grund seiner COPD Atemnot bekam. Er kann nicht ganz flach liegen. Dann musste er sich im April des vergangenen Jahres, kurz nach seinem Sturz auf der Treppe, ins Krankenhaus einliefern lassen. Das Schultergelenk war, selbst nach gründlicher manueller Untersuchung und laut Meinung seiner Hausärztin, bei dem Unfall anscheinend nur kurzzeitig aus der Gelenkpfanne gesprungen. Heinrich konnte auch die Finger noch bewegen. Die Schulter schien nicht das Problem zu sein. Eingeliefert wurde er aus einem anderen Grund - *nämlich seiner COPD wegen!* Wenige Tage nach dem Treppensturz verlor er plötzlich vollkommen unvermutet jegliche Orientierung und brach spätabends im Wohnzimmer unzusammenhängend lallend, am ganzen Leibe zitternd, aschfahl und schweißüberströmt zusammen, wusste nicht ein Mal, in welchem Raum er sich befand. *Er war einfach umgekippt!* Der Sessel war deutlich verschoben. Heinrichs Lippen waren blau wie Enteneier. Er konnte Nichts mehr sehen. Sein Gesicht war steingrau. Mein erster Gedanke war: *Hat er seine Medikamente eingenommen? Wie ist die Flüssigkeitsversorgung? Hat er ausreichend getrunken?*

Das passierte im Laufe der letzten Jahre nicht zum ersten Male und ich bin glücklicherweise mittlerweile darauf vorbereitet. Die Symptome sind mir bekannt. Es kommt plötzlich und wie aus heiterem Himmel. Ich verständigte sofort die Ambulanz, packte in Windeseile die Reisetasche und begleitete Heinrich mit dem Rettungswagen in die Klinik!

Es war der Karsamstag; das Klinikpersonal arbeitete nur mit halber Besetzung. In der Unfallaufnahme wurde unter Anderem der Thorax geröntgt, um ein Gesamtbild vom Zustand der Lunge darzustellen. Natürlich hatte sich der Unfallarzt in diesem Moment auch ausschließlich auf die Lunge konzentriert. Die Blutuntersuchung ergab einen deutlich zu niedrigen Sauerstoffgehalt. *Na toll - das hätte auch die Hausärztin schon erkennen müssen!* Nachdem vier Stunden vergangen und sämtliche Untersuchungen endlich abgeschlossen waren, hatte sich heraus gestellt, dass Heinrich eine andere Medikamenteneinstellung benötigte, da die gewohnte Dosis zu niedrig war. Zusätzlich bekam er noch eine Sauerstoffzufuhr über einen kleinen Nasenschlauch. Wir hatten den plötzlichen Zusammenbruch und die Orientierungslosigkeit ursprünglich mit der gerade zu dieser Zeit herrschenden hohen Luftfeuchtigkeit und der extremen Schwüle in Verbindung gebracht.

Heinrich wurde für zehn Tage stationär aufgenommen und die Medikamentendosis neu eingestellt. Sein Zustand besserte sich auch rasch. Am Dienstag nach Ostern nahmen sich die Chirurgen Heinrichs Krankenakte noch ein Mal genau vor - *und jetzt fiel ihnen plötzlich Etwas auf:* Es stellte sich an Hand des Röntgenbildes heraus, dass die rechte Schulter nicht nur kurzzeitig ausgekugelt, sondern tatsächlich gebrochen war!

„Flügellahm“, wie Heinrich es scherzhaft nannte. *Er konnte über seinen Zustand sogar noch Witze reißen!*

Es ist durchaus nicht ganz unwahrscheinlich, dass die Fraktur der Schulter erst durch den Sturz im Wohnzimmer zu Stande kam. Ein heftiger, unglücklicher Aufprall gegen den Sessel oder auf den Teppich dürfte schon gereicht haben!

Der Arm wurde während des stationären Aufenthalts absolut ruhig gestellt. Ich kam täglich in die Klinik und wusch meinen Mann. Nach zehn Tagen Aufenthalt durfte Heinrich wieder nach Hause. Ich holte ihn mit dem Taxi ab. Mein Gatte feixte und witzelte weiter. Mir dagegen vergingen die Witze gründlich. Nun kamen jede Menge weitere, zusätzliche Verpflichtungen auf mich zu. Ich hatte nun plötzlich ein großes, aber völlig unselbstständiges Kind daheim. Das ist praktisch ein Vierundzwanzig-Stunden-Job. Ich war regelrecht schachmatt. Mein *„flügellahmer“* Gatte hielt mich gehörig auf Trab - *frage nicht nach Sonnenschein! Das Sieben-Tage-Rennen!* An manchen Abenden war ich im wahrsten Sinne des Wortes *„fix und foxi“*. Mehrere Wochen lang musste ich nun neben dem gesamten Haushalt Heinrich mit schöner Regelmäßigkeit das Haar waschen, ihm in die Wanne helfen, ihn duschen, ihn abfrottieren, ihm wieder aus der Wanne helfen *(dabei auf seine gebrochene Schulter achten!)*, ihm die Schlinge und den Fixateur anlegen, ihm in seine Bekleidung helfen, ihn wieder aus der Bekleidung heraus pellen, ihn erneut waschen, ihm in die Jogginghose helfen, ihm seine Brote schmieren, Medikamente anreichen, Gläser und Dosen für ihn öffnen, ihm die Schulter einreiben - *und mir dabei seine Witze über seinen lahmen „Fittich" anhören!*

Als mein Gatte wieder auf dem Deich war, war ich fast reif für die Insel…

Apropos Gewalt gegen Frauen: Als ich Heinrich ins Krankenhaus begleitete und in der Anmeldung warten musste, kam eine Muslimin in mittlerem Alter in Begleitung einer zweiten Frau *(einer Freundin, einer Verwandten?)* herein gehumpelt. Sie meldete sich am Empfang und teilte der Schwester mit, sie habe fürchterliche Kopfschmerzen, die bis in Hals und Schulter ausstrahlten. Sie könne sich kaum bewegen. Als die Schwester fragte, was geschehen sei, teilte die Frau ihr mit, sie und ihr Mann seien in einen heftigen Streit geraten. Plötzlich habe sie das Knie ihres Mannes im Gesicht gehabt. *Meine Hacke*, schoss mir durch den Kopf, *was hat das Knie des Mannes bitte im Gesicht der Frau zu suchen?*

Die Frau sagte der Schwester, ihr Mann habe sie im Jähzorn an den Haaren gepackt, ihren Kopf nach Unten gedrückt und das Knie hoch gerissen! Während des weiteren Gesprächs bekam ich mit, dass dieser Art Attacken wohl längst nicht zum ersten Male im Laufe dieser Ehe vorkamen. Ich fühlte mich unweigerlich in meine Zeit mit Hidir, meinem Ex, zurück versetzt. Schnell klinkte ich mich ein und gab der Frau den Rat, besser umgehend in ein Frauenhaus zu gehen und diese unselige Ehe schnellstens zu beenden!

Später hörte ich die Empfangsschwester einer Kollegin zutuscheln. „Ja", so hörte ich sie sagen, „denen kannst du nicht helfen. Es ist doch immer wieder das Selbe mit den Türkinnen. Die lassen sich von ihren Männern vermöbeln, kommen dann zu uns und legen die *„Endlos-Jammer-CD"* auf. So bald sie aber entsprechend zusammengeflickt, behandelt und *„fit"* gemacht sind, dann hinken sie treu und brav zurück zu ihren Männern. Bis wir sie wieder hier haben…“

Sollte das etwa eine Form der weiblichen Solidarität gewesen sein? Vielleicht, so dachte ich, wäre es sinnvoller gewesen, ausführlich mit dieser Frau zu sprechen und ihr die Telefonnummer des ansässigen Frauenhauses zukommen zu lassen, an Statt eselige Reden zu schwingen…

Heinrich hat mittlerweile das siebzigste Lebensjahr erreicht. Ich selbst bin nun auch bereits Dreiundfünfzig. Als wir uns im Oktober 1985 im Standesamt L. das Jawort gaben, war er Neunundreißig, kerngesund und fit wie ein Turnschuh. Ich war gerade ein Mal zweiundzwanzig Jahre jung, hoffnungslos romantisch und trotz meiner vorangegangenen Erfahrungen doch immer noch ziemlich naiv. Niemals wäre ich zu eben diesem Zeitpunkt auf den Gedanken verfallen, was in den nächsten Jahrzehnten noch so Alles auf mich zukommen würde. Heinrich hatte Augen wie ein Adler, war flott auf den Füßen, gerne in Gesellschaft, lustig und konnte herrlich das Tanzbein schwingen.

Heute dagegen verhält sich die Sache ganz anders. Nun ist mein Mann fast erblindet, schlurft langsam und trippelnd durch die Wohnung, ist massiv sturzgefährdet, weit weniger kontaktfreudig, oftmals recht launenhaft und einfach nur dankbar, wenn er es sich Daheim gemütlich machen und das schmerzende, eiternde Bein, das ihm bei jedem Wetterumschwung zu schaffen macht, bequem lagern kann…

Der Altersunterschied zwischen Heinrich und mir beträgt immerhin fast siebzehn Jahre. Das sollten auch die ganz jungen Frauen von Heute, die reifere Männer ja oft so anziehend finden, sehr genau bedenken. Es gibt nicht wenige Frauen von Anfang Zwanzig, die sich in einen Mann mittleren Alters verlieben und sich sogar eine Ehe vorstellen können. Gerade die reifere Generation der Männer übt oftmals auf junge Mädel einen magischen, fast unwiderstehlichen Reiz aus. Reife Männer wirken so interessant und welterfahren. Natürlich kommen in der Phase der Verliebtheit sehr romantische Vorstellungen auf. Da ist der reife Mann mit Lebenserfahrung, der sein junges Mädel beschützt. Da ist der sanfte, väterliche Typ, der Verständnis zeigt. Da ist die starke Schulter, die breite, warme Brust zum Kuscheln und Anlehnen. Und ja, der reifere Mann kann durchaus seiner noch sehr jungen Frau ein wirklich wahrer, sehr liebevoller und auch leidenschaftlicher, hingebungsvoller Gefährte sein…

Doch die Zeit bleibt nicht stehen. Irgendwann holt das Alter den Menschen unweigerlich ein. Die Interessen, die man früher mit Freuden teilte, gehen so nach und nach immer weiter auseinander. Früher war der Partner stets gut gelaunt und fröhlich, nun kommt zeitweise extremes, kauziges Meckern, Zetern und Meutern durch. Der Mann im mittleren Alter hatte seine blutjunge Frau einst mit Leichtigkeit über die Schwelle getragen; nun muss die Frau im mittleren Alter dem fast blinden Senioren mit dem Schulterbruch und den offenen, eitrigen Beinen in die Wanne helfen und ihm die Mullverbände wechseln, wenn ihm die Wundjauche aus den Waden und Knöcheln suppt. Früher hatten die leisen, sanften Atemgeräusche des Mannes die junge Frau zärtlich in den Schlaf gelullt. Wenn heute sein Stunden langes, durchdringendes, lautstarkes Schnarchkonzert, Trompeten und Sägen plötzlich abrupt aussetzt, muss sich die geplagte Ehefrau nach einer fast schlaflosen Nacht fragen, ob sie nun endlich jubilieren darf oder den Notarzt verständigen muss. Wo es ehemals liebe, zärtliche Worte waren, ist es heute zeitweise pausenloses Genörgel und Gezeter. Die Frau lernt ihren alternden, kranken Gefährten ganz neu kennen. Auch die körperliche Liebe tritt immer mehr in den Hintergrund. Während die Frau im mittleren Alter in sexueller Hinsicht erst jetzt zur vollen Reife erblüht, verwelkt die Potenz des alternden Mannes bereits. Statt leidenschaftlicher und sinnlicher Erotik beschränkt man sich auf´s zärtliche Händchen halten und sanftes Streicheln. Auch das ist ja von Seiten des älteren Mannes ein ganz klarer Liebesbeweis. Selbst diese Form der Zärtlichkeit geht im Laufe der Zeit immer mehr zurück und erlischt schließlich ganz. Bei Heinrich und mir kam es nämlich exakt so.

Mittlerweile schlafen wir auf Grund seines Schnarchens auch dauerhaft in getrennten Räumen. *Er gab mir vor vielen Jahren bereits ein Versprechen:* Falls er mir irgendwann ein Mal keine körperliche Liebe mehr geben könne, solle ich dennnoch nicht auf körperliche Zärtlichkeit und Erfüllung verzichten müssen. Heinrich steht zu seinem damaligen Versprechen. Er gesteht mir eine kleine Romanze zu. Ich weiß nicht, ob ich je ernsthaft dazu in der Lage sein könnte. Nee, auf Grund meiner Erfahrungen aus der Vergangenheit wohl kaum. Und selbst *„Romanzen"* können unter Umständen zu einem massiven Problem werden…

Früher waren es flotte Tänze, heute sind es böse Stürze. Das Ganze mag vielleicht im ersten Moment vollkommen abgedroschen und überzogen klingen, kann aber irgendwann für die deutlich jüngere Partnerin durchaus zur bitteren Realität werden. Ein Paar in so gravierenden Semestern wird nicht *„miteinander"* alt. Es ist nun ein Mal so. Doch die Liebe ist ein ewiges Nehmen und Geben. Früher war der reife Mann die Stütze für seine blutjunge Frau, nun aber gibt die reife Frau ihrem alternden Mann den Halt im Leben. Wo früher der Mann für seine junge Frau der väterliche Beschützer war, ist nun die Frau die mütterliche Stütze für ihren alternden Mann. Der natürliche Alterungsprozess des Partners kommt nicht von Heute auf Morgen; als Angehöriger wächst man mit der Zeit langsam in die Situation hinein. Aber man muss halt hinein wachsen, muss geerdet genug sein und lernen, die Tatsachen zu akzeptieren. Der Haushalt, der Einkauf, die sonstigen Besorgungen, die Wäsche, die Pflege des kranken Partners, seine durch Alter und Krankheit ständig wechselnden Stimmungsumschwünge - *der Alltag muss weiter laufen!* Und die Sorgen laufen stetig mit…

Das Leben mit einem deutlich älteren, chronisch erkrankten Ehemann ist wahrlich kein Zuckerschlecken. Ich muss praktisch jederzeit auf alle Eventualitäten vorbereitet sein. Eine gepackte Kliniktasche steht praktisch allzeit in Bereitschaft. Die Notrufliste liegt griffbereit neben dem Telefon. Manchmal habe ich wahrhaftig das Gefühl, in Hundejahren zu altern!

Mittlerweile hatte ich für Heinrich Pflege beantragt. Von Seiten des Medizinischen Dienstes kam dann auch ein ganz offensichtlich gehetzter und absolut unwilliger *„Gutachter"* herein geschneit, der, an Statt sich Heinrichs Einschränkungen zu widmen, lieber intensiv auf seinem mitgebrachten Notebook herum hackte und dabei ständig auf die Uhr schielte. Zwei, drei kurze, sehr oberflächliche Mobilitätsprüfungen - *das war's dann auch schon!* Nach einer knappen Viertelstunde *„Begutachtung"* rauschte dieser Mensch bereits wieder ab. Nur vier Tage später lag bereits das Ergebnis vor: Ja, Heinrich benötige in der Tat Pflege und Diese solle auch beibehalten werden, aber es reiche - *angeblich* - nur ganz knapp unterhalb der Pflegestufe I!

Vier Tage - *erstaunlich schnell!* In der Regel vergehen nämlich bis zu mehreren Wochen, bis das Ergebnis vorliegt...

Augenscheinlich will sich die Kasse lediglich das Pflegegeld sparen. *Und warum auch nicht?* Schließlich bin ja ich als Ehefrau Tag und Nacht präsent. Von mir wird erwartet, dass ich unentgeltlich Pflege leiste. Ich bin mir absolut sicher, dass Heinrich problemlos die Pflegestufe I erhalten hätte, würde er alleine im Haushalt leben. Mutter lebte zum Zeitpunkt ihrer eigenen Bewilligung ja auch alleine in ihrer Wohnung und - *ganz im Gegensatz zu uns!* - auch noch in einem Kurort. Ihr Gutachter war fast eine Dreiviertelstunde bei ihr, hatte sehr umfangreiche Mobilitätsprüfungen vorgenommen. Sie kam kurioserweise mit ihrem Antrag durch - *und das, trotzdem sie sogar noch ihren eigenen Wagen steuern konnte!*

Nach Heinrichs fragwürdigem, weit mehr als flotten MDK-Bescheid setzte ich mich erneut mit der Kasse in Verbindung. Man sagte mir lediglich, dass ich, falls Heinrichs Zustand sich verschlimmern würde, ja einen erneuten Antrag auf Pflege stellen könnte...

Es ist so. Auf die Kasse kannst du nicht unbedingt zählen. Ich bin halt die Ehefrau, die den Dienst aus reiner Liebe zu tun hat. Genau das wird erwartet. Die Tatsache, dass ich dabei ganz auf mich selbst gestellt bin, juckt anscheinend Niemanden. *Sehr, sehr knapp vorbei ist halt auch knapp daneben!* Zählen kann ich praktisch wieder ein Mal nur ausschließlich auf mich selbst. Wie ich das Ganze letztendlich bewältigt bekomme, bleibt mir im Endeffekt selbst überlassen!

Ja, die Sorgen hören einfach nicht auf. Mitunter können sie einen Menschen regelrecht überrollen. Man muss jederzeit auf alles Mögliche und Unmögliche gefasst sein. Als deutlich jüngere Ehefrau kannst du im Prinzip nur getrost auf den nächsten Supergau warten…

Dennnoch - *ich bereue es nicht!* Heinrich gab mir mit seiner unerschütterlichen Liebe die Kraft und den Mut, die Vergangenheit abzuschütteln und mich dem Leben zu stellen. Ich konnte von seinem Erfahrungsschatz und seiner inneren Stärke letztendlich profitieren. *Sein treues, ehrliches Herz machte mich zu dem Menschen, der ich heute bin!*

Ich habe es akzeptiert. *Aber ehrlich gesagt* - ich würde eine solche Beziehung mit Sicherheit nicht noch ein Mal eingehen…

Wie ging es weiter?

Mein Bruder Julian und ich stehen Nach wie Vor in sehr engem telefonischen und auch persönlichen Kontakt. Im vergangenen Jahr erhielt Julian einen Anruf von Frau B., der netten alten Dame, die bereits vor einigen Jahren Falko, den Ara unserer Eltern, liebevoll aufgenommen hatte. Es ging dabei um unsere Mutter. Ein Großteil der Leserinnen und Leser dürfte die gesamte Vorgeschichte bereits aus meinem ersten Buch kennen. *Frau B. hatte in der Tat einige Neuigkeiten:*

Unsere Mutter, die ja - *zu Mindest laut Angaben ihrer Cousine Kerstin* - mittlerweile angeblich in dem Altenpflegeheim leben sollte, in dem auch Paps seine letzten Wochen verbracht hatte, war wohl anscheinend in eben diesem Heim als Bewohnerin völlig unbekannt!

Kerstin hatte sich nämlich einige Zeit vor Frau B.s Anruf bei Julian gemeldet und ihm mitgeteilt, unsere Mutter habe aus dem ursprünglichen Wohnhaus ausziehen müssen, da der Vermieter die Häuserzeile abreißen und an dieser Stelle einen Tennisplatz errichten wolle. Sämtliche Bewohner der Häuserzeile waren bereits umgezogen. Mutter wusste von den Plänen also nicht erst seit Gestern. Sie war die letzte Bewohnerin und leistete hartnäckig Widerstand, so lange es eben ging. Der Vermieter war ihr wohl zu guter Letzt entgegen gekommen und hatte sich sogar schriftlich bereit erklärt, aus *„Kulanzgründen"* sämtliche anfallenden Umzugskosten aus eigener Tasche zu übernehmen. Mutter habe sich daraufhin wohl sehr widerwillig in einer Seniorenwohnanlage eine Wohnung ausgesucht und einen Mietvertrag unterschrieben. Auch habe sie Kerstin die neue Adresse und die Rufnummer zukommen lassen. Nun aber sei sie einfach nicht mehr zu erreichen. Kerstin habe darauf hin Mutters Bekannte angerufen und die wiederum habe ihr mitgeteilt, ja, Mutter sei nun doch in diesem Altenpflegeheim. Während der Umzugszeit habe sie sich nämlich eine üble Fußverletzung zugezogen, sei darauf hin ins Krankenhaus eingeliefert und von dort aus in eben diesem Pflegeheim untergebracht worden. Dieses befindet sich nur wenige hundert Meter von dem Haus entfernt, in dem Frau B. wohnt. Da sie mit ihrem kleinen Hund regelmäßig Gassi geht, kennt sie natürlich auch einige Leute vom Pflegepersonal. Auf dem Land kennt man sich halt. Eines Tages habe sie auf ihrer täglichen Runde eine Altenpflegerin angesprochen, die gerade vom Dienst kam. Frau B. habe sich bei ihr nach unserer Mutter erkundigt, gab sogar deren vollständigen Namen und eine ausführliche Beschreibung. Nein, hatte die Altenpflegerin gemeint, sie kenne sämtliche Bewohner des Heimes, aber eine derart massiv übergewichtige Bewohnerin mit Namen *„Louise K.“*, die an einer üblen Fußverletzung leidet, sei ihr nicht geläufig. In der Seniorenwohnanlage, in die Mutter ursprünglich ziehen wollte, war sie angeblich aber auch nicht. Niemand schien so recht zu wissen, wo sie sich aufhielt. Kein Mensch konnte Etwas zu Mutters aktuellem Aufenthaltsort sagen. *Sie schien sich buchstäblich in Luft aufgelöst zu haben!*

Was nun letztendlich aus ihr geworden war, wussten wir also nicht. Julian und ich forschten auch nicht mehr nach. Es wäre für uns ein Leichtes gewesen, ihren Aufenthaltsort über die Auskunft oder das Einwohnermeldeamt heraus zu finden, denn irgendwo musste sie ja als wohnhaft gemeldet sein.

Andererseits: warum sollten wir das tun? Weder Julian noch ich haben haben vor, den Kontakt wieder aufzunehmen. Wir sind erleichtert, dass Mutter persönlich nun ebenfalls Abstand hält. Hätte sie jemals aufrichtiges mütterliches Interesse an uns gezeigt, wäre es für sie wohl keinerlei Problem gewesen, uns die neue Meldeadresse ebenfalls in schriftlicher oder telefonischer Form mitzuteilen, an Statt einen solch perfiden, exorbitanten Spuk zu veranstalten. Julian und ich waren die Einzigen, die nicht informiert wurden. Nein, sie ist immer noch so stolz, selbstverliebt und uneinsichtig wie eh und je. Es war sogar denkbar, dass Mutter ihre Cousine Kerstin ganz bewusst mit dieser Altenpflegeheim-Geschichte auf Julian angesetzt hatte. Vielleicht ja, vielleicht auch nein. *Wussten wir es?* Zuzutrauen wäre ihr das durchaus. Bei mir nämlich hatte sie es ebenfalls versucht. Sie wollte mich vor einigen Jahren zum Beispiel ganz gezielt auf unseren Cousin Alex ansetzen, weil sie unbedingt in Erfahrung bringen wollte, ob Alex mittlerweile von seiner deutlich älteren, unehelich geborenen Halbschwester wüsste. Ich rief Alex auch an und unterhielt mich mit ihm, schnitt jedoch gerade dieses spezielle Thema mit keiner Silbe an. Auf so Etwas ließ ich mich nicht ein. *Es handelt sich hierbei schließlich um eine Angelegenheit, die im Prinzip niemand Außenstehenden zu jucken hat!* Mutter kam fast um vor Neugierde, wollte allerdings gleichzeitig Alex gegenüber mit dieser pikanten Frage nicht persönlich in Erscheinung treten. Nein - *sie wollte es, wie gewohnt, wieder ein Mal „um sieben Ecken herum" erfahren...*

Kerstin ist nun wirklich ein sehr naiver Mensch, der sich schnell instrumentalisieren lässt. Was Mutter ja auch weiß. *Wurde Kerstin also auf meinen Bruder angesetzt?*

Julian und ich wissen nicht mehr, wem in der Verwandtschaft wir was noch glauben sollen. Wir lassen uns jedoch nicht mehr auf krummen Pfaden ankirren, um uns später erneut massiver Bosheiten auszusetzen und uns restlos die Nerven zu ramponieren. Wir sind anders als Paps, der sich ständig einwickeln ließ, in die Defensive ging und ihr nach jeder sinnlosen Auseinandersetzung immer wieder aufs Neue den roten Teppich ausrollte, nur, um tunlichst seinen dauerhaften Frieden zu haben...

Im April vergangenen Jahres - *Heinrich war am Tage zuvor aus der Klinik entlassen* - ging das Telefon. Ich war gerade auf dem Weg zur Apotheke, um für meinen Mann Medikamente zu besorgen, als der Anruf kam. Heinrich ging ran und meldete sich namentlich. Eine aufgebrachte und ziemlich ausfallende Frauenstimme ranzte und belferte ihm sogleich in schnodderigem Ton entgegen - *Stephanie, unsere angeheiratete Cousine!*

Sie stellte sich gar nicht erst namentlich vor, ballerte und krakeelte sogleich ohne Punkt und Komma los - *und zwar buchstäblich in Dur und Moll!* Heinrich wusste auf Grund meiner früheren Schilderungen trotzdem, wer an der Strippe war. Er verstand nur einzelne Wortfetzen wie *„Mutti"*, *„Pflegeheim"*, *„auch man endlich kümmern"*, *„verantwortungslos"* und *„kirre"*. Den größten Teil des Textes bekam Heinrich gar nicht mit, weil Stephanies Stimme sich so überschlug. Außerdem litt er ja noch immer unter den massiven, lodernden Schmerzen in Schulter und Arm, hervorgerufen durch die Fraktur. Er begriff nur, dass es wieder um unsere Mutter ging. *Stephanie schnatterte wie ein Wasserfall - es ging auf keine Kuhhaut!* Heinrich hörte sich ganze zwei, drei Minuten schweigend das endlose, blakende Gezeter und Geranze an und versuchte gleichzeitig, die lodernden, peinigenden Schmerzattacken in Schach zu halten. Dann reichte es ihm endgültig!

„Stopp!", schmetterte er Stephanie nun eben so charmant entgegen, *„Stopp, stopp! Halt' man die Flatterlappen still! Jetzt will ich auch mal was sagen! Komm' mir nicht frech, mein Deern! Wir Beide haben noch nicht gemeinsam Gänse gehütet - also komm' mir nicht frech! Wir kennen uns nicht ein Mal persönlich! Lass' Wencke und mich bezüglich Louise ein- für alle Male in Ruhe! Sie wollte es ja so haben, weiß und kann ja angeblich Alles besser! Sie war es, die es sich pausenlos mit der Familie verkackt hat! Wer im Glashaus sitzt, sollte eben nicht mit Steinen werfen! Und solltest du noch ein einziges Mal bei uns anklingeln und Geranze und Gezeter veranstalten, gibt's eine Anzeige wegen Belästigung - darauf kannst du absolut Gift nehmen!"* Peng - Heinrich hängte wieder ein!

Seither haben wir unsere Ruhe…

Doch dann, knapp drei Monate später, erhielt Julian einen Anruf von Stephanie. Ja, unsere Mutter sei in einem Pflegeheim; ihr ginge es sehr, sehr schlecht und es stehe gar nicht gut um sie. Stephanie blakte und zeterte aggressiv und gereizt in altbekannter Manier in den Hörer, Julian solle sich man langsam wirklich kümmern. Die Mutti weine fortwährend und frage, warum der Sohn sie denn nur im Stich ließe. Ständig weine die Mutti um Julian und sie würde ihn doch so gerne bei sich haben - *von mir war allerdings keinerlei Rede mehr!*

Stephanie und unser Cousin Gustaf seien in diesem Jahr bereits mehrmals im Pflegeheim gewesen und es stehe mittlerweile auch gesundheitlich immer schlechter. *Nun solle Julian sich endlich auch man um die kranke, alte Mutti kümmern!*

In welchem Altenpflegeheim Mutter nun sein soll, sagte sie allerdings nicht…

Julian machte Stephanie klar, dass er diesen Kontakt definitiv nicht mehr wolle. Er könne auch nicht mehr. Es sei in den letzten beiden Jahrzehnten durch Mutters Verhaltensweise bereits drei Mal zu einem mehrere Jahre langen Kontaktabbruch gekommen. Immer wieder habe er aufs Neue Alles daran gesetzt, die verfahrene Familiensituation zu flicken. Immer wieder habe er es erneut auf einen Versuch ankommen lassen und immer wieder sei das aufkeimende Verhältnis aufs Neue durch Mutters Intrigen und Launen zerstört worden. Seit Paps' Ableben sei die Ränkeschmiede immer extremer ausgeufert. Gustaf und Stephanie könnten doch als Außenstehende also praktisch gar nicht wissen, was sich im Laufe der Jahrzehnte zugetragen habe. Sie hätten Mutter nur alle Jubeljahre vielleicht mal für ein Wochenende erlebt, wenn sie auf Stippvisite da waren oder wir mal bei der Verwandtschaft die Ostertage verbrachten. Sie hätten unsere Mutter immer nur als höfliche, gastfreundliche Tante wahr genommen. Als Tante, ja, jedoch niemals als Mutter. Daher könnten sie die genauen Hintergründe gar nicht nachvollziehen. Gustaf und Stephanie hätten es schließlich nicht selbst erlebt. Wir allerdings hätten Mutter im gewöhnlichen Alltagsleben gekannt und mit ihren zeitweiligen Ränkespielen und ihrem beißenden Spott leben müssen. Die genaue Beurteilung der Lage könne Stephanie daher besser uns überlassen. Familie, das sei bestenfalls Treibsandcharakter gewesen. *Für uns habe das geheißen:* Frei kämpfen - *oder sich hinunter ziehen lassen und absaufen!* Einzig Paps sei es gewesen, der sich nicht nur finanziell, sondern auch emotional viele Jahre lang um die Familie gesorgt habe - *und das trotz massiver Doppelschichten!* Seitdem er nicht mehr unter uns weile, habe Mutter uns immer deutlicher spüren lassen, dass sie an uns als Familienmitglieder praktisch nicht mehr interessiert sei.

„Das spielt keine Rolle!“, hatte Stephanie überschnappend in den Hörer gekreischt, *„Sie ist trotzdem eure Mutti! Ich kann mich nicht ständig nur kümmern! Wir wollen jetzt endlich auch ein Mal in den Urlaub fahren! Wir sind mit der Mutti langsam restlos kirre!“*

„Wir auch!“, antwortete Julian möglichst ruhig, „Wir haben keine Mutter mehr!“

Es hätte nicht Viel gefehlt - und zwischen Stephanie und meinem Bruder wären die Funken geflogen!

Julian fasste sich kurz und beendete das Gespräch, bevor es noch eskalieren konnte. Unmittelbar nach diesem Telefonat rief er mich dann an, um den gesamten angestauten Ärger bezüglich Stephanie abzubauen. Er war restlos bedient; es hatte ihm wirklich die Kante gegeben! Seine Stimme zitterte immer noch gehörig nach. Beinahe, so sagte er, wäre ihm bei dem ellenlangen Gezeter von Stephanie wirklich der Kragen geplatzt! Wir sprachen geschlagene fünf Stunden lang. Julian brauchte es diesmal wirklich. Er weiß, dass er sich mir jederzeit anvertrauen kann. Genau, wie ich ihm mein Herz ausschütte. Wir haben im Endeffekt innerhalb der Familie nur noch uns…

Nein, die Verwandten werden es nie begreifen. Sie haben sich bereits eine feste Meinung gebildet. Es ist zu verstehen. Sie sind arglose Leute vom Land. Julian und ich sind halt nun mal die Zielscheiben der Nation. Uns ist das gleich. Schwarze Schafe waren wir schließlich schon immer. Das ist uns nicht neu. Mutter hatte mit ihren Aufwiegeleien wirklich ganze Arbeit geleistet. Sie muss augenscheinlich den größten Wirbel verbreitet haben. Man schneidet uns jedenfalls massiv. Was im Einzelnen über uns fiel, wissen wir nicht. Lediglich, dass ganz offensichtlich etwas sehr Negatives über uns in Verbreitung sein muss. Wir sind nur innerhalb der Verwandtschaft abgeschrieben, praktisch vogelfrei. Man ruft uns höchstens alle Jubeljahre ein Mal an, wenn es wirklich brenzlig wird. So wie in diesem speziellen Falle. An Sonsten geht man uns explizit aus dem Weg. Mich zum Beispiel ruft Stephanie nun auf Grund Heinrichs Androhung überhaupt nicht mehr an. Mich kann auch diese Tatsache nicht verletzen. *Soll ich mich darüber aufregen?* Es lohnt nicht. Ganz im Gegenteil. Ich bin nur dankbar für den Burgfrieden.

Sollen Stephanie und Gustaf den Kontakt zu unserer Mutter ruhig beibehalten und sich ebenfalls von ihr, genau wie Kerstin, bis zum letzten Atemzug instrumentalisieren lassen. Soll Stephanie ruhig weiterhin die Hypothese vertreten, wir seien herzlose Rabenkinder, die die arme, kranke Mutter im Stich lassen. Ihre Meinung hat sie, wie gesagt, ja bereits. Sie glaubt diesen Shitstorm bedingungslos. Die Gegenseite hört sie sich nicht mehr an. Zuhören war ohnehin absolut noch nie ihre Stärke, auch nicht in der Vergangenheit. Für ihr Organ braucht sie überdies in der Tat einen Waffenschein. Selbst Susanne giftete und blakte sie am Telefon schon mehrmals furienhaft und lautstark an, obwohl sie sie ja persönlich überhaupt nicht kennt. Das ist ihr Naturell. Sie ist anmaßend, autoritär, vergreift sich sehr schnell in der Wortwahl und mischt sich fließbandmäßig in Dinge ein, von denen sie im Prinzip nicht die geringste Ahnung hat. Bei Stephanie braucht man in der Tat Nerven wie Drahtseile. Unser stiller, schweigsamer Cousin Gustaf kann Einem echt Leid tun. Selbst er hat ganz offensichtlich Nichts zu melden. Wir haben es auf der Beisetzung unseres Vaters hautnah erlebt. Während die Gattin - *halb über den Restauranttisch gebeugt!* - in einer Tour lautstark schnackte, saß er da wie angenagelt und brachte fast keinen Ton heraus! Es war mehr als oberpeinlich! *Stephanie unterhielt praktisch den ganzen Saal!*

Ich selbst saß mit dem Rücken zur Wand, konnte den gesamten Speisesaal überblicken und schämte mich fremd. Die paar anwesenden Gäste an den Tischen drehten sich immer wieder zu uns um. Selbst die vorbeieilenden Kellner warfen Stephanie bereits verstohlene, scheele Seitenblicke zu!

Sie ist schon wirklich eine wahre Flitzpiepe…

Es mag durchaus sein, dass Stephanie es mit ihrer Tante Louise von Herzen gut meint. Das streite ich nicht ab. Es ist sogar denkbar, dass sie und Gustaf mittlerweile die offizielle Vormundschaft oder die Betreuung für ihre angeheiratete Tante übernommen haben. Was auch immer zwischen Mutter und den Beiden abgesprochen und vereinbart worden sein mag, wurde in unserer Abwesenheit abgesprochen und vereinbart. Weder Julian noch ich waren bei den - *wie auch immer verlaufenden* - jeweiligen Gesprächen zugegen. Die Vereinbarungen wurden jedenfalls über unsere Köpfe hinweg getroffen und entschieden. Uns wollte Mutter ja von Vorne herein nicht berufen. Sie dachte zu früheren Zeiten schon immer darüber nach, möglicherweise Gustaf und Stephanie das Zepter übergeben zu wollen. Vielleicht hat sie es getan. Vielleicht haben die Beiden sich ja tatsächlich darauf eingelassen und ein entsprechendes, notarielles Formular unterzeichnet. Wenn es sich so verhält, ist es aber auch ihre alleinige Angelegenheit. Sie sind erwachsen und mussten wissen, was sie sich damit aufbürden. Niemand nötigte sie jedoch dazu.

Es mag auch durchaus sein, dass sie mittlerweile restlos überlastet sind. Eventuell hat Stephanie, da der persönliche Kontakt jetzt anscheinend deutlich häufiger ist, mittlerweile nun auch selbst erkannt, dass die Tante ein ernsthaftes, emotionales Problem hat und Stephanie dieses verpflichtende Amt absolut über den Kopf wächst. Sie hätte sich aber vielleicht besser im Vorfeld ein Mal wirklich intensive Gedanken darüber machen und sich bei der für ihren Wohnkreis zuständigen Betreuungsstelle entsprechende Erkundigungen einholen sollen, was später mit der Verantwortung für einen alten, psychisch kranken Menschen auf sie zukommt und mit welch strengen, verbindlichen Auflagen das Ganze im Einzelnen überhaupt verbunden ist. Diese Auflagen sind nämlich nicht von Pappe - *und sie verpflichten dauerhaft!* Ein Mal unüberlegt ein entsprechendes

Formular unterzeichnet, kommt man als Helfender aus einer solchen Nummer praktisch kaum jemals wieder heraus. Stephanies eigene, freie Entscheidung ist jedoch nicht unsere Sache. Das kann sie uns beim besten Willen nicht ankreiden…

Wenige Tage darauf rief ich bei Frau B. an und sprach mit ihr über Stephanies weit mehr als lautstarken Anruf bei Julian. Unter Anderem erfuhr ich bei diesem Gespräch, dass es in der näheren Umgebung noch mehrere andere Pflegeheime gibt. Diese Einrichtungen sollen wohl der Tannenhof-Stiftung angehören. Diese Stiftung befasst sich unter Anderem auch mit der Psychiatrie. Wir wollen jetzt auch keine wilden Spekulationen anstellen. Ob Mutter in einem dieser Tannenhof-Pflegeheime ist, wissen wir nicht. Sie macht uns gegenüber mit ihrem eisigen Schweigen ein Geheimnis daraus und erwartet wahrscheinlich, dass wir es heraus finden!

Wir wussten jetzt lediglich, dass Mutter zu Mindest in diesem ersten Altenpflegeheim gewesen sein musste, wenn auch nur für eine gewisse Zeit. *Drittens:* Wieso sollte ein völlig durchschnittliches Pflegeheim die Verantwortung für einen gewöhnlichen, hilfebedürftigen Menschen ganz bewusst an ein anderes, ebenfalls völlig durchschnittliches Pflegeheim abgeben? Das wäre doch kontraproduktiv. Schließlich verdienen die Heime an den Bewohnern - *und das nicht zu knapp!*

Wenn du Zwei und Zwei zusammen zählst und auf Fünf kommst, dann stimmt Etwas gewaltig nicht. Für Mutters Umsetzung von A nach B müsste es also schon weit mehr als einleuchtende Gründe gegeben haben…

Julian und ich jedoch haben aus gewissen Erfahrungen der Vergangenheit gelernt und werden erneute Kontakte auch künftig rigoros unterlassen. Wir schalten nicht wie Stephanie in den Panik-Modus. Dazu ist einfach in der Vergangenheit zu Viel geschehen. Das Karussell würde sich nur wieder zermürbend im Kreise drehen.

Was hätte Julian auch von einem Besuch? Er könnte Mutter ohnehin nicht helfen. Alles, worauf es höchstens hinaus laufen würde, wäre, dass sie erneut den Versuch unternehmen würde, ihn neben Susanne auch noch gegen Heinrich und mich aufzubringen. Sie hatte sich niemals selbst angemessene Hilfe geholt. Sie gönnt uns unser eigenständiges Leben nicht, weil sie es auf Grund ihrer Erkrankung nicht kann. Sie hat ihre periodischen Gefühlsausbrüche einfach nicht unter Kontrolle und erwartet wohl, dass wir jetzt noch detektivische Kleinarbeit verrichten, um sie ausfindig zu machen!

Wir aber können auch nicht mehr. Jedes erneute Aufeinandertreffen tut letztendlich allen Beteiligten absolut nicht mehr gut. Es ist einfach von Anfang an komplett aus dem Ruder gelaufen. Zu flicken gibt es da beim besten Willen Nichts mehr. Seit Paps´ Tod fühlt Mutter sich uns gegenüber in keiner Weise mehr verbunden. Ihrer Ansicht nach sind wir ihr von unserem Vater aufgezwungene Fremdkörper, die nicht zu ihr gehören. Sie betrachtet Julian und mich praktisch ausschließlich als die Brut unseres Vaters, ließ es oft genug mehr als deutlich durchsickern. Wir lassen es nur noch abprallen. Es ist das Beste…

Ich erinnere mich noch sehr deutlich an den Abend im November 2013, als Mutter mir am Telefon sagte, auf mich könne Niemand stolz sein. Darauf hin beendete ich den weiteren Kontakt.

Knapp eine Woche später ging abends das Telefon - *es war Mutter!* Für mich jedoch war die Angelegenheit ein- für alle Male erledigt. *Der letzte Stachel hatte mich zu tief getroffen!* Ohne ein Wort zu sagen, gab ich das Gespräch gleich an Heinrich weiter und ging nach Nebenan. Später erzählte mein Mann mir, Mutter habe ihn erneut gegen uns aufstacheln wollen. Wir seien allesamt undankbar und egoistisch. *Überhaupt, wieso ich mich neuerdings weigere, mit ihr zu sprechen?* Selbst Julian hätte ich negativ beeinflusst, weil er ja ebenfalls nicht mehr mit ihr korrespondiere. Ich sei schon immer ein schlechter Einfluss für meinen Bruder gewesen. Mutter hätte doch schließlich in der Vergangenheit stets Alles für uns getan. Ohnehin würde es sie wundern, dass Heinrich und ich immer noch verheiratet seien…

Heinrich sagte, es war, als ob ein Kastenteufel am anderen Ende der Leitung gewesen sei!

Wie weit muss Dankbarkeit ausufern? Ist man *„undankbar"* oder *„egoistisch"*, nur, weil man irgendwann ein Mal von seinem Recht Gebrauch macht, endlich sein eigenes Leben zu führen? Ist man gezwungen, permanent an einer Person festzuhalten, der man im Grunde doch ohnehin völlig gleichgültig ist?

Und wann bitte hat ein Mensch das Recht, endlich frei zu sein? Eigene Entscheidungen treffen zu können, nach seinen persönlichen Vorstellungen zu handeln? Muss er wirklich rigoros gezwungen sein, sich - *praktisch bis zum Tode der Eltern!* - bedingungslos unterzuordnen, um dann irgendwann endlich sein eigenes Leben leben zu dürfen? Alles stehen und liegen zu lassen, um *(genau wie Mutter es selbst in der Vergangenheit bereits tat!)* möglichst ohne Umschweife den elterlichen Wünschen und Vorstellungen jederzeit gerecht zu werden? Wer überhaupt hat den Zeitpunkt zu bestimmen, ab wann ein Mensch frei zu sein hat? Hat er nicht irgendwann ein Mal das Recht auf individuelle Selbstverwirklichung?

Irgendwann hat der Mensch seinen eigenen Haushalt, eine Familie, Behördenangelegenheiten, wichtige Termine, beruflichen Stress, soziale Verpflichtungen im eigenen Umfeld, Freizeitgestaltungen und viele andere Dinge, die zum gewöhnlichen Alltag gehören. Okay, so lange erwachsene Kinder und ihre alten Eltern in ein- und der selben Stadt leben und auch noch miteinander harmonieren, mag es ohne Probleme angehen. Ein, zwei Stündchen hin und wieder kann man mit Sicherheit erübrigen. Gerne kommt man vorbei, trägt dem alten Vater den Kasten Mineralwasser hoch in die Wohnung, putzt der gebrechlichen Mutter die Fenster oder das Treppenhaus und hält mal bei Kaffee und Kuchen das eine oder andere Stündchen Klönschnack!

Unsere Großeltern mütterlicherseits lebten nur einen Katzensprung von ihren beiden Kindern entfernt. Onkel Karl und Mutter konnten jederzeit mal eben auf Stippvisite vorbeischauen. Außerdem verstand man sich einigermaßen...

Was aber, wenn die Eltern mehrere hundert Kilometer entfernt von den Kindern leben - *und die Familie sich eben in keiner Weise versteht?* Wenn jedes Aufeinandertreffen für beide Seiten mit ständiger, innerer Anspannung verbunden ist?

In unserem Fall waren es die Eltern, die sich entschlossen hatten, in diese weit entfernte Region zu ziehen. Paps lebt ja nun leider nicht mehr und Mutter hackt, pestet und stänkert. Ja, und dann plötzlich passiert irgendwas Unvorhergesehenes - *und sie benötigt dringend Hilfe und Unterstützung!* Fremde Hilfe, die es unmittelbar vor Ort gäbe, lehnt sie möglichst ab. Julian und ich müssten praktisch jedes Mal buchstäblich in die Tundra reisen und mehrere Tage Aufenthalt in Kauf nehmen, um Mutter gegenüber gerecht zu werden - *und dürften uns dabei gleichzeitig immer wieder auf's Neue vorhalten lassen, wie undankbar und egoistisch wir seien!*

Heinrich hatte Mutter bei dem eingangs erwähnten Telefonat jedenfalls geantwortet, dass er wahrhaftig nicht wisse, wofür wir dankbar sein sollten. Vielleicht für ihren permanenten Kontrollzwang, ihre eisige, emotionale Teilnahmslosigkeit? Wirklichen Problemen sei sie schon immer ausgewichen, habe die Schuld für ihre eigenen Verfehlungen stets bei Anderen gesucht. Im Grunde habe sie niemals wirklich Etwas für uns getan. Nur wenn sie pfiffe, dann hätten ihre beiden Kinder - *und zwar unabhängig von deren eigenen, alltäglichen Verpflichtungen!* - augenblicklich zu springen! Und schließlich sei sie es, die ständig gegen die Familie anstänkern und sämtliche Mitglieder madig machen würde, nur, um selber Recht zu behalten. Sie sei ja jetzt schon wieder aktiv dabei, liefere gerade just in diesem Moment das beste Paradebeispiel! Das würde sie sich wahrscheinlich auch wohl nie abgewöhnen. Wenn überhaupt Jemand egoistisch sei, dann ja wohl eher sie. Kein Wunder, dass es mich immer wieder in die Hände von falschen Partnern und ins Frauenhaus getrieben hätte! Genau damit habe sie es sich ja auch letztendlich selbst verprellt. Mittlerweile könne er Julian und mich voll und ganz verstehen. Sie solle es aufgeben, weiter gegen uns zu hetzen und zu wettern!

Damit beendete er das Gespräch. Seitdem ließ Mutter nie wieder von sich hören, weder bei Julian und Susanne noch bei uns. Sie betrachtet uns nun offensichtlich als ihre erklärten Erzfeinde. *Wer nicht hundertprozentig auf ihrer Seite ist, ist hundertprozentig gegen sie!* Es war ihr definitiv letzter Versuch. Die Saat ging nicht auf. Es herrscht nun absolute Funkstille. Seitdem kommen wir Alle zur Ruhe…

Julian und ich sind es müde und rennen Niemandem mehr nach, der Nichts mehr von uns will außer zu bestimmen. Es wäre töricht. Mutter hat schließlich das Verhältnis zerrüttet, nicht wir. Der Ball lag in ihrem Feld. Sie hat ihn verschossen. *Einzig Sascha, unser Bruder, ist ihr geliebtes, totes Engelchen!*

Wir haben uns mit der bestehenden Situation abgefunden, einer Situation, an der ohnehin definitiv nichts mehr zu ändern ist. Zu Mindest wissen wir nun, dass Mutter sich in einem Pflegeheim befindet und dort von fachkundigem Personal rundum versorgt und betreut ist. Nicht die persönliche Einsicht, sondern das Schicksal zwang sie dazu.

Julian und ich aber gehen als Geschwistergespann auch weiterhin unseren gemeinsamen Weg…

Im Oktober diesen Jahres kamen auch Kerstin und ich wieder miteinander in telefonischen Kontakt. Es wurde ein sehr langes, intensives und ausführliches Gespräch. Dabei erfuhr ich unter Anderem, dass es zwischen Kerstin und Mutter im Laufe der Jahrzehnte ebenfalls immer mal wieder zu Zwistigkeiten und Kontaktabbrüchen gekommen war. Vor einigen Jahren soll selbst ein Klinikarzt Mutter gegenüber bereits angeregt haben, sie solle sich einer psychiatrischen Untersuchung unterziehen. Kerstin konnte zwar immer noch nicht mit endgültiger Bestimmtheit sagen, in welchem Pflegeheim sich ihre Cousine nun befindet, aber die ganze Situation lässt eher darauf schließen, dass es sich in der Tat wohl um ein gerontopsychiatrisches Pflegeheim handeln dürfte. Wie ich bei diesem Telefonat erfuhr, haben die Bewohnerinnen und Bewohner dieses Heimes wohl generell keine Telefone auf den Zimmern. Eingehende Anrufe gehen beim Pflegepersonal ein und dem Angerufenen werden schnurlose Telefone gereicht. Bei den Telefonaten selbst ist wohl ebenfalls permanent eine Betreuungsperson anwesend, die nach Beendigung des Gespräches das Gerät dann auch wieder in Empfang nimmt. Was gleichzeitig bedeutet, dass auch Anrufe nach Draußen nicht einfach so ohne Anwesenheit einer Betreuungsperson möglich sind. *In welchem gewöhnlichen Altenpflegeheim bitte gibt es so Etwas?*

Das Letzte, was Kerstin vor knapp anderthalb Jahren von Mutters Bekannter wusste, war, dass Mutter wohl den ganzen Tag in ihrem Zimmer im Bett liegt, sehr Viel weint und mit Niemandem im Hause Kontakt hat, ja Diesen sogar rigoros meidet. Sie zieht sich ganz in ihr Schneckenhaus zurück, scheint die vollkommene Isolation einem Neuanfang vorzuziehen. Auch mit dem Personal redet sie wohl nur das Nötigste. Der Fernseher läuft den ganzen Tag - *das praktisch einzige Fenster zur Außenwelt!* Diese Bekannte war ein paar Mal zu Besuch erschienen und bereits vor anderthalb Jahren zu der Meinung gelangt, dass Mutter sich ganz eindeutig aufgibt. Sie hat wohl aufgehört zu kämpfen und ist mit ihrer Kraft am Ende, stürzt sich kopfüber immer tiefer in die Depression. Irgendwie haben wir es geahnt...

Mittlerweile ist nach Kerstins Worten diese Bekannte ebenfalls telefonisch nicht mehr zu erreichen. Niemand kann noch sagen, wie es weiter geht...

Mirela und Karol melden sich mehrmals im Jahr sporadisch. Jendrich, der Jüngste, rührt sich dagegen überhaupt nicht mehr. Er ist nun Dreiunddreißig. Wir wissen nur, dass er wohl mittlerweile einen gut bezahlten Posten bekleidet, mit einer neuen Lebensgefährtin zusammen lebt und Nach wie Vor regelmäßig die Kontakte zu Kevin, seinem kleinen Sohn, hält.

Karol ist Siebenunddreißig und immer noch glücklich verheiratet. Er hat einen krisensicheren Job, liebt seinen Sohn Markus über Alles und ist ihm ein herzensguter Vater. Er unterstützt seine Frau Jennifer mit dem Kleinen, wo er nur kann. Ja, Karol steht fest hinter seiner kleinen Familie. Er ist ein modern denkender Mann. *So soll es auch sein!*

Mirela, die Tochter, ist mittlerweile Neununddreißig, arbeitet immer noch in der Kosmetikbranche und lebt alleine. Auch sie hatte in der Vergangenheit bereits Bekanntschaft mit oberflächlichen und verlogenen Luschen gemacht. Nun hat sie wohl beschlossen, dass es doch gesünder ist, lieber ganz autark zu bleiben…

So weit geht es den Kindern aber gut.

Von meinen Ex-Beziehungen habe ich nie wieder je Etwas gehört. Einige von ihnen dürften wohl wahrscheinlich mittlerweile bereits nicht mehr unter den Lebenden sein. Unter Denen, die vielleicht noch existieren, befindet sich ja eventuell die eine oder andere chronische Säuferleber, der eine oder andere *„Knastologe“* und mehrfach Geschiedene. Die Männerwohnheime und Nasenbleichen sind voll belegt von solchen Individuen...

Es ist wohl nicht davon auszugehen, dass sich diese notorischen Berserker im Laufe der vergangenen drei Jahrzehnten großartig zu ihrem

Vorteil geändert haben dürften. Vielleicht eher noch deutlich zum Nachteil. Es ist besser, dass ich es nicht weiß, denn so wissen auch sie nicht von mir.

Das beruhigt ungemein…

Vor geraumer Zeit hatte ich übrigens einen seltsamen, aber sehr interessanten und aufschlussreichen Traum: Julian und ich saßen gemütlich beisammen und unterhielten uns über umgekehrte, physikalische Phänomene. Zum Beispiel über den Film *„Stephen King's Langoliers"*, in dem ein Flugzeug durch eine mysteriöse Zeitschleife in der Vergangenheit landete. Nur die schlafenden Fluggäste jedoch befanden sich noch in der Maschine. Die Menschen, die sich zu diesem entscheidenden Zeitpunkt ganz offensichtlich im Wachzustand befunden haben mussten, waren verschwunden, wie ausradiert. Unter den Überlebenden dieses Fluges wurde darüber gesprochen, dass vor Kurzem am Himmel über der Mojave-Wüste Polarlichter gesichtet worden seien. Eben so sprachen die gelandeten Passagiere über kreisrunde Regenbögen und umgedrehte Tornados. Also über Phänomene, die es den bestehenden physikalischen Gesetzen nach überhaupt nicht geben kann!

Ich sprach über den Film *„Das Relikt"*. Ein Ermittler erzählte einer Evolutionsbiologin, was ihm vor Jahren widerfahren war: Er hatte einen Mann beobachtet, der krampfhaft versuchte, eine Wagentüre zu öffnen. Der Ermittler war davon ausgegangen, dass es der Besitzer des Wagens war und dass die Wagentüre klemmte. Er hatte dem Mann zu Hilfe kommen wollen und ihn von Hinten angesprochen. Der Mann war blitzschnell herumgefahren und hatte dem Ermittler eine gezückte Waffe an den Kopf gehalten. Es handelte sich nicht um den Besitzer des Wagens, sondern um einen Autoknacker! Kurzerhand hatte der Mann den Abzug der Waffe betätigt - *und es machte nur „klick"!* Der Ermittler hatte darauf hin dem Täter die Waffe entwunden und ihm eine gehörige Abreibung verpasst. Dann hatte er die Kollegen verständigt und ihnen die Waffe, so, wie sie war, überreicht. *Er hätte tot sein können!* Der Täter wurde an Ort und Stelle festgenommen. Die Ballistiker hatten die Schusswaffe gründlich untersucht und überprüft und dabei kam etwas Erstaunliches heraus: *Die Waffe war absolut funktionstüchtig, geladen und entsichert! Sie hätte den bestehenden Gesetzen nach also unbedingt losgehen müssen!* Warum aber hatte sie es - *gerade in diesem entscheidenden Augenblick* - jedoch nicht getan?

Die Evolutionsbiologin antwortete dem Ermittler: „Also ein umgekehrtes, physikalisches Phänomen…“

Ja, das ist richtig. Ein astreines, umgekehrtes, physikalisches Phänomen. So Etwas dürfte es regulär ja überhaupt nicht geben. Es gibt keinerlei logische Erklärung dafür. Eben so wie für Menschen, die, beispielsweise nach einem Unfall, den Stift eines Bolzenschuss-Gerätes tief im Gehirn stecken hatten und trotzdem ohne weiteren Schaden überlebten. Julian und ich diskutierten angeregt über diese mysteriösen Vorkommnisse.

Plötzlich sagte mein Bruder nachdenklich: „Im Grunde ist Louise ebenfalls ein umgekehrtes, physikalisches Phänomen…“

„Wieso?“, fragte ich erstaunt nach.

„Ja, weißt du“, bemerkte Julian, „sie ist Mutter - *und kehrt sich dennoch in massiver Weise gegen die eigenen Nachkommen!* Man sollte doch davon ausgehen, dass eine Mutter spätestens mit dem Augenblick der Geburt ganz automatisch gewisse mütterliche Instinkte entwickelt. Die Natur hat es ja schließlich so eingerichtet. Warum also sind diese Instinkte bei einigen Müttern in keiner Weise vorhanden? Warum existieren - *entgegen sämtlicher bekannter physikalischer Gesetze* - Mütter, die ihre Nachkommen sogar regelrecht bekämpfen? Die sich praktisch gegen die eigenen Gene stellen? Normal und logisch ist das also ganz und gar nicht. Denk´ ein Mal ernsthaft darüber nach…“

Ruckartig erwachte ich. Julians Worte hallten in meinem Kopf nach. Dieser Traum hatte mir eine neue Erkenntnis gegeben. So könnte es sein - *eventuell!* Wissenschaftler und Psychologen streiten sich ja noch heute darüber, ob das Sein das Bewusstsein oder aber das Bewusstsein das Sein kontrolliert…

Vor einiger Zeit, in der Innenstadt, hatte ich übrigens ein Erlebnis, das in aller Deutlichkeit Gedanken an meine Vergangenheit herauf beschwor. Es war während der Hochsommerperiode. Ich war zum Shoppen in die City gefahren und hatte das Pech, von einem plötzlich einsetzenden Sommerregen überrascht zu werden. Schnell sauste ich los, fand eine geschützte Bank und nahm Platz. In wenigen Minuten würde ja mein Bus kommen.

Nach einer halben Zigarettenlänge kam plötzlich ein leicht angesäuselter Mann in den Fünfzigern auf mich zu. Mittelblond, nordischer Typ. Er war sauber gekleidet und sah auch sonst recht gepflegt aus. In der Hand hielt er eine halb angetrunkene Bierbuddel. Er stellte sich vor mich, sah mir ins Gesicht und pfiff fröhlich: *„Na, junge Frau, ist das nicht ein mieses Wetter?"*

Ich zuckte nur gleichgültig die Schultern. Wahrscheinlich war diese Reaktion meinerseits aber erst recht der perfekte Auslöser für diesen leicht bierseligen, wildfremden Mann, mir ein Gespräch aufzunötigen. Er legte auch gleich los. *„Ja, das ist ja nicht Alles, was mies ist. Was glauben Sie, was ich in meinem Leben schon mitgemacht habe. Erst stirbt meine Freundin, dann stirbt mein Sohn, dann stirbt mein Hund. Tja, und dann war meine Wohnung auch noch futsch…"*

Jaja, dachte ich, du armes Teufelchen…

Eine kräftig herb-würzige Bierfahne streifte mich. *Puh – auch das noch!* Mein Hals blähte sich unwillkürlich auf. Das alte Ekelgefühl meldete sich. Ich hatte ein astreines Déja-vu und begann innerlich, mich zu verkrampfen. Der fremde Mann zeigte theatralisch auf seine Bekleidung. *„Hab' ich von der Tafel bekommen. Na, da freut man sich doch…"*

Plötzlich aber beugte dieser Mensch sich sehr vertraulich vor und fragte verschmitzt lächelnd: *„Sagen Sie, junge Frau - haben Sie einen Freund?"*

Hoppla - wie bitte? Ich sprang wie von der Tarantel gebissen hoch und entfernte mich ziemlich flott aus seinem Radius. *Hallo? Geht's noch?* Erst erzählt mir dieser Nobody innerhalb von noch nicht ein Mal einer Minute im Turbo-Schnelldurchlauf seine Lebensgeschichte - *und dann fragt er mich, ob ich einen Freund habe!* Halali - *noch so Einer mit Jagdschein!* Was für ein Brummer! Mann, der gehörte wohl eher in die Nasenbleiche! Wenn er vorhatte, mich anzubaggern, oh Mannomann, dann hatte er es aber auch wirklich sehr geschickt angestellt. *So plump vertraulich, als hätten wir bereits seit Ewigkeiten Seite an Seite gemeinsam Krabben gepult!*

Dass er mir bei seiner sehr bedeutsamen Frage nicht gleich ins Gesicht gekrochen kam, war Alles…

Ja, wenn der Elch zu übermütig wird, geht er auf's Glatteis!

Klar, ein *„gestandener"* Kerl muss einer Frau natürlich zu Nächst ein Mal sehr wortreich beweisen, dass er absolut lebensuntüchtig und nicht in der Lage ist, auf eigenen Beinen zu stehen. Einer, der auf Mitleid macht und Verständnis sucht. Irgendwo muss so ein Heringsbändiger ja schließlich auf die Dauer unterkriechen und sich gemütlich verpuppen!

Ein problembeladener Mensch mit einem weit mehr als schwachen Ich, der, an Statt sich entsprechend in die Dollen zu werfen und dem eigenen Leben eine Wendung zu geben, lieber seinen Kummer im Alkohol ertränkt. Der beweist, dass er nämlich genau der Kategorie Mann angehört, die eine warme, trockene Bude und zugleich eine Freyastochter für den koitalen Notstand sucht! *Sweet Honeymoon - und der nächste Winter kommt bestimmt...*

Wäre ich wirklich kackfrech gewesen, hätte ich diesem Tausendsassa gesagt, zur Zeit sei aber Hochsommer und er habe ja schließlich auch noch zwei gesunde Hände. Nein, statt Dessen war ich angewidert aufgesprungen und hatte gesehen, dass ich schleunigst Land gewinne. Ein Déja-vu, ja. Irgendwie war es ein Schock. Die Vergangenheit holte mich wieder ein Mal ein.

Genau das ist es. Ich muss wohl anscheinend doch irgendwie einen Stempel auf der Stirne haben: *Hier ist MS Wencke - die Rettung naht!*

Ich kann solche dauerschnackenden Turbostarter und alkoholisierten Extremtypen, die sich in vollem Umfang einzig auf die potentiellen Partnerinnen verlassen, einfach nicht mehr ertragen.

Gibt es gegen so Etwas keinen Impfstoff, keine lebenslange Immunisierung? *Gibt es denn auf diesem schönen Globus kaum noch einen einzigen normal tickenden Mann?*

Mensch, Mädel, schoss mir durch den Kopf, damals in P. hattest du bereits weit mehr als genug mit diesen fehlkonstruierten, alkoholisierten Speichelleckern und weit mehr als lästigen Schmeißfliegen zu tun - *und nun, hier in L., schnackt dich wieder so ein angeschossener Elch von der Seite an, weil er sich vielleicht Etwas ausrechnet!*

Seine Bedürfnisse waren anscheinend durch die Flasche immer noch nicht ausreichend gedeckt...

Die Frau, die sich tatsächlich auf eine solche Beziehung einlässt, schleppt von nun an einen Problemmenschen durchs Leben, der sich kleiden und durchfüttern lässt und sich in ihren eigenen vier Wänden breit macht. Mit Dank ist nämlich langfristig auf keinen Fall zu rechnen. Die Cocktail-Parties gehen unvermindert weiter. *Skål!* Die Frau lernt, dem schlürfenden Partner bedingungslos zu gehorchen. Höchstwahrscheinlich kommt es sehr bald erneut zu physischer Gewalt und für die Partnerin, die sich vielleicht sogar einst mit aller Kraft aus einer ähnlichen Beziehung frei kämpfte, fängt das gesamte Desaster von andauernder Verfolgung und massiver Bedrohung wieder von Vorne an…

Irgendwie erinnert diese Sache mich ein klein Wenig an die Geschichte mit Tuula. Die geriet auch immer wieder an abgehalfterte Schlürfer und päppelte sie durch, den Letzten sogar bis zu dessen Tode. Ob sie vielleicht so weitermachen mag, weiß ich nicht - *für mich allerdings gehört dieses Kapitel jedenfalls ein- für allemal der Vergangenheit an!* Ich habe genug von vergnügungssüchtigen, ständig saufenden Männern mit fragwürdigen sexuellen Absichten, die dazu meist auch noch sonst so Einiges auf dem Kerbholz haben. Ließen sie sich dort reihenweise aufnehmen, wo sie tatsächlich hingehören, bekämen sie mit Sicherheit einen ungeahnten Mengenrabatt. Solche Beutelschneider und Underdogs mögen sich vielleicht noch in meinem Buch einreihen, jedoch nicht mehr in meinem Leben. So derart einsam und liebebedürftig könnte ich nie wieder sein. *Nein danke - aber danke nein!* Thank you very much!

Da gibt es weitaus Bessere…

Eines muss sich der Mensch ganz deutlich vor Augen halten: Vieles wiederholt sich etliche Male im Leben, aber wirklich aufrichtige Gefühle dagegen sind eher Mangelware und wiederholen sich erfahrungsgemäß nur ganz selten ein Mal…

Irgendwann im Frauenhaus L., während ich zur Ruhe kam und meine Vergangenheit noch ein Mal Revue passierte, musste auch ich allmählich erkennen, dass, was meine sämtlichen früheren, unseligen Beziehungen anging, auch von meiner Seite, gleich zu Beginn, niemals ernsthaft Liebe im Spiel war. Beziehungen war ich lediglich auf der Suche nach Halt, nach Schutz, eingegangen, nicht aus dem wirklichen Wunsch nach einer wahren, gleichberechtigten Partnerschaft. Es war mir nun klar, was diese

Männer stets in mir gesehen hatten.

Doch was war mit mir? Was hatte ich denn ständig in diesen Männern gesehen? Wenn man es richtig nimmt, hatte ich mich ganz tief in meinem Inneren lediglich nach dem *„starken, mutigen Ritter"* gesehnt, der buchstäblich Kopf und Kragen für mich riskierte, mich vor sämtlichen Unbilden des Lebens beschirmte - *eines Lebens, dem ich zum damaligen Zeitpunkt noch in keiner Weise gewachsen war!* Stets hatte ich die vollkommene, reine Liebe gesucht, ohne aber emotional selbst in der Lage gewesen zu sein, Liebe geben geschweige auch nur ansatzweise nachvollziehen zu können. Es war unendlich schmerzhaft, den inneren Schweinehund zu überwinden, sich mit den eigenen Schwächen und Fehlern auseinander setzen zu müssen...

Liebe? Im Grunde hatte ich lediglich erstrebt, dass mich Jemand an die Hand nahm und ich mich gänzlich dessen Führung überlassen konnte. Eine Art Einseitigkeit. Immer wieder hatte ich mich verzweifelt an einen anderen, *„stärkeren"* Menschen geklammert - *und verzichtete im Gegenzug auf die Verwirklichung meiner eigenen Wünsche, Bedürfnisse und Ziele!*

Liebe hatte im Grunde für mich bedeutet, getragen, gehalten, beschützt, angeleitet und geführt zu werden - *und mich dafür im Gegenzug jederzeit zur Verfügung zu stellen, meinen Körper als Preis zu bieten! Nämlich das Einzige, was ich scheinbar zu bieten hatte!* Von der emotionalen Kraft und Stärke eines anderen Menschen abhängig zu sein. Eine Art Ersatz für die fehlende Familie. Schließlich war ich bereits in der eigenen Erziehung in totale Abhängigkeit und Unwissenheit gedrillt worden. Gerade Unwisseneit aber führt zur Gefahrenunterschätzung. Ich hatte in der Vergangenheit Einiges gründlich missverstanden, war einfach noch nicht bereit, hatte stets nach Jemandem gesucht, der mich geduldig in die Welt der Erwachsenen einführt. Von den wahren Zusammenhängen hatte ich damals ja noch nicht den blassesten Schimmer. Aber genau das ist selbstverständlich in keiner Weise eine Basis für ein dauerhaftes und stabiles Leben zu Zweit. Was für einen gnadenlosen Hardcorefilm hatte ich da geschoben? *War das ein Zeichen von persönlicher, innerer Reife?* Ich würde meinen *„Allerwertesten"* nicht darauf verwetten. Eine derart naive Einstellung, ein solch kindlicher Phantasmus, wie ich es damals zeigte, bereichert eine Partnerschaft letztendlich garantiert nicht. Es zerstört...

Die Bereitschaft, die innere Reife für eine Beziehung, muss da sein. Von *beiden* Seiten. Es ist ständiges Geben und Nehmen. Kameradschaft, Verlässlichkeit, gegenseitiger Halt, gemeinsam an einem Strang ziehen, Gleichberechtigung. Sich fallen lassen und gleichzeitig halten und tragen können. Eigene, persönliche Stärke zeigen. Weich sein und trotzdem innere Stabilität ausstrahlen. Ich war traumatisiert, verletzt und enttäuscht, empfand grenzenlosen Ekel, abgrundtiefen Hass, wollte mein eigenes Leben, meinen Frieden und absolut autark sein. Das Verständnis für die wirklich wahre Liebe lernte ich erstmals durch meinen Mann zu begreifen. Es war ein wahrlich sehr langwieriger Prozess - *und es tat unendlich gut...*

Intensive Gedanken

Immer wieder habe ich mir im Laufe der vergangenen Jahre ernsthafte Gedanken darüber gemacht, wie es überhaupt zu den Geschehnissen kommen konnte, die sich einst in meinem persönlichen Leben abspielten. Letztendlich kam ich zu dem Schluss, dass die ganze familiäre Situation, die abermillionen junger Leute meiner Generation ja ebenfalls betraf, unweigerlich eng mit dem gesellschaftlichen Umbruch Ende der Sechziger, Anfang der Siebziger Jahre des vergangenen Jahrhunderts verknüpft war. Es begann mit den ersten Studentenunruhen. Nackte *„Flitzer"* sausten durch die Städte. Dann kam die so genannte Hippie-Flower-Power-Zeit. Plötzlich wurde allerorts von Frieden und Liebe geredet. *Make love, no war!* Woodstock kam und mit ihm die so genannten *„Hascher"* und *„Blumenkinder"*. Die Ausläufer waren auch in Europa mehr als deutlich zu spüren. Jugendliche begehrten massiv gegen die bisher bestehende Gesellschaftsordnung auf. Es kam zu Hausbesetzungen und Handgemenge mit der Staatsgewalt. Völlig neue Musikrichtungen kamen auf. Santana, Fleedwood Mac, Supertramp, Rolling Stones, David Bowie, Pink Floyd und The Scorpions waren die neuen Helden. *Klein-Heintje, der absolut vergötterte Liebling aller traditionellen Mütter und Omas, hatte endgültig ausgeträllert!*

Immer mehr Einrichtungen setzten sich für den Schutz von Kindern ein. Diese wurden nun plötzlich antiautoritär erzogen, elterliche Gewalt massiv verpönt. Junge Menschen hatten eine eigene Meinung und durften sie auch ohne Weiteres kund tun. Für unsere Elterngeneration war es ein gewaltiger Schock!

„Woodstock" war endgültig in der Alten Welt angekommen!

Natürlich musste es irgendwann wieder ein Mal zu einem gesellschaftlichen Umbruch kommen. Die bislang bestehende Gesellschaftsordnung funktionierte nicht mehr, hatte ausgedient. Die Zeit war einfach wieder ein Mal reif für Neues. Es kam einem geistigen Erwachen nah. Die Menschen hatten es satt, immer nur stramm im absoluten, zackigen Gleichschritt zu marschieren und sich - *entgegen ihrer eigenen Überzeugung!* - bedingungslos höheren Autoritäten unterzuordnen. Sie wollten mit aller Macht aus dem gewohnten Trott heraus, wollten neue Wege beschreiten!

Einen solchen massiven Umbruch gab es längst nicht zum ersten Mal. Es war auch mit Sicherheit noch lange nicht der Letzte. Selbst die Menschen der Steinzeit entwickelten sich weiter. Bessere und schnellere Waffen wurden entwickelt, neue, präzisere Jagdtechniken ausgefeilt.

Später dann erschienen die Völker der Wikinger und übrigen Germanen auf der Bildfläche und gründeten ihre gewaltigen Reiche. Neue Kontinente wurden erobert und besiedelt, bisher nie da gewesene Kulturen gegründet. Dann kam das Christentum und überrollte Europa wie eine Woge. Der altgermanische Wodanismus wurde rigoros verbannt. Odin, Thor und Freya mussten Adam, Eva und Jesus weichen. Yggdrasil wurde nun plötzlich zum *„verbotenen"* Baum im Paradies. Walküren wurden durch Engel ersetzt, Asgard und Utgard durch Himmel und Hölle ausgetauscht. Der Hammer wurde zum Kreuz. Jörmungandr, die Midgardschlange, ringelt sich nun, an Statt die gesamte nordische Welt zu umspannen, putzmunter und deutlich geschrumpft im Baum der Erkenntnis. *Nieder mit Walhalla - es lebe der Garten Eden!*

Eine Ewigkeit später kam das Mittelalter mit seinen Hexenverbrennungen und Pestärzten. Dann kam die Barock- und Rokoko-Zeit. Später die Renaissance. Die Epochen und Ansichten kamen und gingen. Keine davon bestand auf die Dauer. Mitte des vergangenen Jahrhunderts kamen Flokati-Teppiche, Nierentische, Rock´n Roll, Petticoats und Gartenzwerge. Auch das war irgendwann überholt…

Heute haben wir Handys, Computer, Smartphones, Techno, Rave und Hip-Hop. Alte Berufe haben ausgedient, völlig neue Berufsbilder entstehen. *Wer weiß heute schon, was in fünfzehn, zwanzig Jahren sein wird?* Die heutige bestehende, schnelllebige Gesellschaftsstruktur ändert sich so unvorstellbar rasch, dass wir quasi Überschalljets brauchen, um Schritt zu halten. *Hyper, Hyper!*

Einige Epochen hielten sich Jahrtausende Jahre lang, Andere nur einige Jahrhunderte. Jeder größere Umbruch war traumatisch…

Wie dem auch sei: Jeder einschneidende, gesellschaftliche Umbruch *(besonders, wenn sich die Veränderungen innerhalb weniger Jahre förmlich überschlugen!)* löste bei einem Großteil der jeweils *„altgewohnten"* Bevölkerung eine gewaltige Schockwelle aus. Für die Generation unserer Eltern und Großeltern war es ein gewaltiger Schuss vor den Bug. *Was ist das für eine „Affenmusik"?* Unsere Barden waren doch wahrhaftig nicht übel. *Seit wann haben Kinder überhaupt gewisse Rechte?* Sie haben ihren Eltern doch bedingungslos zu gehorchen, oder etwa nicht? *Warum kleidet die Jugend sich plötzlich so unmöglich?* Unsere Kleidung war doch auch warm und erfüllte ihren Zweck. *Wieso bestraft man die schamlosen „Flitzer" nicht angemessen?* Man sollte sie wohl besser in Arbeitslager stecken. *Weshalb kiffen die jungen Leute?* Zu unserer Zeit gab es statt der so genannten *„Coffeeshops"* noch Milchbars. *Wie kommt es, dass so viele junge Mädel schwanger werden?* Die *„Backfische"* unserer Generation trieben sich nicht mit den Kerlen herum, sondern spielten in dem Alter noch mit Puppen und halfen den Müttern brav im Haushalt. Früher waren Pastore die großen Vorbilder, heute sind es Rockmusiker. Nur warum? *Aus welchem Grunde dürfen Eltern ihre Kinder nicht mehr prügeln?* Wer sein Kind liebt, der schlägt doch. *Weshalb treten die jungen Leute reihenweise aus der Kirche aus?* Uns dagegen hat man den Glauben sogar noch regelrecht mit dem Gürtel eingekloppt…

Die Generation unserer Eltern aber, die ja in ihrer eigenen Kindheit den Zweiten Weltkrieg hautnah erlebt hatten, musste die heftigen Nachwehen des raschen, gesellschaftlichen Wandels und der religiösen Freiheit erst ein Mal verkraften lernen. Einem Teil der damaligen erwachsenen Bevölkerung gelang dies auch. Dem anderen Teil dagegen nicht. Er blieb mit der alten Epoche verwurzelt, hielt mit der neuen Ära nicht Schritt, blieb verkorkst und dogmatisch und hielt der *„guten, alten Zeit"* die ewige, eiserne Treue. Adolf Hitler hatte diktiert, Konrad Adenauer hatte diktiert, Vater und Mutter hatten diktiert, ja, selbst Lehrer, Nonnen und Pfarrer knüppelten munter und hemmungslos auf ihren Schutzbefohlenen herum. Für sämtliche Bereiche des Lebens gab es strikte Verhaltensregeln und strengste Vorschriften. *Was die „Obrigkeit" von der Kanzel herunter bestimmte, galt als automatisch richtig!* Die Kriegsgeneration kannte nur Drill und Zwang, war schließlich mit dem vorsintflutlichen, gesellschaftlichen Mief und Muff aufgewachsen. Der Mensch ist halt eben ein Gewohnheitstier. In den eigenen vier Wänden wurden die allseits bekannten, althergebrachten Ansichten, Gesetze, Methoden und Bestimmungen auch weiterhin ausgeübt. Die nachfolgende Generation sollte schließlich eben so *„wohl erzogen"* sein wie die Vorfahren. Sie sollten nicht zu *„wilden Rangen und Rotznasen"* verkommen. Das Denken vieler Elternpaare ging immer noch starr in eine bestimmte, von der damaligen *„Obrigkeit"* vorgegebene Richtung. Individuelle Entwicklung war auf's Schärfste verpönt. Bereits die kleinsten Kinder bekamen quasi *„vorgeschrieben"*, für welche Themen sie sich zu interessieren, welchem Glauben sie gefälligst anzugehören, welchen Berufsweg sie später ein Mal einzuschlagen, welche persönlichen Ziele sie für das künftige Leben zu verfolgen hatten. Tanzten die Töchter oder die Söhne auch nur ein Wenig aus der Reihe, folgte die Bestrafung nach alter Väter Sitte. Riemen, Kleiderbügel, Kochlöffel und Teppichklopfer kamen in vielen Familien auch weiterhin fleißig zum Einsatz. Es hatte sich doch schließlich bislang immer noch bestens bewährt. Kinder wurden also - *trotz der neuen Regelungen!* - teilweise hinter verschlossenen Wohnungstüren immer noch mehr als massiv geprügelt...

Irgendwann aber erkannten auch sie, dass es außerhalb des Elternhauses noch eine andere Welt gab, eine Welt ganz ohne elterliche Gewalt, eine Welt der freien Entscheidung. Der eigene, geistige Horizont beschränkte sich ja schließlich nicht nur bis zum inneren Rand der Kernfamilie. Es gab ein Leben außerhalb der Sippe. Das konnte der erweiterte Verwandtenkreis sein oder auch Nachbarschaft, Kindergarten, Schule so wie der Freundeskreis. Die bisherige, gesellschaftlich engstirnige Membran wurde durchstoßen, es wurde nachgedacht über den eigentlichen Sinn von elterlicher Gewalt und Prügelstrafen. Ein junger Mensch, der zu Zeiten des gesellschaftlichen Wandels immer noch der so genannten *„geprügelten Generation"* angehörte, stellte irgendwann plötzlich fest, dass z. B. der befreundete Schulkamerad Daheim etliche Freiheiten mehr hatte und von seinen deutlich liberaleren Eltern ganz klar als Individuum anerkannt wurde. Die Jugend betrachtete nun viele Dinge aus einem völlig anderen Blickwinkel. Der Cousin oder die Nachbarstochter wurden auch wesentlich gewaltfreier und liberaler erzogen. Es gab nun keine *„Null-Acht-Fuffzehn-Erziehung"* mehr. Ein Kind oder ein Jugendlicher begann, Vergleiche zu ziehen. Er sah doch schließlich, dass es anders ging. *Warum waren die eigenen Eltern nicht eben so locker und liberal* *wie die Eltern des Freundes?*

Der junge Mensch suchte nach eigenen Vorbildern und Idealen. Wurde ein Teenager gerade wegen seiner Suche nach Idealen innerhalb der eigenen Kernfamilie auch noch zusätzlich mit Liebesentzug bestraft und ausgegrenzt, verlegte er sich oft auf seinem eigenen Weg gänzlich außerhalb des Elternhauses. Er suchte nach Gleichgesinnten, die ihn wahrhaftig verstanden, suchte nach einer Art *„Ersatzfamilie"*. Ja, er konnte dabei durchaus jederzeit an falsche Freunde geraten. Oft geschah es dann, dass es einen jungen Menschen erst vollends aus der Bahn warf. Die Ansichten von Jung und Alt prallten massiv aufeinander. Gewalt erzeugt Gegengewalt. Die unruhige Jugend wurde plötzlich rebellisch, leistete Widerstand, kämpfte sich frei, gehorchte nicht mehr bedingungslos, übte Kritik und begann, das Verhalten der Eltern ernsthaft zu hinterfragen…

Man kann eine bestehende Gesellschaftsstruktur jedoch nicht ändern, in dem man sich ihr treu und ergeben beugt. Durch demutsvolles Schweigen ändert sich nie Etwas. Damit sich wirklich Etwas ändert, muss man schon manchmal, um sich das nötige Gehör zu verschaffen, subversiv und ordentlich auf die Pauke hauen, mit aller Macht gegen den Strom schwimmen. Progressivität ist gefragt. Du musst aus den alten, traditionellen, gewohnten Normen ausbrechen. Der alte, ranzige Mief und Muff musste gründlich weg geblasen werden. Anders ließ sich das Denken und Handeln der jeweiligen Bevölkerung kaum verändern. Das war seit Bestehen der Menschheit immer schon so und liegt einfach in der Natur der Sache. Leben heißt ständige Bewegung, Veränderung, Flexibilität. Die betreffenden, traditionell stark verwurzelten und dogmatisch denkenden Elternpaare jedoch, die den Zweiten Weltkrieg so wohl als auch elterlichen, schulischen, religiösen und häuslichen Drill noch selbst am eigenen Leibe erlebt hatten, waren mit der moderneren, deutlich liberaleren Lebensform hoffnungslos überfordert, stempelten statt dessen die mittlerweile liberal denkenden Töchter und Söhne als *„rebellisch"*, *„asozial"* oder *„verhaltensgestört"* ab, pfropften ihren Nachkommen wie gewohnt ihren eigenen Willen auf, prügelten, drückten, verbogen und diktierten munter weiter!

Sie kamen mit dem neuen Zeitalter einfach nicht mehr mit…

Die Generation der 50er und 60er Jahre des vergangenen Jahrhunderts wurde zwischen zwei Epochen hin- und her gerissen und zum Teil - *noch dazu in der lautersten, elterlichen Absicht!* - sogar regelrecht versaut und verkorkst. Gerade hier wurde, denke ich, in der starren, althergebrachten, elterlichen Erziehung oft sehr viel Unheil angerichtet. Mich persönlich hatte dieses Unheil letztendlich ständig an die falschen Partner gebracht, die mich gleichzeitig erneut der massiven, häuslichen Gewalt aussetzten und in verschiedene Frauenhauseinrichtungen knüppelten.

Mein erstes Buch *„Es wurde ja nicht gefragt - wenn Schreie nach Liebe verhallen"* erzählt davon, wie es kam…

Apropos erstes Buch: Im September 2015 erschien es ja bereits bei Amazon als eBook. Wenige Monate darauf entschied ich mich, das Manuskript zusätzlich noch als Printversion über den Re Di Roma Verlag Remscheid heraus zu bringen. Mein Verleger, Daniel Bieter, war nach eingehender Prüfung des Manuskripts sofort einverstanden und setzte sich umgehend mit mir in Verbindung. Das Buch, so teilte er mir sehr erstaunt mit, könne im Text hundertprozentig - *also 1:1* - übernommen werden. *Ein vom Aufbau, der Formulierung und auch der Orthographie derart druckreifes Erstlingswerk sei ihm persönlich bislang noch nicht untergekommen!*

Ich fühlte mich in diesem Augenblick, als hätte ich mit eigenen Händen die Decke der Sixtinischen Kapelle ausgemalt...

Zwei Tage nach dem entscheidenden Anruf machte ich eine ganz einschneidende Erfahrung. Michael Ende hatte sie bereits vor Jahrzehnten in seinem Werk *„Die unendliche Geschichte"* beschrieben: Man kann davon überzeugt sein, sich Etwas zu wünschen - *vielleicht Jahre lang* - solang' man weiß, dass der Wunsch unerfüllbar ist. Steht man aber plötzlich vor der Möglichkeit, dass der Wunschtraum Wirklichkeit wird, dann wünscht man sich nur noch Eins: *Man hätte es sich nie gewünscht!*

Genau so erging es mir nun ebenfalls. Es wurde unerbittlicher Ernst. Ein Zurück gab es nicht mehr. Immer noch ging mir das Gespräch mit meinem Verleger durch den Kopf. Mit einer Printversion würde ich natürlich - *im Gegensatz zu einem eBook* - ein noch deutlich größeres Publikum ansprechen können. Donnerhacke, dachte ich, das kann doch gar nicht sein!

Nun war ich, die angeblich permanente Versagerin, das erste und einzige Mitglied im gesamten Familienclan, das den Sprung bis in die Schriftstellerei geschafft hatte! *Die ureigene, innere Schallmauer war durchbrochen!* Jetzt hätte ich in der nächsten Zeit wohl wahrscheinlich noch Einiges an Rummel um die Ohren. Plakate an die Büchereien verteilen, Lesungen abhalten, Autogrammstunden, vielleicht sogar, wenn es sich machen ließ, das eine oder andere Interview…

Plötzlich aber, beim Nachdenken, überkam mich - *gänzlich unerwartet und wie aus völlig heiterem Himmel* - eine wahnsinnige Angst vor der eigenen Courage. Mir hing plötzlich der Arsch regelrecht auf Grundeis. Am Liebsten wäre ich in diesem Moment ins nächste Mauseloch gekrochen. In meinem Bauch grummelte und rumpelte es. Also flott ab ins Bad. Dann saß ich mit massivem Durchfall auf der Toilette. Hinzu gesellte sich gleichzeitig noch ein mehrminütiger, hartnäckiger Brechreiz, dessen Ausbruch allerdings mit der richtigen Atemtechnik erfolgreich verhindert werden konnte. Meine Gefühle lagen miteinander in völligem Widerstreit. Es war der *„positive"* Schock. Nun hatte ich es richtig gepackt, mein lang ersehntes Ziel endlich erreicht - *und gleichzeitig dieses sagenhaft lausige, flaue Muffensausen!*

Herrjemine, Deernchen, dachte ich, du bist doch weiß Gott nicht der erste Mensch, der ein Erstlingswerk heraus bringt! Du wirst auch noch längst nicht der Letzte sein. Jeder fängt schließlich mal klein an. Ein Mal ist immer das erste Mal. *Und überhaupt:* Ist es denn nicht genau das, was du immer wolltest? Natürlich, du wolltest es so. *Bitte – jetzt hast du es!* Es ist dein Hauptgewinn, dein *„Lucky Punch"*! Tritt´ aus dem Schattendasein des ewigen Mauerblümchens heraus. Nun kannst du deine Erfahrungen an deine Mitmenschen weiter geben und Einigen vielleicht sogar helfen. Mach´ dein Hobby zum Beruf, verwirkliche deinen Traum und sei´ stolz auf das, was dir gelungen ist. *Erfreue dich daran!*

In der Tat: Michael Ende hatte sehr treffend und haargenau die Eindrücke beschrieben, die ich Jahrzehnte später selber am eigenen Leibe erleben sollte…

Noch ein Nachtrag: Während ich am Abschluss dieses Buches schreibe, erhielt ich heute, am 7. Dezember 2016, einen Anruf von Susanne. Ein unbekannter Bestatter hatte sich telefonisch bei ihr gemeldet und wollte

Julian sprechen. Mein Bruder war allerdings zu diesem Zeitpunkt unterwegs. Susanne hatte gefragt, worum es ginge. Dieser Bestatter teilte ihr dann mit, dass unsere Mutter am heutigen Mittwoch in den sehr frühen Morgenstunden, gegen 5 Uhr, verstorben sei. Nun sollten die Beisetzungsmodalitäten geregelt werden. Später, am heutigen Nachmittag, sprach ich mit Julian. Er hatte diesen Bestatter zurück gerufen. Stephanie hatte sich ebenfalls noch am heutigen Tage bei meinem Bruder gemeldet und Bescheid gegeben. Sie und unser Cousin Gustaf waren von Seiten des Pflegeheimes informiert worden. Es handelte sich übrigens in der Tat, wie wir bereits vermuteten, um eine psychiatrische Einrichtung der Stiftung Tannenhof. Auch erfuhr Julian, dass Mutter einen amtlichen Betreuer hatte. Was heißt, dass Stephanie und Gustaf letztendlich doch klug genug waren, für Mutter nicht die Vormundschaft zu übernehmen.

Julian jedenfalls setzte sich telefonisch umgehend mit diesem Betreuer in Verbindung. Bei diesem Gespräch erfuhr er, dass Mutter sich als eine massiv verhaltensauffällige, abgehobene, kratzbürstige Bewohnerin zeigte, die ständig zeterte, sich bereits über unwesentliche, alltägliche Kleinigkeiten übermäßig aufregte und das Personal mit ihrer ständigen, autoritären Motzerei gehörigst auf Trab hielt. Stur wie ein Panzer sei sie gewesen. Eine wirklich unberechenbare, bockige, steinharte Nuss, mit der selbst der Betreuer *(ein Notar!)* noch seine liebe Not hatte!

Natürlich, sie wurde in dieser Abteilung zwar sehr liebevoll, jedoch nicht wie die absolute Queen behandelt. Zu Beginn, in dieser Tannenhof-Einrichtung, habe sie den ganzen Tag, aufrecht wie eine Drei-Sterne-Generalin, im Bett gesessen, das Personal in lautstarkem, zackigem Kommando-Ton herum gescheucht und gezetert, wenn es nicht gleich nach ihrem Willen ging. Dabei hatte sie ständig Däumchen gedreht, mit ihren Fingern herum gespielt und Löcher in die Luft gestarrt. Wahrscheinlich waren es die Phasen, in denen sie entweder intensiv grübelte oder aber Etwas ausheckte. Betrat Jemand ihr Zimmer, um beispielsweise Reinigungstätigkeiten vorzunehmen, hatte sie ihm entgegen geranzt: *„Mach', dass du raus kommst! Ich will meine Ruhe haben!"* Tauchte der Betreuer auf, brüllte sie ihm in voller Lautstärke, als ob sie einen halbgaren, kleinen Pimpf vor sich hatte, entgegen: *„Was willst du denn schon wieder hier? Sieh' ja zu, dass du Land gewinnst!"* Bekam sie Besuch, keifte sie, eben so wenig leise: *„Los, verschwindet und zieht Leine! Ich* *will keinen Besuch! Ich will verdammt noch mal meine Ruhe haben!"* Selbst Gustaf und Stephanie hatte sie aus ihrem Heiligtum gejagt!

Zwischenmenschlichen Kontakt hatte sie tunlichst vermieden, ja Diesen sogar rigoros abgelehnt. Das Alles war nicht anders zu erwarten. Mutter hätte zwar durchaus ein Telefon auf ihrem Zimmer haben können, hatte Dieses allerdings entfernen lassen, da sie von Niemandem angerufen werden wollte. Das fortschreitende Alter, die Witwenschaft und der körperliche Zustand hatten die bereits vermutlich seit Jahrzehnten bestehenden, psychischen Symptome lediglich verstärkt und deutlicher an den Tag gebracht...

Auch erfuhr Julian bei diesem Telefonat, dass Mutter vor knapp zweieinhalb Jahren nicht, wie wir dachten, auf Grund einer üblen Fußverletzung in die Klinik eingeliefert worden war, sondern, weil sie einen Schlaganfall erlitten hatte! In dem Pflegeheim, in dem Paps seine letzten Wochen verbracht hatte, war sie auch nie. Von der Klinik aus ging es unmittelbar in diese geronto-psychiatrische Einrichtung. Das Geheimnis um ihren Verbleib ist somit also gelöst!

Sie verweigerte ihrem Betreuer, der uns über ihre körperliche, psychische und seelische Verfassung informieren wollte, übrigens auch rigoros unsere Namen, Anschriften und Telefonnummern. *„Mit Denen will ich Nichts mehr zu tun haben!"*, hatte sie höhnisch gezetert, *„Die werden sich sowieso noch gehörig umgucken!"*

Bis zu ihrem letzten Atemzug hatte sie gehasst...

Der Betreuer hatte sich um die Auflösung und Räumung ihrer Wohnung gekümmert und ließ Mutters mittlerweile völlig verdreckten, zerkratzten und unbrauchbaren Wagen abtransportieren und verschrotten. Auch meldete er ihre Versicherungen ab. Mutter sei wahrhaft stur wie ein Panzer gewesen, so sagte er Julian. Sie konnte auf Grund ihres körperlichen und psychischen Zustandes definitiv nicht mehr auf eigenen Beinen stehen. Ja, psychische und seelische Störungen habe sie eindeutig gehabt - *sie sah es nur nicht ein!* Geistig war sie dagegen offenbar aber noch bis zum Schluss voll auf der Höhe. Nur ihr Jähzorn und ihr permanenter Starrsinn seien doch weit mehr als bemerkenswert gewesen. Allerdings bemerkte der Betreuer, dass das Verhalten einer alten, hilfebedürftigen Person oftmals von deren früherem Verhalten abhinge. Ein Mensch, der bereits in jungen Jahren ausgesprochen liebevoll und sanftmütig gewesen sei, zeige meist auch später, im Alter, ein liebevolles und sanftmütiges Wesen. Ein Mensch dagegen, der in seiner Jugend bereits zu Sprunghaftigkeit, Kälte und Jähzorn neigte, zeige als alter Mensch gewöhnlich ebenfalls ein sprunghaftes, kaltes und jähzorniges Verhalten!

Ferner erfuhr Julian, dass bislang offenbar noch kein elterliches Testament aufgetaucht sei. Auch von einem angeblichen *„Tierschutz"*, wie Mutter uns immer erzählt hatte, sei keinerlei Rede. Mutter sei schuldenfrei gewesen, so versicherte ihm der Betreuer. Somit wären wir Beide wohl die alleinigen Erben ihres *(übrigens ehemals alleine von Paps erarbeiteten und angesparten!)* Restvermögens. So fern nicht doch noch in ihren Unterlagen ein überraschender Hase aus dem Hut gezaubert wird. Das könnte nämlich durchaus sein. Denn in ihrem Zimmer befand sich wohl ihr Sideboard, zu dem sie noch nicht ein Mal ihrem Betreuer Zugriff gewährte. Irgend Etwas wird sie dort strengstens unter Verschluss gehalten haben. Etwas, das vielleicht erst nach ihrem Ableben offenbart werden sollte. Eventuell doch ein Testament, das Julian und mich in vollem Umfange vom Erbe ausschließt - *weil wir sie ja schließlich im Stich ließen?* Zu rechnen ist wirklich mit allem Möglichen. Es wird sich zeigen. Gut, dann stünde uns ja zu Mindest noch ein Pflichtteil zu, mit dem wir auch bereits sehr zufrieden wären. Selbst, wenn Mutter beabsichtigte, uns nach ihrem Tode also vielleicht noch ein Mal ganz bewusst zu verletzen, so kann uns dieser finale Stachel nicht mehr treffen...

Julian setzte sich auch noch mit dem Pflegeheim in Verbindung. Mutter muss bis zum Schluss in der festen Annahme gewesen sein, irgendwann ein Mal in ihre neu angemietete Wohnung zu kommen. In ihre Wohnung, die bereits längst gekündigt und geräumt worden war. Worüber sie auch in Kenntnis gesetzt wurde. Auf Grund ihres Starrsinnes hatte sie die bestehenden Tatsachen offensichtlich nicht mehr oder nur noch verzerrt wahr genommen. Vielleicht kam aber doch plötzlich ein kurzer, lichter Augenblick und sie erkannte die Realität. Wenn dem so war, muss es ein gewaltiger Schock gewesen sein. Gestern jedenfalls hatte sie so wohl Frühstück als auch Mittagessen noch zu sich genommen. Das Abendbrot dagegen hatte sie rigoros ausgeschlagen. Ansprechbar sei sie allerdings noch gewesen. Heute morgen gegen 5 Uhr in der Frühe - *und nur knapp vier Tage nach ihrem 77. Geburtstag!* - sei dann ihr Tod festgestellt worden. Sie hatte sich ergeben...

Doch zurück zu Gustafs Frau: So ganz nebenbei - *quasi zwischen Tür und Angel!* - hatte Stephanie meinem Bruder mitgeteilt, dass unsere Tante Daniela *(Onkel Julius' Witwe)* auch bereits vor knapp einem halben Jahr verstorben war!

Da wir zum Zeitpunkt des Ablebens unserer Tante von Seiten der Verwandtschaft auch nicht informiert worden waren, werden wir ebenfalls Niemanden zu Mutters Beisetzung laden. Ganz offensichtlich waren wir also zur Trauerfeier unserer Tante *(eben so wie bereits vor Jahren im Todesfalle unseres Onkels)* definitiv nicht erwünscht, denn sonst hätte man uns ja immerhin rechtzeitig informiert - *und nicht erst, so ganz nebenher, Monate später!*

Eben so wird nun Mutters Beisetzung in aller Stille ablaufen. Selbst Julian und ich werden nicht daran teil nehmen. Dazu ist einfach in der Vergangenheit zu Viel *(oder zu Wenig)* geschehen...

Wenn ein Mensch permanent mütterliche Kälte und Zurückweisung erfahren hat, fällt es ihm schwer, zu trauern. Ich kann nicht die geringste Trauer empfinden. In den vergangenen drei Jahren hatten Mutter und ich bereits keinerlei Kontakt mehr. Mit der Zeit verblasste ihr Gesicht, verhallte ihre Stimme immer mehr. Julian empfindet es ähnlich. Es war, als ob Mutter bereits zu Lebzeiten von uns gegangen war. Was macht ihr endgültiger Tod jetzt noch für einen Unterschied? In diesem Leben hätten wir sie ohnehin nicht wieder gesehen. Sie hatte sich bereits innerlich verabschiedet, wollte es so. Seit Jahren schon lebten wir ein Leben gänzlich ohne den geringsten Kontakt. Es ist traurig, dass es so sein musste, dass es so kam. Es ist weit mehr als bitter, dass man als hinterbliebenes Kind so denkt und empfindet. Immer wieder geht mir durch den Kopf, was war und was hätte sein können. Was *eventuell* hätte sein können. Es blieb ein Wunschtraum. Wir weinen Mutter keine Träne nach. Wir *können* es nicht. Mutter hatte uns zeitlebens abgelehnt. Es bleibt nur zu hoffen, dass sie im Tode endlich den Frieden findet, den ihr das Leben offenbar nicht vergönnte...

Heinrich und ich leben für unsere Tiere. Sie bilden die Familie und sind unser gemeinsames Ein und Alles. Zu unseren vier Ratten und den fünf Schlangen hat sich noch Kater Ole dazu gesellt, ein wirklich sehr gelungener Mix aus Abessinier und Norwegischer Waldkatze, mit extrem ausgeprägten, wuscheligen und abstehenden Backenbärtchen und einer tiefen, rostigen und kehligen Stimme. Ein *„ägyptischer Wikinger"* also. Oder ein *„nordischer Pharao"*. Wir haben ihn über den ansässigen Katzenschutzbund bekommen. Er ist zehn Jahre alt, kam ehemals aus schlechter Haltung und hat nur drei Fangzähne. Der Linke, Untere fehlt, eben so wie die gesamten Backenzähne unten links. Kauen erledigt Ole daher mit Rechts. Sein Gähnen ist ebenfalls ein Wenig schief geraten. Eine alte Narbe an der Lefze ist auch noch zu erkennen. Wer weiß, was in der Vergangenheit unvorstellbar Furchtbares geschehen ist. Dafür kann Ole Nichts. *Auch er ist ein ehemaliges Opfer!*

Zum Kuscheln und Schmusen kommt er fast nur zu mir. Heinrich sieht er lediglich als eine Art *„Notstopfen"* an. Ole ist ein ausgesprochener *„Mama-Typ"* und ich verwöhne ihn auch sehr. Eigentlich sogar deutlich über Gebühr. Ich mache es gerne, gerade, weil er so Viel durchgemacht hat. Er ist jedenfalls total auf mich fixiert und begleitet mich mit seinem charaktervollen Gesichtsausdruck wie ein kleiner Trabant auf Schritt und Tritt durch die Zimmer. Selbst beim Schreiben schaut er mir über die Schulter. Vielleicht spürt Ole ja rein instinktiv, dass es in meinem Leben ebenfalls eine Menge Leid gegeben hatte. Gerade Tiere haben sehr feine Antennen und erfassen weit mehr, als man denkt. Ole drückt mir mittlerweile beim Schmusen und Kuscheln vertrauensvoll wie ein Nesthäkchen die weit gespreizten Patschpfötchen gegen den Mund und lässt sich genüsslich die Ballen küssen. Er ist einfach nur dankbar und holt jetzt nach, was ihm ehemals wohl nicht vergönnt war. Liebe braucht er ohne Ende. Blaken und meutern kann er allerdings ganz schön kräftig, wenn er Etwas erreichen will. Das beweist jedoch nur, dass er sich - *trotz seines kleinen Handicaps und allem vergangenen Leides!* - seine Persönlichkeit und sein ureigenes Selbstbewusstsein bewahrt hat!

Was er - *neben Hunden* - auf den Tod nicht ausstehen kann, sind Kinder. Hört er nur vor dem Haus ihre Stimmen, springt er sofort von der Fensterbank und trollt sich. Wer weiß, welche negativen Erfahrungen er bereits *(genau, wie es mir mit Männern ergangen ist!)* mit Kindern gemacht hat…

Es ist letztendlich immer der Mensch, der enttäuscht. Ein Tier dagegen enttäuscht dich nie. *Die aufrichtige, vertrauensvolle Liebe eines Tieres kann man mit Geld einfach nicht bezahlen!*

Zum Glück trug Ole aber an Sonsten keinen seelischen Schaden davon. Er macht uns wirklich nur Freude. Sein ernster, treuer Blick lässt Herzen schmelzen!

Ole ist ein richtig süßer Schatz - *man muss ihn einfach lieb haben!*

Nachwort

Nicht wenige Menschen, die nun auch dieses zweite, von mir heraus gebrachte Buch zum Thema *„Gewalt in der Partnerschaft"* gelesen haben, werden vermutlich jetzt sehr nachdenklich, vielleicht sogar erschüttert sein. Kaum eine außenstehende Person kann sich vorstellen, welche Schicksale sich in den zahlreichen Frauenhäusern verbergen!

Ich bin in diesen Erfahrungen bewandert genug. Die Leserinnen und Leser haben nun in diesem Buch einen gewissen Einblick gewonnen, welche grausamen Geschichten sich vor mehr als dreißig Jahren in etlichen Beziehungen zwischen Mann und Frau abspielten - *und was hinter verschlossenen Wohnungstüren bis zum heutigen Tage leider immer noch allzu oft bittere Realität ist!*

Auch in mir kamen während des Schreibens die einen oder anderen sehr starken Emotionen hoch. Am Schwersten fielen mir die Geschichten von Uschi, Bettina, Maxima, Hildegard und Frauke. Gerade diese Schicksale gingen mir nachträglich noch ganz gewaltig unter die Haut. Sie tun es heute noch. Ich musste mich gehörig zusammenreißen, um die grauenvollen Erlebnisse dieser ehemaligen Kameradinnen in vernünftige Sätze fassen zu können.

Selbst Heinrich, mein Mann, dem ich Einige dieser Geschichten vorgelesen habe, musste mehrmals ganz gewaltig schlucken. *„Solche Männer sind keine Menschen!"*, sagte er mit Tränen in den Augen, *„Das sind einfach nur Bestien..."*

Es gab während des Schreibens mehr als ein Mal Augenblicke, in denen ich wahrhaftig dachte: *Das Buch kriegst du niemals fertig!* Nach und nach sprudelten die alten Erinnerungen hervor und je länger ich schrieb, desto mehr dieser Bilder zeigten sich vor meinem geistigen Auge. Alles war plötzlich wieder da. Die verschiedenen Charaktere der damaligen Mitbewohnerinnen, Wortlaute, Äußerungen, Gefühle bis hin zu kleinen Alltäglichkeiten. Es wurde immer mehr. Die Erinnerungsfetzen setzten sich so nach und nach wie ein Puzzle zusammen. Manchmal waren es Kleinigkeiten, an die ich schon längst nicht mehr gedacht hatte. *Puh!* Also nahm ich die Arbeit an diesem zweiten Buch ebenfalls in Angriff. Zwischendurch kamen natürlich die einen oder anderen, jedem Buchautoren bestens bekannten Schreibblockaden auf, in denen ich pausierte. Schließlich sollte das Endresultat nicht mit der *„heißen Nadel"* gestrickt sein, sondern spannend und zugleich informativ. Ich fühlte mich zeitweise ausgepowert; der Kopf war völlig leer. Die berüchtigte *„geistige Flaute"*. Jeder, der selbst schreibt, kennt es. *Mensch*, dachte ich, *das packst du nie!*

Dann wieder sprudelten die damaligen Einzelheiten unvermutet und mit aller Deutlichkeit wieder in mir hervor. Vollendete Sätze bildeten sich in Gedanken. Gerade diese Phasen mussten genutzt werden. Das bedeutete harte, konzentrierte Arbeit. Vielleicht war mir das erste vollendete Buch ein starker Impuls, weiter zu machen. Ja, mit Sicherheit.

Die Motive waren ganz klar. Ich wollte ein zweites Buch schaffen, in dem diesmal nicht ich selbst, sondern andere Menschen im Mittelpunkt stehen. Ein Buch, das Nichtbetroffene zum Nachdenken anregt und Betroffenen vielleicht hilft. Es sollte auch im damaligen Wortstil möglichst realistisch sein. Manchmal schlug ich mir während der *„kreativen"* Schreibphasen im wahrsten Sinne des Wortes ganze Nächte um die Ohren. Rechtschreibkorrekturen mussten vorgenommen, Sätze entsprechend der *„Schreibsprache"* umgestellt werden. Schließlich bin ich ja nun keine professionelle Autorin.

Doch dann ging es plötzlich schneller als gedacht. Nach einem knappen Jahr war es endlich geschafft. *Ich sagte mir immer:* Lass´ dich nicht unterkriegen! Du hast das erste Projekt gepackt, du wirst auch das Zweite packen!

Letztendlich hat es sich nur ausgezahlt…

Das Kapitel *„An alle gewaltbereiten Männer dieser Welt"* wird vielleicht den einen oder auch anderen Leser *(oder auch manche Leserin)* zu dem Gedanken verleiten, ich sei eine ausgeprägte, eingefleischte Männerhasserin. Nein, das bin ich absolut nicht. Männerkritisch, ja, sehr sogar, aber nicht generell männerfeindlich. Das schreibe ich nun wahrhaftig nicht auf meine Fahne. Wäre dem tatsächlich so, wäre ich selbst sicher niemals im Leben eine Ehe eingegangen. Ich liebe meinen Mann von ganzem Herzen. Es hat auch nie in meiner Absicht gelegen, sämtliche Männer dieses Planeten zu diffamieren. Ich habe lediglich Ross und Reiter ganz sachlich beim Namen genannt. Mir ist auch völlig klar, dass ich mir, gerade unter den *„Herren der Schöpfung“*, mit meinen beiden Büchern nicht unbedingt Freunde machen werde. Damit kann ich getrost leben.

Ich brauche keine „Sympathisanten“ - sondern Realisten!

Um es jedoch noch ein Mal zu verdeutlichen: Dieses Kapitel richtet sich ausschließlich an die jeweiligen Rowdies und Spießgesellen, die meinen, sich permanent durch rohe Gewalt an ihren Gefährtinnen versündigen zu müssen. Das habe ich in diesem Kapitel auch klar genug ausgedrückt.

Noch längst nicht jeder Mann auf diesem Planeten ist ein Säufer, Schläger und Vergewaltiger!

Gerade hier aber sollte ein Mal aufgezeigt werden, wie die persönlichen Wunschvorstellungen und die weit mehr als bescheidenen Gedankengänge speziell solcher vernagelten, gewaltbereiten männlichen Vertreter der Gattung *„Homo sapiens“* geknüpft sind. Nämlich simpel und primitiv. Frauenverachtend. Steinzeitlich. In einem gewissen Sinne in der geistigen Entwicklung stehen geblieben. Leicht zu durchschauen…

Doch es gibt Männer, die nicht in diese Kategorie fallen. Nämlich Männer, die Gewalt in jeder Form verabscheuen und ihren Partnerinnen in allen Lebenssituationen wahre Gefährten sind!

In dem Kapitel *„Ein abschließendes Wort an Mutter“* habe ich endlich meinen angestauten Gefühlen und Gedanken ein Mal Luft gemacht. Gefühle und Gedanken, die ich in der Vergangenheit niemals gewagt hätte, auszusprechen. Nun ist Alles gesagt. Ich war irgendwann am Scheideweg angelangt und hatte die Option zu wählen, welchen der beiden Wege ich nun einschlagen würde. Die letztendliche Entscheidung bestätigte mir, dass dies der richtige Weg war - *nämlich der Weg der endgültigen Trennung!*

Es sollte ein symbolischer Schlussstrich gezogen werden. Ich ließ in diesem Kapitel mein Herz sprechen, um innerlich zu heilen. Einfach, weil es mir gut tat.

Auch wenn Mutter nicht mehr von diesen beiden Büchern erfahren wird - *das hatten Julian und ich ihr in diesem Leben auf Grund ihres eigenen, bereits schwer angeschlagenen Gesundheitszustandes erspart* - zu Mindest die Leserinnen und Leser sollten meine Gedanken und Gefühle nachvollziehen können…

Vielleicht wird ein Teil meiner Leserschaft auf Grund meiner Formulierungen denken, ich sei sehr radikal. In einem gewissen Grade mag das zutreffen. Ich bin sehr radikal gegen jegliche Art von Zwang, Gewalt und Unterdrückung, nehme auch kein Blatt vor den Mund und rede gewöhnlich, wie mir der Schnabel gewachsen ist. Natürlich mussten während des Schreibens allzu heftige Emotionen gehörig im Zaum gehalten werden. Das war nicht immer unkompliziert, da gleichzeitig ja auch, je nach Situation, meine ureigenen, persönlichen Gefühle ausgedrückt werden sollten. Mit gelegentlichen Niederlagen kann der Mensch fertig werden - *jedoch nicht mit permanenten Niederlagen!* Es war daher wahrlich nicht einfach, den Text in ein akzeptables Lot zu bringen.

Manches Geschriebene erscheint den Leserinnen und Lesern vielleicht ziemlich schräg und sarkastisch. Versetzen Sie sich aber bitte ein Mal in einen Menschen hinein, der selbst einige Jahre lang permanente Gewalt am eigenen Leibe erlebt hat und dann - *selbst bereits stark traumatisiert!* - mit anderen Menschen in Kontakt kommt, die ebenfalls permanenter, ähnlich traumatisierender Gewalt ausgesetzt waren. Genau das ist mir persönlich widerfahren!

Wie soll eine Frau sich fühlen, die sich gerade erst seit wenigen Wochen in einem Frauenhaus befindet, kaum vom eigenen Schock erholt - *und dann plötzlich hautnah miterlebt, wie der jähzornige, verlassene Ehemann einer Mitbewohnerin auftaucht und versucht, donnernd die Haustüre einzutreten?*

Wie soll eine ehemals geschlagene Frau sich fühlen, wenn sämtliche Frauenhausbewohnerinnen gezwungen sind, die Kinder an die Hand zu nehmen, die Säuglinge aus den Bettchen zu reißen und sich auf Geheiß der Vereinsdamen hastig hinauf auf den Speicher zu flüchten? Wenn Einen bis zum rettenden Eintreffen der umgehend herbei gerufenen Polizei Minuten lang die blanke Todesangst packt? *Wird die Türe halten oder nicht?* Wie soll ein Mensch in einem solchen Augenblick wohl empfinden?

Wie fühlt es sich an, wenn plötzlich sogar Drohanrufe vom eigenen Ex eingehen, der mit aller Macht versucht, heraus zu finden, wo man ist?

Wenn wildfremde Männerstimmen in widerlicher Weise obszön in den Hörer keuchen?

In den finstersten Momenten meines Lebens, in denen ich selbst noch der massiven, häuslichen Gewalt ausgesetzt war, durfte ich mir möglichst gar nicht erst erlauben, über die jeweils gegenwärtige Situation nachzudenken. Auch die Gedanken an die erlittene Vergangenheit und eine eventuelle Zukunft blendete ich zeitweise komplett aus, versuchte statt dessen nur noch, von einem Tag auf den Nächsten zu überstehen. An eine mögliche Zukunft wagte ich schon gar nicht mehr zu denken - *die zu dieser Zeit bestehenden Krisen waren schon weit mehr als genug!*

Wer weiß. Ohne diesen inneren Schutzpanzer hätte ich - *vielleicht* - nicht überlebt...

Noch ein Wort zu einem ganz besonders heiklen Thema: Durch die momentane Flüchtlingswelle ist es nicht unbedingt auszuschließen, dass in den kommenden Jahren die Fälle von Scheinehen *(oder völlig überstürzten Ehen, um den geliebten Menschen vor der eventuellen Abschiebung zu bewahren)* rapide nach Oben steigen könnten. In meinem ersten Buch habe ich bereits sehr eindringlich vor einem solchen Schritt gewarnt und tue es hiermit noch ein Mal:

Bitte lassen Sie sich möglichst gar nicht erst auf eine Scheinehe oder eine überstürzte Ehe ein!

Erstens: Gehen Sie nicht davon aus, dass der fremdländische Mann, der erst so verhältnismäßig kurz im Lande ist, unsere westliche Kultur bedingungslos und mit allen Konsequenzen annimmt. Nicht selten herrscht ein ganz anderes Frauenbild. Die Gattin steht in der Regel kulturell weit unter ihrem Ehemann!

Zweitens: Mir persönlich ist kein einziger Fall bekannt, bei dem eine Frau, die eine Scheinehe eingegangen ist, Jahre später als geschiedene, aber sehr begüterte Person aus einer derartigen Beziehung hervor ging. Kein Mann zahlt einer Frau eine Summe von bis zu mehreren zehntausend Euro aus!

Drittens: Scheinehen sind illegal und werden mit empfindlichen Strafen geahndet!

Gemischt-kulturelle, ernsthaft geschlossene Ehen dagegen sollten ausschließlich von gegenseitigem Respekt, Toleranz, Weltoffenheit und bedingungsloser Liebe geprägt sein!

Die entsprechenden Buchcover sind übrigens eigene, ganz persönliche Entwürfe. Auf meinem ersten Buchcover mit dem Titel *„Es wurde ja nicht gefragt - wenn Schreie nach Liebe verhallen"* sind meine Augen abgebildet - *und nur meine Augen!* Das linke Auge auf der dargestellten Abbildung war zu dem Zeitpunkt, als das Foto entstand, immer noch leicht geschwollen, das Innere blutunterlaufen. Knapp sechs Wochen zuvor war ich Hidir, meinem damaligen kurdischen Verlobten, der mich auf der Flucht abfing, nur mit äußerster Mühe entkommen. Diesen Zusammenstoß hätte ich fast mit dem Leben bezahlt. Fünf beherzte Männer mit wahrer Zivilcourage - *darunter drei Mohammedaner!* - griffen in das Geschehen ein und verhinderten Schlimmeres. Die Blessuren entstammten übrigens immer noch Hidirs Handschrift. Dieses Passfoto, dem der Ausschnitt entnommen wurde, stammt aus dem Jahre 1983, während meines Frauenhausaufenthaltes in M. Ich war damals gerade ein Mal zwanzig Jahre jung. Der abgebildete Ausschnitt schien mir als Buchcover geeignet. Es ist das Einzige, was ich von mir persönlich als Abbildung preisgebe. Das Hinterletzte, was ich mir wünsche, wäre eine groß angelegte Foto-Publicity und somit ein unweigerlich erneutes Spießrutenlaufen. Auf dem *„Präsentierteller"* lag ich in der Vergangenheit wahrhaftig lange genug. Künftig werde ich mein Leben völlig anonym und in Frieden genießen! Niemand soll mich mehr erkennen!

Auch die Abbildung dieses zweiten Buches entstammt meinem eigenen Entwurf…

Eben so wichtig waren mir neben den Frauenhauserfahrungen die Schicksale von Helga, meiner Schulfreundin Veronika so wie der Finnin Tuula, in deren Leben sich ja ebenfalls deutliche Parallelen meiner eigenen Vergangenheit zeigen. Aus diesem Grunde habe ich sie zusätzlich in dieses Buch einfließen lassen. Auch zeigte ich einige Paradebeispiele auf, wie manche Männer in ihrem Wesen durchaus gestrickt sind. Mögen Sie sich während des Lesens zu diesen Themen bitte jeweils Ihre eigenen Gedanken machen…

Ich habe die Leserinnen und Leser nun an die Hand genommen und sie mitgezogen in eine Welt, die ihnen vielleicht bislang noch absolut unvorstellbar war. In eine Welt voller bizarrer, grausamer Gewalt, Erniedrigungen und grenzenloser Verzweiflung. In eine Welt der tiefen Emotionen und menschlichen Abgründe. Die Leserinnen, die es vielleicht in der Vergangenheit selbst am eigenen Leibe erlebt haben, kennen es. Dem muss Nichts mehr hinzu gefügt werden.

Den übrigen Leserinnen und Lesern möchte ich nur sagen: Bitte machen Sie sich zu dieser Thematik - *vielleicht in einer stillen Stunde!* - ein Mal ernsthafte Gedanken. Dann werden Sie feststellen, dass meine Texte in diesem zweiten Buch weniger schnodderig und radikal, sondern sogar eher noch gezügelt und gemäßigt sind…

Ja, auch ich selbst habe in der Vergangenheit etliche sehr schwerwiegende Fehler begangen, die ich im Laufe der Zeit einsehen musste und die mich heute wirklich abgrundtief beschämen. Sehr oft habe ich in meinem Leben wirklich hart am Wind gesegelt. Und ja, ich stehe dazu. Ich habe die Quittung gezahlt - *in jeder Beziehung!*

Meine persönliche Lebensmaxime ist: An der Vergangenheit lässt sich Nichts mehr ändern. Aus der Gegenwart kann man lediglich das Beste machen. Was die Zukunft bringt, wird sich erst noch zeigen. Es bleibt abzuwarten...

Vielleicht ist es mir ja gelungen, aus der Gegenwart das Beste zu machen. Meine Vergangenheit war weit mehr als turbulent genug. Vielleicht kann mit meinen beiden Büchern verhindert werden, dass Anderen das geschieht, was mir selbst einst widerfuhr...

Dieses Werk ist mein zweites und gleichzeitig auch letztes Buch zum Thema *„Gewalt gegen Frauen“*. Nein, ich bin absolut keine so genannte *„Weltverbesserin“*. Niemand kann die Menschheit *„bessern“* und ich bin längst nicht so unrealistisch zu glauben, dass es irgendwann ein Mal in naher oder ferner Zukunft eine Welt gänzlich ohne Gewalt geben wird. Gewalt kann nicht *„abgeschafft“*, sondern vielleicht nur ein ganz klein Wenig minimiert werden. Der Einzelne kann nur an sich selbst arbeiten. Ich habe Flagge gezeigt.

Vielleicht gelingt es mir mit diesem zweiten Buch, wenigstens einige Menschen zum Nachdenken zu bewegen. Damit wäre schon Viel getan!

Wencke H., im Jahre 2016

Wie kann man Opfern von häuslicher Gewalt helfen?

Grundsätzlich muss Eines gesagt werden: Helfen kann ein Außenstehender einem Gewaltopfer ausschließlich nur dann, wenn es auch wirklich gewillt ist, Hilfe anzunehmen. Hier verhält es sich ähnlich wie zum Beispiel bei einem Alkoholiker oder einem Drogenabhängigen. *Der Wille, sich helfen zu lassen, muss von der betroffenen Person selbst kommen!*

Bitte versuchen Sie niemals, einem Gewaltopfer Ihre - *wenn auch sicher gut gemeinte!* - Hilfe aufzudrängen. Das wird einen schwer traumatisierten Menschen erst recht verunsichern und verängstigen. Es muss bedacht werden, dass die Opfer von massiver Gewalt meist schon Jahre lang in diesem Zustand existiert haben. In der Regel handelt es sich um Frauen. Oftmals haben sie sich einst in sehr jungen Jahren freiwillig in Abhängigkeit des Täters begeben *(z. B. wenn ein Teenager nach Liebe sucht, weil familiärer Halt fehlt).*

Im diesem Fall fehlt, wie bereits gesagt, der familiäre Zusammenhalt und die elterliche Geborgenheit. Die betreffende junge Frau sehnt sich nach Liebe und häuslichem Frieden, gerät an den falschen Partner, geht auf der Suche nach ein wenig Glück viel zu schnell viel zu weit. Sehr bald macht sie sich von ihrem Gefährten abhängig, da er ja das Zepter in die Hand nimmt *(was oft von dem betreffenden Opfer als Ersatz für die elterliche Fürsorge betrachtet wird).* Er nimmt der Partnerin Vieles ab *(z. B. alle Einkäufe, sämtliche Geldtransfers und Ähnliches)*, um sie möglichst unselbstständig und handlungsunfähig werden zu lassen. Sie fühlt sich von ihrer *„großen Liebe"* entlastet. Von seinen Eifersuchtsszenen fühlt sie sich vielleicht sogar geschmeichelt *(„Er reagiert halt so, weil er mich doch liebt...").* Selbst Schläge, Tritte und Vergewaltigungen werden hingenommen *(„Er beachtet mich zu Mindest...").* Die Frau gerät immer tiefer in diesen Teufelskreis, begibt sich immer mehr in extreme Abhängigkeit von ihrem Partner und ist sich dessen oftmals noch nicht ein Mal bewusst - *weil sie ja nun „Liebe" erhält!*

Bitte glauben Sie mir: Es geschieht längst nicht zum ersten Mal, dass sich eine Frau, die häusliche Gewalt erlebt *(selbst im Falle von Knochenbrüchen oder inneren Verletzungen!)*, gleich nach ihrer Genesung von der

Klinik aus unmittelbar zurück zu ihrem gewalttätigen Partner begibt *(„Wäre ich ihm gleichgültig, hätte er mich nicht geschlagen...“)*. Selbst Hilfsangebote von Seiten der Ärzte und des übrigen Klinikpersonals werden vehement abgelehnt *(„Ich bin halt ungeschickt über die Teppichkante gestolpert...“)*. Mediziner und Pflegepersonal erleben leider immer wieder geschlagene Frauen, die um diverse Ausreden nicht verlegen sind. Eben so geschieht es auch längst nicht zum ersten Mal, dass Frauen, die während der Tat noch laut hörbar um Hilfe schreien, später allerdings dann aber das Geschehene herunter spielen *(„Ohne Alkohol ist er ja ganz anders...“)*. Es ist nun plötzlich wie der Tanz um das goldene Kalb. Der gewaltausübende Partner wird symbolisch auf einen hohen Sockel gesetzt und regelrecht glorifiziert, da er ja schließlich - *von den massiven, körperlichen Attacken abgesehen* - Alles für die Partnerin tut und sie sich, ständig von ihrem gewalttätigen Gefährten eingeschüchtert, selbst mittlerweile im eigenen Leben nichts mehr zutraut *(„Er kann das tausendmal besser; ich bin nun mal so blöde...“)*. Massivste Gewaltausbrüche werden in etlichen Fällen von Seiten des Opfers oftmals herunter gespielt, beschönigt und bagatellisiert *(„Ich habe ja selbst Schuld, wenn ich ihn dermaßen provoziere...“)*. Der Bezug zur Realität geht gänzlich verloren. Der gewaltausübende Partner wird zur allseligmachenden Droge. Die Opfer von häuslicher Gewalt unterliegen einer oft Monate oder sogar Jahre langen, massiven Gehirnwäsche, leben in einem andauernden, permanenten Ausnahmezustand, in den sie sich im Laufe der Zeit dermaßen verstrickt haben, dass eine mögliche Hilfe von Außen oftmals sogar als ernste Bedrohung betrachtet wird. Nicht selten geht der Schuss nach Hinten los - *und die Person, die Hilfe anbietet, ist nun plötzlich der Bösewicht!*

Doch wie kann einem Opfer von häuslicher Gewalt konkret geholfen werden?

Ein Beispiel: In Ihrem Wohnhaus wird eine Frau von ihrem gewalttätigen Partner geprügelt und schreit gellend um Hilfe. Was können Sie persönlich in diesem Falle also tun?

Verständigen Sie umgehend die Polizei! Ziehen Sie die eventuelle Möglichkeit in Betracht, dass die geschlagene Frau vielleicht selbst gerne telefonisch Hilfe holen würde, es aber nicht bis zum Telefon schafft. Sie als außenstehende Person haben deutlich bessere Aussichten, durch einen Anruf Ihrerseits in das Geschehen einzugreifen. Das bereits ist Zivilcourage. Bei Eintreffen der Beamten wird das Opfer von häuslicher Gewalt an Ort und Stelle gefragt, ob es gegen den Täter Anzeige erstatten oder in ein Frauenhaus gebracht werden möchte. So erhält die geschlagene Frau die alleinige Möglichkeit, zu entscheiden. Lehnt sie selbst jede Hilfe von Seiten der Polizei ab, ist sie emotional noch nicht so weit. In diesem Falle kann man an ihrer Entscheidung also nicht rütteln. Nimmt sie jedoch die Hilfe durch die Polizei an, haben Sie selbst - *alleine durch einen anonymen Anruf!* - für das Opfer bereits schon sehr Viel getan!

Ein weiteres Beispiel:

Sie haben eine Bekannte, Nachbarin oder Freundin, die von Seiten des Partners massiver, häuslicher Gewalt ausgesetzt ist. Was können Sie persönlich in diesem zweiten Falle tun?

Suchen Sie das Gespräch, möglichst in einem ruhigen Moment, wenn Sie mit der Freundin oder Nachbarin ungestört sind. Sie können sie z. B. ganz unverbindlich auf einen kleinen Kaffee zu sich in die Wohnung einladen. Fallen Sie bitte nicht gleich mit der Türe ins Haus, sondern beginnen Sie das Gespräch möglichst behutsam und mit Fingerspitzengefühl. Mit der so genannten, berüchtigten *„Hau-Ruck-Methode"* werden Sie bei dem betreffenden Opfer nur das Gegenteil dessen erreichen, was erreicht werden soll. Am Besten beginnen Sie mit einem kleinen, gewöhnlichen Smalltalk. Dann erwähnen Sie vielleicht beiläufig das letzte Treffen, bei dem Ihnen das Brillenhämatom oder die aufgeplatzte Lippe nicht entgangen ist. Fragen Sie, wie die Verletzungen zu Stande kamen. Zeigt sich Ihre Gesprächspartnerin peinlich berührt, antwortet nicht, weicht aus oder gerät ins Zaudern, brechen Sie das Thema ab und gehen Sie zu einem anderen Gesprächsstoff über. Antwortet sie Ihnen dagegen ganz offen, machen Sie sie auf verschiedene Hilfsmöglichkeiten aufmerksam, z. B. auf Frauenberatungsstellen, Fraueninitiativen und örtliche Frauenhäuser. Nötigen Sie aber dem Opfer von häuslicher Gewalt niemals Informationen auf, in dem Sie ihm beispielsweise entsprechende Nummern notieren und ihm den Zettel übergeben. Setzen Sie sich auf keinen Fall selbst ins Wespennest. Die geschlagene Freundin oder Nachbarin fühlt sich eventuell von Ihrer übermäßig starken Motivation sogar bedroht *(und dem Täter könnte der Zettel durch einen ganz bösen Zufall in die Hände fallen!).* Jagen Sie dem Opfer nicht noch mehr Angst ein. Machen Sie nur beiläufig darauf aufmerksam, dass entsprechende Anlaufstellen so wohl im örtlichen Telefonbuch als auch auf den zahlreichen Internetseiten zu finden sind. Halten Sie das Gespräch so kurz als möglich und erwähnen Sie Hilfsmöglichkeiten nur am Rande. Dann gehen Sie wieder zu einem anderen Thema über. Das Opfer von häuslicher Gewalt fühlt sich nicht bedrängt, hat nun aber gleichzeitig die Möglichkeit, sich weitere Informationen in aller Ruhe einzuholen - *und bei Bedarf die nötigen Schritte selbst einzuleiten!*

Bedenken Sie bitte: Niemand kann *(und darf!)* gegen seinen eigenen, erklärten Willen zu seinem Glück gezwungen werden!

Bieten Sie Informationen an, aber drängen Sie nicht! Üben Sie keinerlei Druck oder Zwang aus! Überlassen Sie in jedem Falle die Entscheidung der unmittelbar betroffenen Person, ob sie Hilfe annehmen möchte!

Sie selbst können nur die entsprechenden, winzig kleinen *„Eselsbrückchen“* bauen!

Du bist nicht allein

Gehetzt, gejagt und sehr Viel ertragen,
Prügel und Faustschläge in den Magen,
in den Staub geschleudert, an den Haaren gerissen,
die Nase gebrochen, die Kleider zerrissen,
bedrängt, gefoltert und schikaniert,
auch sonst ist noch sehr Viel passiert.

Bedroht, erniedrigt und klein gemacht,
am helllichten Tag und selbst bei Nacht,
gedemütigt, beleidigt und bespuckt,
vor Panik am ganzen Leib gezuckt,
von brutaler Faust am Halse gepackt,
der Schrei erstickt, die Stimme sackt.

Geraubt wurde das gesamte Hab und Gut,
der geschändete Leib, er liegt im Blut,
das Gesicht von einem Tränenstrom benetzt,
bei Minustemperaturen auf die Straße gesetzt.
Du denkst, dass du die Einzige bist,
der so ein Schicksal beschieden ist.

Doch es gibt einen Ort, ganz für uns allein,
die Tür steht dir offen, man lässt dich hinein.
Dort wird Niemand dich mehr brechen,
sondern man lässt dich ganz frei und offen sprechen,
schließt dich schützend in den Kreis mit ein
und du bist nicht mehr allein.

Dort kann deine gequälte Seele sich schonen
umgeben von Schwestern vieler Nationen,
die dir dein Leid und den Kummer mildern
und dir ihre eigenen Schicksale schildern
und wie der Blitz geht es dir ein:
mit deinen Sorgen bist du nicht allein.

Dort sind herzensgute Seelen, freundlich und hilfsbereit,
du findest Trost und Ruhe zu jeder Zeit.
Deines bösen Schicksals Wunden
werden dir liebcvoll verbunden.
Schwestern aus aller Frauen Land
reichen dir ihre helfende Hand.

An diesem geschützten Ort kannst du verweilen,
damit deine eigenen Wunden heilen.
Jetzt hilfst du anderen Opfern unverdrossen
und der Kreis der Schwestern hat sich geschlossen.
Niemals mehr fühlst du dich klein,
denn du bist ja nicht allein…

Wencke H.

Land über´m Meer

(Songtext von Juliane Werding)

Wo kommst du her?
Ich komm´ aus dem Land über´ m Meer.
Sterbensmüd´, tränenschwer.

Wie war es dort?
Dort gab´s Heuchelei, Hass und Mord.
Liebe war nur ein Wort...

Ich wollte ihre Gefühle, doch sie gaben mir Geld,
ich suchte die Sehnsucht und sah nichts als Gier.
Ich träumte von einem Garten und fand nur ein Feld,
ich wollt´ ein Zuhaus´, doch ich stand vor der Tür...

Was trieb dich her?
Ich wollt´ nicht die Welt, ich wollt´ mehr,
fiel die Flucht mir auch schwer...

Das, was mir fehlte, war Wärme, doch sie waren wie Eis,
ich wollte das Herz und bekam einen Stein.
Ich bat sie um etwas Hoffnung - sie sprachen vom Preis.
Ich hab´ angeklopft, doch man ließ mich nicht rein...

Das, was mir fehlte, war Wärme, doch sie waren wie Eis,
ich wollte das Herz und bekam einen Stein.
Ich bat sie um etwas Hoffnung - sie sprachen vom Preis.
Ich hab´ angeklopft, doch man ließ mich nicht rein...

Wo gehst du hin?
Ich bleib´ in dem Land, wo ich bin.
In dem Land in mir drin...
in dem Land in mir drin...
in dem Land in mir drin...

Glossar

(in alphabetischer Reihenfolge)

ankirren = anlocken, anködern
Armageddon = Weltuntergang *(altchristlich)*
Asgard = der Wohnsitz der Götter *(altnordisch)*
auf dem Hook = auf Entzug, im Delirium

belfern = keifen, zetern
Blanker Hans = Nordsee *(bei Sturm)*
Brigg = Segelschiff
Buddel = Flasche

Deern, Deernchen = Mädel, Mädelchen
Diaphraghma = Scheidenpessar
Dollen = Ruderlager
Donnerklütt, Donnerhacke = Donnerwetter
Dult = Jahrmarkt, Volksfest

Engelmacherinnen = Frauen, die privat hinter verschlossenen Türen gegen Bezahlung illegale Abtreibungen vornehmen, um das eigene Haushaltsgeld aufzustocken
Flaute = Windstille
Flitzer = nackte Stadtläufer
Flunken = Füße

Gangspill = Ankerwinde

hacke = betrunken, besoffen
Havaristen = auf See Gekenterte
Holozän = heutiges Erdzeitalter
Honk = Spinner, Träumer
hyggelig = gemütlich, angenehm *(nordisch)*

intellektuell retardiert – in der geistigen Reife verzögert

Janmaats = Leichtmatrosen
Junker = lediger Mann *(mittelalterlich)*

Klabautermann = Schiffsgeist *(auch Sensenmann)*
Klabusterbeeren = Hämorrhoiden
Koje = Bett, Schiffsbett
Kombüse = Küche, Schiffsküche
krakeelen = zetern, brüllen

Labskaus = Eintopf
Lude = Zuhälter

Menarche = erste Regelblutung
Menses = Monatsregel
Met = Honigbranntwein
meutern = aufbegehren

Nasenbleiche = Alkoholentzugsklinik

Plünnen = Kleider
Puttchen = Hühnchen

Ragnarök = Götterdämmerung *(altnordisch)*
Reepen = Schiffshaltetaue, Seile

Schiet, Schietkerl = Mist, Mistkerl
schlürfen = saufen
schnacken = quasseln, quatschen
Seemannsgarn = Ammenmärchen
Shitstorm = massivste, übelste Nachrede
Skål = Prost *(nordisch)*
Spelunke = Kneipe

Toppen = Spitzen der Schiffsmasten
Trapperfieber = Wahnvorstellungen und Halluzinationen, die auftreten, wenn ein Mensch zu lange in Isolation und Einsamkeit lebt *(auch*

„Budenkoller" genannt)
Trouble-shooter = Querulanten, Aufrührer, Rebellen

Utgard = die Unterwelt; das Reich der Riesen, Trolle und Drachen *(altnordisch)*

Walhalla = Reich der Götter
Walküren = Göttinnen, die die im Kampf gefallenen Krieger nach Walhalla geleiten

Yggdrasil = die Weltenesche *(altnordisch)*

Danksagung

Recht herzlich bedanke ich mich bei meinem Verleger Daniel Bieter vom Re Di Roma Verlag Remscheid für seine tolle Unterstützung bei der Verwirklichung auch meines zweiten Buchprojektes. Er hatte stets ein offenes Ohr für meine zahlreichen Fragen, erklärte sehr gut und ausführlich und gab mir wertvolle Tipps zur Konvertierung und Bearbeitung meines Manuskripts. Völlig unbürokratisch half er mir zu jeder Zeit weiter. Auch die weitere Zusammenarbeit machte wirklich Freude! *Vielen Dank meinem Verleger!*

Vielen lieben Dank auch an Heinrich, meinen Ehemann, der in schwierigen Zeiten stets treu an meiner Seite war, fest an mich glaubte und mich beim Schreiben meiner beiden Bücher entsprechend ermutigte. *Es ist wunderbar, dass es dich gibt!*

Eben so danke ich Frau D., meiner ehemaligen Dozentin bei der VHS, die den Kursteilnehmerinnen und Kursteilnehmern intensiven Unterricht in Neuer Deutscher Rechtschreibung erteilte. *Mellie - du warst eine tolle Lehrerin!*

Ein riesengroßes Danke an Frau R., meinen ehemaligen Jobcoach, die an mein Buchprojekt glaubte und mir die ausreichende Möglichkeit bot, mich im Internet-Portal nach einem entsprechenden Verlag umzuschauen. Die sich für dieses Projekt stark machte und gleichzeitig zu dessen Verwirklichung auch selbst rege Erkundigungen einholte. *Bleiben Sie so, wie Sie sind!*

Des Weiteren danke ich Karol, meinem Stiefsohn, für die Tipps und Kniffe am Laptop, eben so für die entsprechenden ausgedruckten und mir zugesandten Buchseiten. Du ließest mir auch das gebrauchte und - *von dir selbst!* - neu programmierte und gewartete Laptop zukommen. *Danke für die Zeit, die du geopfert hast!*

Selbstverständlich danke ich auch der bekannten, deutschen Sängerin

Juliane Werding für ihren Song *„Land über' m Meer"*. Als ich vor einigen Jahren dieses Lied zum ersten Mal im Radio hörte, brach ich spontan in Tränen aus. Es kam Alles so plötzlich und unerwartet. Ein ganzer Sturzbach von Erinnerungen und Emotionen strömte auf mich ein, riss mich wie in einem gewaltigen Strudel zurück in meine eigene Vergangenheit, in die Zeit, als mir die elterliche Türe vor der Nase zugeschlagen worden war, als es kein Zurück mehr gab. In meine Zeit als wohnungslose Prostituierte. Der Knoten in mir löste sich. Es kam von ganz tief Innen. Ich konnte die Schluchzer nicht mehr zurück halten. Es war ein erschütterndes Gefühl, das mich aber auch wiederum gleichzeitig innerlich reinigte. Die Tränen brachten Erleichterung, denn gerade Tränen, die brennen, sind auch Tränen, die heilen. Der Text dieses Songs spiegelt haargenau meine damaligen Erlebnisse und Emotionen wieder. Ich kann es nicht anders beschreiben - *du sangst mir praktisch aus der Seele! Danke, Juliane!*

Mein ganz besonderer Dank gilt den Vereinsdamen und meinen ehemaligen Mitbewohnerinnen aus den beiden Frauenhäusern M. und L., die mich mit Herz und Gefühl aufnahmen und mir in der Gemeinschaft eine Familie boten, in der ich mich zum ersten Male im Leben geborgen fühlen durfte!

Es ist jetzt über drei Jahrzehnte her. Leider konnte ich keine der damaligen Kameradinnen mehr ausfindig machen und um das entsprechende Einverständnis fragen, ihre jeweiligen Geschichten in mein Buch einzubringen. Von den meisten ehemaligen Mitbewohnerinnen weiß ich nicht ein Mal mehr die Hausnamen. Die Wenigen, von denen ich die Namen noch wusste, stehen schon seit etlichen Jahren nicht mehr im Telefonbuch. Die Meisten meiner damaligen Kameradinnen dürften wohl längst neu verheiratet und mittlerweile auch bereits *„in Ehren ergraute"* Großmütter sein...

Dennnoch hoffe ich, euch Allen geht es gut. *Ich wünsche euch ein friedliches Leben ohne Gewalt!*

Danke euch Allen für die gemeinsame Zeit…

Eure Wencke

Persönliche Worte der Autorin Wencke H.

Nachdem ich im vergangenen Jahr mein erstes Werk fertig gestellt hatte, kamen in mir ernsthafte Gedanken auf. Meine Geschichte hatte ich nun erzählt, das Thema war eigentlich abgeschlossen.

Doch konnte es wirklich abgeschlossen sein? Schließlich stand ich ja nicht alleine da. Abermilliarden anderer Frauen erlebten *(und erleben!)* massive häusliche Gewalt. Einige dieser Fallbeispiele hatte ich noch aus meiner damaligen Frauenhauszeit sehr deutlich in Erinnerung!

Also kam der Gedanke auf, noch ein weiteres Buch, diesmal über meine damaligen Frauenhauserfahrungen, zu schreiben und in anonymer Weise vom Leid dieser Mitkameradinnen zu berichten!

Tag für Tag wachsen überall auf dieser Welt neue potentielle Opfer von häuslicher Gewalt heran. Es ist ein Thema, das leider immer aktuell sein wird. Aus diesem Grunde nahm ich außerdem noch drei Frauenschicksale mit hinein, die nicht mit Frauenhäusern in Verbindung stehen, aber dennnoch von Leid und Ausbeutung der Frauen erzählen.

Da dieses zweite Buch gleichzeitig auch mein Letztes zu diesem Thema ist, nahm ich noch einige persönliche Kapitel mit hinein. Einfach, um zum Abschluss meine ureigenen Gedanken mit den Menschen zu teilen. Gedanken um die Vergangenheit, die Gegenwart und die Zukunft…

Nun ist Alles ausgesprochen. Es hat meiner Seele gut getan!

Wencke H., im Dezember 2016